Le pardon

Cette collection a reçu le soutien de la Fondation de France

Tél. : 47.70.12.50. Fax : 47.70.97.52. ISBN : 2-86260-329-5.
Dépôt légal : 1er trimestre 1991. Imprimé en France.

Le pardon

Briser la dette et l'oubli

Dirigé par Olivier Abel

Ouvrage publié avec le concours du Centre national des Lettres

Éditions Autrement - Série Morales n° 4

Déjà parus dans la même collection

La fidélité
Un horizon, un échange,
une mémoire
Dirigé par Cécile Wajsbrot
Série Morales, n° 1

La politesse
Vertu des apparences
Dirigé par Régine Dhoquois
Série Morales, n° 2

L'honneur
Image de soi ou don de soi :
un idéal équivoque
Dirigé par Marie Gautheron
Série Morales, n° 3

Sommaire

Préface

Olivier Abel

« Qui mesurera jamais l'étendue d'une souffrance qui a oublié jusqu'à son origine pour ne plus se souvenir que de son innocence ? » Edmond Jabès, *Le Livre des marges*.

Le pardon n'est pas précisément une valeur à la mode. Peut-être est-il contaminé par la méfiance qui s'attache maintenant aux « amnisties » et autres « prescriptions » ; ou par le doute quant au caractère « imprescriptible » de certains droits ou crimes. Peut-être est-il trop piégé entre la rancune et l'oubli : le pardon serait ici un nom hypocrite pour désigner les « oubliettes » de la vie. Peut-être enfin est-il trop compromis avec des notions religieuses obscures, comme le « péché », la « rémission », l'« absolution », la « rédemption », etc.

En tout cas l'histoire de cet ouvrage, la difficulté à trouver des auteurs, suffirait à témoigner de cette « inopportunité » du pardon. Certains répondirent que le pardon était en dehors de leur écosystème ! D'autres, qui avaient accepté d'emblée, reculèrent finalement devant ce qui leur semblait incommunicable ou indicible. Il a fallu accoucher le sujet ; c'est pourquoi l'ensemble comporte autant d'entretiens. C'est pourquoi également il y a certains « manques » impardonnables !

Intempestif ou inactuel, le pardon n'est pas pour autant une pure question de tradition. Les grandes villes modernes, par rapport aux structures rurales et à leur moralité, ont représenté des

« lieux de pardon » : des lieux où l'on pouvait recommencer sa vie, comme le montre Victor Hugo dans *Les Misérables*. Que ces « lieux de perdition » soient aussi et peut-être identiquement ceux du pardon n'est pas un des moindres paradoxes de la ville et de la société modernes. Car là où se défait la famille traditionnelle, le pardon se met à trembler : d'un côté il fait le lit de l'indifférence générale où tout s'efface et où rien ne compte ; de l'autre il réveille le « désir du père », d'un père qui dit l'impardonnable et le pardon, comme on le voit dans toutes les formes de néo-religiosité. Or, ces deux attitudes s'exaspèrent et se renforcent réciproquement. C'est probablement sur ces deux bords que se distribuent les diverses réticences évoquées plus haut. La difficulté du pardon tient également au fait que chacun rencontre ce thème avec son expérience propre, une expérience souvent intime et qui touche à l'identité. Dans l'histoire des individus comme dans celle des communautés en effet, le pardon tantôt menace et tantôt fonde cette identité. Fût-ce pour imposer le silence, on y met le doigt sur quelque chose d'essentiel.

*

Or, c'est justement cette difficulté qui peut nous conduire à accepter la diversité des situations, la multiplicité des significations du « pardon » ou de l'« impardonnable ». Donnons quelques exemples. Certains affichent le pardon parmi les valeurs auxquelles ils s'identifient, mais n'ont jamais demandé pardon ni jamais rien pardonné. D'autres, qui jamais ne prononceraient le mot de pardon, ont traversé ce bouleversement d'identité après lequel nul n'est vraiment identique, ni l'offenseur ni l'offensé. Avec le pardon, que l'on demande ou que l'on accorde, on a affaire à autre que soi, mais on a affaire aussi à soi-même comme « autre » (on ne peut pas savoir ce qu'on fera, quel on sera).

Toujours au nom de leurs expériences propres, d'autres détestent le pardon, comme l'expression d'une pitié ou d'une dette religieuse insupportable. Ils ne voient pas que le pardon nous rend aussi au présent vivant, nous délivre du poids du passé comme de l'angoisse du futur, parce qu'il brise la loi de la dette, dans une société où celle-ci mène le jeu et où tout est compté.

Ou bien ils méprisent le pardon, comme une technique pour ne pas s'encombrer de souvenirs inutiles et continuer sa sieste. Mais dans certaines circonstances, l'idée du pardon a pu au contraire donner à quelqu'un le courage de réparer, et ce courage est peut-être une des choses qui nous manquent le plus, dans une société où l'on ne répare rien, où l'on jette tout (et aussi les autres, quand ils ne sont plus utiles ou plaisants).

Certains s'érigent en seuls dépositaires et juges du pardon et de l'impardonnable, sans s'apercevoir qu'ils donnent ainsi une assez bonne définition de l'intégrisme. À les entendre, ils revendiquent le « véritable » pardon comme leur exclusivité ! Ils ne voient pas que le pardon est un fait universel, une obligation aussi ordinaire pour les sociétés que l'obligation à donner, à recevoir et à échanger. Au noyau de toute culture on trouve une sorte spécifique de pardon, et chacune d'elles a dû, pour survivre simplement, inventer la sienne. Ce n'est pas seulement une curiosité anthropologique, mais une exigence éthique, qui doit nous porter à respecter l'existence d'autres formes possibles de pardon ; par exemple celle du bouddhisme, ou celle de l'islam, dont la voix nous a fait au dernier moment défaut pour cet ouvrage (ce qui est infiniment regrettable dans le contexte d'après-guerre où nous sommes).

En français et dans les langues romanes, le terme même de « pardon », qui vient du bas latin *per-donare*, donner totalement, « donner » à quelqu'un sa dette, annuler toute dette, n'est pas au départ un terme théologique mais plutôt littéraire. Il semble apparaître pour la première fois dans la traduction latine d'une fable d'Ésope, et se retrouve dans le langage des troubadours (« *amarai donc en perdos* », j'aimerai donc pour rien, gratuitement, en vain, en perte)[1].

Quand on pense au pardon, on pense souvent à des actes éthiques sublimes. Il y a de belles histoires de pardon, et la littérature ou les films en sont pleins. À l'extrême du sublime il y a peut-être le pardon pur, inimaginable ; comme l'écrit Vladimir Jankélévitch :

> « Il est bien possible qu'un pardon pur de toute arrière-pensée n'ait jamais été accordé ici-bas, qu'une dose infinitésimale de rancune subsiste de fait dans la rémission de toute offense : tel cet impondérable

1. Alain Gouhier, *Pour une métaphysique du pardon*, Paris, éd de l'Épi, 1969, p. 37.

calcul, tel ce motif microscopique d'intérêt propre qui subsistent en cachette dans les souterrains du désintéressement[2]. »

Le pardon est alors une « apparition disparaissante », une limite « dont on se rapproche asymptotiquement sans jamais l'atteindre en fait ».

Ce qu'il ne faut pas oublier pourtant, c'est que, avec oui, non, et merci, « pardon » est l'un des premiers mots que nous rencontrons dans une langue. Et ces simples mots désignent à eux quatre l'espace entier de la vie morale. Déjà, dire « pardon » est la plus élémentaire politesse. Celle qui manque dans les files d'attente, dans le métro, ou au volant des voitures. Non pas seulement cette politesse qui, parce qu'elle a dit « pardon », se donne tous les droits, mais celle qui accepte de ne pas avoir le dernier mot. Car pardonner, c'est renoncer entièrement à avoir le dernier mot.

Ces quelques exemples suffisent à suggérer l'extrême diversité des situations et des significations du pardon, et à montrer que le pardon concerne l'éthique comme totalité. Le pardon est un « fait moral total ».

*

Dans leur étincellement ou dans leur pudeur, dans leur événementialité aussi (car certains sont des événements), la diversité des textes ici proposée s'appuie sur cette pluralité des accès au problème du pardon : à chaque lecteur de trouver « son » entrée.

Mais nous voudrions tout faire pour montrer que son entrée peut aussi être son impasse ! En effet, si les diverses formes de pardon ou d'impardonnable ont un sens en tant qu'elles répondent à des questions différentes, nous voudrions montrer que chacune d'elles soulève d'autres questions, auxquelles elles ne savent pas répondre. Il n'y a pas de « morale » qui réponde à toutes les questions de manière satisfaisante, il n'y a pas de morale qui n'ait d'effet pervers.

Pour illustrer ce que nous venons de dire, voici un exemple de dilemme qui nous place entre une morale de l'obligation (de demander pardon ou d'accorder le pardon, bref de « réparer ») et une sagesse éthique (où le pardon est au contraire un consentement tragique à l'irréversible).

---

2. Vladimir Jankélévitch, *Le Pardon*, Paris, Aubier, 1957, p. 1.

Il faut partir d'une morale de l'obligation ; comme l'écrit le philosophe Jürgen Habermas à propos de l'indignation avec laquelle nous réagissons aux humiliations :

> « Si l'offense causée n'est pas réparée, d'une façon ou d'une autre, cette réaction sans équivoque persiste et se renforce en un ressentiment latent. Or ce sentiment révèle par sa persistance qu'il y a une dimension morale dans le fait de subir une humiliation. En effet ce n'est pas un sentiment qui, comme la frayeur ou la fureur, répond immédiatement à l'offense, mais un sentiment réactif vis-à-vis de l'injustice révoltante qu'autrui a commise[3]. »

Ce qui est lésé, dans une humiliation, c'est l'obligation morale de réciprocité dans les relations. Cette obligation d'offrir réparation, de demander pardon, mais aussi d'accorder le pardon, de restaurer la réciprocité, si elle est exigible, doit être enseignable, ou au moins communicable, communicative (aussi communicative si possible que la violence est contagieuse). On doit pouvoir s'y préparer, s'y exercer : s'exercer à « ne pas recommencer » le méfait, et s'exercer à « tout recommencer » sur de nouvelles bases. Et même s'il y a un point au-delà duquel cela est « inenseignable », il ne faut pas le dire trop vite.

En effet cette morale de l'obligation est importante pour montrer jusqu'où l'on doit et l'on peut agir contre le mal, et non pas se résigner à l'irréversible. Ce pardon est partie prenante d'un combat incessant pour la justice, qui rétribue les faits passés et distribue les possibles avenirs. Comme l'écrit le philosophe Paul Ricœur :

> « Tout mal commis par l'un est mal subi par l'autre. Faire le mal, c'est faire souffrir autrui. La violence ne cesse de refaire l'unité entre mal moral et souffrance. Dès lors toute action, éthique ou politique, qui diminue la quantité de violence exercée par les hommes les uns contre les autres diminue le taux de violence dans le monde. Que l'on soustraie la souffrance infligée aux hommes par les hommes et on verra ce qui restera de souffrance dans le monde ; à vrai dire nous ne le savons pas, tant la violence imprègne la souffrance[4]. »

Mais cette dernière phrase désigne un excès de souffrance sur la méchanceté, et donc l'insuffisance de la logique de la rétribution, de la morale de l'obligation de réciprocité. Si l'on prétend

3. Jürgen Habermas, *Morale et Communication*, Paris, Cerf, 1986, p. 66.
4. Paul Ricœur, *Le Mal*, Genève, Labor et Fides, 1986, p. 39.

à tout prix rétablir la réciprocité, ne se leurre-t-on pas sur la possibilité de réparer ? Ne fait-on pas du pardon une machine à réconcilier, à résoudre toutes les dettes ? N'y a-t-il pas des dettes impayables, des dettes sans débiteur ? Peut-on croire jusqu'au bout que les hommes souffrent seulement pour leur méchanceté, ne sont-ils pas globalement plus malheureux encore que méchants ?

Paul Ricœur cite l'œuvre d'Élie Wiesel comme un exemple de cette plainte qui refuse d'expliquer la douleur et donc de chercher un coupable, mais qui met à nu la souffrance pure, son absurdité. Dans cette expérience apparaît une autre sorte de pardon que celui de l'obligation morale : un pardon de sagesse tragique en face de l'irréductible souffrance.

Peut-être est-ce ce pardon que le bouddhisme explore. Dans cette attitude, il y a quelque chose comme un renoncement. On pardonne sans prétendre réparer. Ce pardon est aussi gratuit, aussi absurde que la souffrance qu'il pardonne.

Mais en renonçant au désir d'être récompensé ou de voir l'existence rétribuée, sanctionnée, consolée, etc., ne risque-t-on pas de favoriser le sentiment que la vie est une loterie sur laquelle nous ne pouvons rien ? Nous sommes alors renvoyés à l'obligation d'agir. C'est pourquoi chacune des deux branches du dilemme entre ces deux types de pardon engendre des effets pervers. Et c'est pourquoi nous avons besoin des deux, sans pouvoir jamais les réconcilier.

En lisant les textes qui suivent, on découvrira ainsi toute une série de « dilemmes du pardon ». En « postface » à l'ensemble nous avons tenté d'en présenter quelques-uns, sous la forme d'une table des questions possibles. Cette table servira également de contribution à une bibliographie fragmentaire et dialoguée ; elle peut être lue à n'importe quel moment du parcours.

De quelque manière qu'il s'y prenne, à chacun de se débrouiller dans ces « dilemmes » : ils désignent de loin une existence éthique plus vaste que les représentations que nous en faisons. Ils donnent aussi au lecteur la possibilité de tisser à travers l'ouvrage sa propre intrigue, sa propre réponse.

Olivier Abel

1. *Figures de l'impossible*

Pas de pardon qui ne renvoie d'emblée à un impardonnable, dans un monde qui « ruisselle de bonté » et de bonne conscience. Impardonnables sont les atteintes à ce qui conditionne une vie digne de ce nom : la filiation où s'ancre le refus de sauver les meubles à n'importe quel prix, ou le refus d'un « pardon légal » qui ne soit que la soupape de l'ordre public.
Mais l'impardonnable, dans l'archéologie des sociétés et dans la destination des existences, peut aussi être le refus de pardonner, de transgresser la Loi, et l'incapacité à faire du pardon cette parole poétique qui renomme chacun.
Cinq manières de « dépayser » le regard, de faire voir le pardon là où nous ne le voyons pas d'ordinaire.

L'impardonnable

Entretien avec Pierre Legendre

C'est la référence à l'impardonnable qui oriente d'emblée toute réflexion sur le pardon. Retracer la limite comme pouvoir de dire non et défendre l'interdit sont les seuls moyens de séparer le criminel de la transgression qui l'a exclu de l'humanité, de son atteinte à la représentation du principe de vie.

Autrement. - *Pourquoi avez-vous souhaité donner à notre entretien un tel titre :* L'impardonnable ?

Pierre Legendre. - Par souci d'avoir en vue l'horizon de précarité, d'incertitude et de désespoir, auquel il nous faut rattacher l'interrogation sur ce que nous appelons pardon, pardonner. Dans notre monde de fanatisme ultra-industriel, où les mots aussi sont gérés selon les critères de l'*efficiency*, comme les esprits sont gérés, le relief n'a pas sa place. En notre siècle de boucheries totalitaires, auxquelles a succédé la gestion souriante de tout, y compris des grandes questions métaphysiques, les murs de notre habitat social et politique ruissellent, si j'ose dire, d'immense bonté et de compréhension universelle, les mots ont perdu leur sens. Prenez ce mot *pardon*. Quel sens peut-il avoir, sur la base des stéréotypes d'après lesquels personne n'est responsable de rien ? Dans le discours des nouveaux idéaux sacro-saints, chacun ne peut être responsable que dans son propre face à face narcissique, il est un sujet-roi autofondateur de lui-même, responsable de ce qu'il est convenu d'appeler son bonheur : *I, Me and Myself*, comme dit l'humour anglais. Dans cette perspective, le discours du pardon ne peut être qu'une

adresse à la galerie, une pâtisserie en somme ! Notre temps a ses discours de plomb, ce n'est pas votre propos ni le mien.
Je ne m'intéresse pas au pardon, mais à l'impardonnable, c'est-à-dire au gouffre dans lequel l'humanité se trouve par hypothèse plongée, au gouffre au-dessus duquel sont suspendues les lois et les institutions qui nous font vivre. Alors je dirai d'abord ceci : pouvons-nous pardonner à nos parents de nous avoir fait naître ? Vous connaissez le mot désespéré du chœur, sous la plume poétique de Sophocle dans *Œdipe à Colone* : « ne pas être né ». Ou encore, les quatre mots qu'aurait hurlés Caïn, selon la version araméenne de la Torah - Caïn, l'assassin de son frère Abel : « Il n'y a ni justice ni juge. » Voilà, j'ai abattu mes cartes : on entre dans la question du pardon par la porte du désespoir et, s'il y a du pardon, ce ne peut être que sur fond d'impardonnable. Que veut dire *impardonnable* ? À partir de là : quel est le destin de l'impardonnable ? Voilà, pour moi, la question de base.

Quel rapport y a-t-il entre le pardon et les institutions ? Si la question du pardon se pose sur fond d'impardonnable, voulez-vous dire par là que nous ayons affaire au problème de la vengeance et que, par conséquent, le rôle ici des institutions serait de substituer à la vengeance le pardon ? Sommes-nous alors toujours dans l'« enfance du droit » ?

Nous avons encore trop l'habitude de traiter des institutions et du droit dans la perspective d'un temps historique linéaire, qui serait ainsi marqué par des étapes, que nous appelons développement des sociétés et de l'humanité. Ainsi, nous passerions du stade de la vengeance à un stade autre, marqué par un état juridique comparable en quelque sorte à ce qu'est, pour un individu, l'âge adulte. C'est une façon de voir qui flatte l'esprit moderne, considéré alors comme porteur de tout ce qui s'appelle progrès, maturité, accès à l'intelligence des choses ; laquelle serait, bien entendu, indissociable de cette innocente bonté dont nous nous gratifions répétitivement en Occident. Le thème que vous évoquez faisait partie de la logorrhée héritée du XIXe siècle, qui servait de pseudo-théorie historique aux étudiants en droit, en France et ailleurs, jusqu'à ces dernières années. Ce folklore perd du terrain et peu à peu s'impose l'idée que ce que nous appelons, dans la culture européenne, droit pénal et plus généralement institutions relatives au crime et à la peine touche aux invariants de la condition humaine, si vous préférez à la structure, c'est-à-dire au principe de vie lui-même dans notre espèce, dans l'espèce politique dont parlait Aristote et qui se confond avec l'espèce parlante. Si donc nous voulons parler de l'impardonnable et de sa métamorphose en quelque chose d'institué que nous appelons le pardon, nous devons faire un pas de côté par rapport aux discours simplificateurs et tâcher d'apercevoir pourquoi l'enjeu criminel concerne non seulement les sociétés comme telles, mais chaque vie humaine. Sur cette base, on peut alors espérer aborder la réflexion sur l'histoire, sur les montages institutionnels relatifs au crime et à la peine, sur la transmission enfin d'une problématique immuable dans l'humanité ; alors la réflexion deviendra peut-être plus adéquate aux faits, elle sera aussi nécessairement plus riche, si l'on accepte que s'éclipse cette notion, trop commode, de vengeance.

Vous apercevez que le pardon s'oppose au non-pardon, mais en même temps que, si catégorie binaire il y a, cela comporte que les deux termes de la division soient en rapport avec quelque principe dont relève une telle division. Quelle peut bien être la catégorie qui surplombe cette opposition des deux termes et fonde cette division, dont en fait, de par les casuistiques du droit (ou de la normativité religieuse), nous ne cessons de jouer dès lors que nous évoquons la question du pardon et des hypothèses, plus ou moins complexes, à propos desquelles nous nous interrogeons ? Voilà le noyau des choses, ou plus exactement le cercle logique dont nous avons à prendre acte pour nous approcher du noyau de la problématique de l'impardonnable et du pardonnable.

Schématiquement, je dirai que la logique dont il s'agit est celle-là même dont relève l'arrimage du sujet humain à la vie, c'est-à-dire l'arrimage au principe de filiation. Je ne vais pas accabler les lecteurs des démonstrations que j'ai faites à propos d'un crime à grand spectacle dont j'ai eu à m'occuper en Amérique, l'affaire Lortie[1]. Dans cette affaire où, pour donner mon avis, j'ai élaboré ma prise de position à partir de ce que je sais des enjeux inconscients tels que la psychanalyse peut parvenir à les mettre en lumière, mais aussi en prenant conseil auprès des juristes de l'Antiquité romaine qui nous expliquent pourquoi le meurtrier s'attaquant aux images

1. NDLR : voir *Le Crime du caporal Lortie. Traité sur le Père*, Paris, Fayard, 1989.

du pouvoir (en l'occurrence, l'assassin avait tué trois personnes dans un attentat, visant le gouvernement, perpétré dans les locaux de l'Assemblée nationale du Québec) doit être traité en parricide ; j'ai pu mettre en évidence ce sur quoi reposent, en dernière analyse, les fondements de toute construction pénale. Ces fondements, je les appelle Référence fondatrice, ou encore le tiers fondateur des catégories. Tout cela peut paraître fort compliqué, puisque alors on ne raisonne plus d'après le face à face des concepts binaires, mais en référant ces concepts à ce qui les fonde, c'est-à-dire au principe de vie de l'animal parlant, principe de vie que, selon des variantes multiples, les sociétés humaines mettent en scène pour le notifier à chacun. Cette mise en scène du principe de vie, vous en connaissez les variantes familières à la culture européenne : en citant, pour commencer notre entretien, le meurtre commis par Caïn, je citais évidemment le récit biblique du premier meurtre. Premier, en ce sens qu'il est en quelque sorte, dans une hypothèse culturelle précise, l'archétype de tous les meurtres. Autrement dit, dans une perspective de mythe fondateur - sur ce terme *mythe*, je me suis aussi déjà longuement expliqué dans mon œuvre -, un récit comme celui-là (le meurtre d'un frère par un frère) n'est pas le récit d'une affaire de famille ; c'est la mise en scène des invariants qui donnent à tout meurtre son caractère de crime, et cette mise en scène expose pourquoi tout meurtre est nécessairement relié à la filiation, c'est-à-dire à la notion de père, considérée comme la métaphore du tiers fondateur.

Pourquoi faut-il des mises en scène pour notifier les grandes questions et rendre opérante ce que nous appelons la Loi ? Autrement dit, pourquoi tous ces détours pour faire comprendre aux humains non seulement que le meurtre est interdit, mais les raisons pour lesquelles il y a interdit ? Je soulève là quelque chose de très difficile à faire valoir de nos jours, l'idée que les grandes interdictions (l'inceste et le meurtre) auxquelles est accrochée comme à une bouée la vie humaine - disons donc : l'Interdit à majuscule - ne sont pas compréhensibles par chacun de nous sur le mode d'une compréhension scientifique ou, comme on dit, rationnelle ; elles le sont seulement en ce qu'elles nous touchent dans notre substance subjective. Nous comprenons l'Interdit non pas cérébralement, mais avec toutes nos ressources, tout notre réservoir subjectif, l'inconscient étant au cœur de cette partie vitale qui se joue. En termes savants, je peux dire : l'Interdit est d'abord représentation de l'Interdit ; ce n'est pas pour autant qu'en tenant ce discours je le rendrai vivant et tangible. À l'échelle de la culture, l'Interdit est littéralement joué ; c'est pourquoi, lorsque je dois faire quelque conférence sur ces problèmes, je me fais précéder du film de Bergman reprenant *la Flûte enchantée* de Mozart : après le détour par Mozart, je peux parler, mes propos deviennent plausibles. Le fond de l'affaire, c'est que l'Interdit ne peut être parlé qu'aux frontières du dicible.

Voilà des développements difficiles. Mais je pense que, si la problématique de l'impardonnable et du destin du pardon ne tient pas compte de ce que je viens d'évoquer, nous sommes condamnés à tourner en rond, dans le meilleur des cas, dans un manège intellectualiste et abstrait ; dans le pire des cas nous nous mettons à résonner du crétinisme contemporain. En même temps, vous comprenez mieux pourquoi je répète qu'on n'entre pas dans ces questions-là comme dans un moulin : il nous faut nous mettre en position, si j'ose dire, dans la bonne position, celle où nous nous reconnaissons nous-mêmes des criminels virtuels, parce que nous appartenons à la race humaine.

Donc, dans cette perspective, le droit et les institutions abordent le pardon non pas pour des considérations humanitaires, mais pour traiter du problème de la vie. Pouvez-vous en dire davantage ?

C'est bien de cela qu'il s'agit. Toutes les constructions relatives au crime et à la peine sont en rapport avec ce que les Romains - ces fameux Romains auxquels nous devons le droit romain, c'est-à-dire l'outillage juridique de base, commun aux États nés de l'Europe -, ce que les Romains, dis-je, appelaient *instituer la vie*. Je crois avoir montré pourquoi les montages juridiques sont si importants en l'occurrence : ils ont pour but, dans leur principe, de séparer l'assassin de son crime, c'est-à-dire de faire en sorte que le meurtrier retrouve le troupeau humain en étant sujet *réinscrit* dans l'humanité, et il entre alors sous un statut qui lui notifie, en somme, qu'il ne peut échapper à la condition humaine à travers un acte qui, pour lui en tant qu'auteur de cet acte, aurait mis l'Interdit entre parenthèses. En termes stricts, le meurtrier *répond* de son acte, cet acte prend statut d'acte humain du fait qu'un juge l'inscrit d'autorité dans la parole, par le truchement d'une sentence judiciaire. Le problème n'est pas de savoir ici jusqu'où doit aller la peine - une peine, fût-elle de principe, reste une peine -, mais de défendre la cause de l'humanité à travers la personne du criminel. Ainsi, là il ne s'agit pas de vengeance, *il s'agit de défendre l'Interdit en tant que principe de vie.*

Naturellement, si j'évoque ces considérations, je laisse de côté les manifestations sociales de la prise en compte du crime, notamment ces manifestations scandaleuses qui consistent à faire de l'auteur d'un crime un paria. Je parle du meurtre, parce que c'est le crime le plus radical, et je n'ai pas à reprendre les problèmes relatifs à la différenciation des crimes, à leur hiérarchisation juridique, etc. De même, je ne me place pas ici du point de vue des problèmes dits de délinquance des jeunes, problèmes qui sont traités selon des méthodes qui sont la honte de notre temps. Un mot seulement, car cela rejoint directement la question du rapport entre les casuistiques pénales et le principe généalogique, cette construction structurale dont dépendent les possibilités de vie pour les générations neuves. Nous vivons l'ère de la désubjectivation de masse, une sorte de prolétarisation inédite apparaît, une misère sans nom, qui consiste à se voir offrir un destin impossible à assumer : par millions, dans la nouvelle civilisation ultra-industrialiste en proie aux idéaux de l'autofondation (le sujet-roi : *I, Me and Myself*), les nouveaux arrivants, qui sont les créanciers des générations adultes, se voient offrir une monnaie de singe ! Fonde-toi toi-même, voilà la consigne implicite de ces législations et jurisprudences de consommation, qui créent de nos jours les conditions de nouvelles formes d'anéantissement. À mes yeux, les doctes doctrines du sujet-roi sont indéfendables. Laissons cela, pour l'instant ; peut-être allons-nous y revenir.

Je voudrais également évoquer les constructions institutionnelles, d'un point de vue d'histoire de la structure en Occident. Les casuistiques de l'impardonnable et du destin du pardon sont au cœur de l'histoire du sujet dans la civilisation où nous sommes. Fort heureusement, l'histoire dite des mentalités - vous savez que je n'aime guère cette formule expéditive : les mentalités ; mais enfin je m'accommode, étant donné l'excellence de certains travaux - a pris conscience des subtilités de la casuistique du péché. Mais il nous manque encore, du côté des historiens du droit, des études qui feraient comprendre la technique structurale, c'est-à-dire les montages, à proprement parler institutionnels, qui ont fait du discours du pardon (je pense à l'édifice appelé « droit de la pénitence », œuvre essentiellement juridique), sur la base des raisonnements des scolastiques au Moyen Âge, la charpente du *premier discours moderne sur le sujet et la subjectivité*. La civilisation dite moderne a mis plusieurs siècles à produire et mettre à l'épreuve l'habitat institutionnel (plus tard repris par les États sécularisés) du sujet. De la sorte, on peut dire que la position politique de principe et son étayage juridique élémentaire sont, pour l'Occident, le résultat d'une théorie du *sujet qui répond de son acte* foncièrement dépendante d'une *théorie du pardon*. D'ailleurs, il serait très instructif d'examiner (par exemple, à travers la doctrine des juristes sur l'excommunication dont la levée est réservée au pape) comment certains crimes majeurs se présentent *explicitement* comme crimes impardonnables.

Bien. Mais qu'y a-t-il, comme soubassement anthropologique, c'est-à-dire qui relie l'occidentalité à l'humanité universelle, derrière les constructions du pardon, dont je viens de vous dire qu'elles concernent la subjectivité comme telle ? Je l'ai déjà dit, il y a la manœuvre pour faire entendre l'Interdit. Or, le terrain de la manœuvre, si nous y réfléchissons à la lumière de ce que cahin-caha la psychanalyse nous enseigne, c'est le point de faiblesse, qui est aussi sa force, du sujet : la faille de la culpabilité. Sans élaboration subjective de la culpabilité - en termes techniques de psychanalyse : la culpabilité œdipienne, nœud de la question inconsciente pour chacun de nous -, il n'y a pas de sujet qui vaille, c'est-à-dire qui puisse désirer et assumer la vie. Je n'insiste pas, pour ne pas envahir le lecteur ; je peux dire seulement, revenant à l'affaire Lortie, que la fonction judiciaire (le juge venant juger l'auteur d'un acte) reste, dans la société moderne, un relais qui précisément est une offre sans prix au sujet, sans prix en ce sens que, si elle est manœuvrée correctement, la fonction vient offrir enfin à l'auteur d'un crime la possibilité de symboliser son acte, c'est-à-dire d'assumer sa propre culpabilité subjective, à laquelle, nous le voyons bien par tant et tant d'exemples de passages à l'acte, il n'avait pas eu accès : c'est par une procédure assumée que Lortie est entré dans la culpabilité.

Vous avez parlé, dans vos travaux, d'une criminalité bureaucratique. Comment se pose alors la question de l'impardonnable et du pardon ?

En effet, j'ai travaillé cette notion de criminalité bureaucratique, j'y attache grande importance pour comprendre ce à quoi, quant à l'impardonnable dans le contexte ultra-moderne, nous sommes confrontés. L'abord des choses ici est très difficile, parce que trop souvent nous raisonnons à la sauvette et selon des stéréotypes, alors qu'il faut reprendre la question à la base. Il faudrait partir, pour ce qui concerne la civilisation occidentale, des interrogations traditionnelles sur le statut du soldat et du bourreau. Nous avons des textes innombrables là-dessus, du côté des religions qui ont fait la culture européenne. Que disent ces textes ?

Ces textes classiques exposent que le soldat ou le bourreau ne sont pas des criminels, parce qu'ils accomplissent un acte relevant d'une fonction. En gros, on s'interroge sur le problème de l'innocence et du rapport de l'innocence avec ce que nous appelons, nous les modernes, une fonction. Mais, à partir de là, si j'ose dire, les incertitudes commencent. Il faut d'abord considérer le principe, tel que l'exprime, par exemple, l'article 327 du Code pénal français : « Il n'y a ni crime ni délit, lorsque l'homicide, les blessures et les coups étaient ordonnés par l'autorité légitime. » Le commandement de l'autorité légitime relève du concept juridique de fait justificatif. Vous remarquerez qu'en définitive, dans les procès faits aux bourreaux nazis, les inculpés s'accrochent souvent à ces notions.

Laissons la théorie juridique et concentrons notre attention sur un point : faut-il assimiler le commandement de l'autorité légitime au pardon, un pardon qui serait anticipé, épongeant par avance le crime dès lors que l'auteur d'un acte exerce une fonction ? Non, il ne s'agit pas là d'un pardon, car dans l'exercice d'une fonction il y a en quelque sorte, si nous reprenons la théorie scolastique héritée par les États, dédoublement de l'individu, la subjectivité est mise entre parenthèses quant à l'acte considéré : le soldat n'est pas Monsieur X, il est par exemple l'un des fantassins du régiment n° tant. Alors nous débouchons sur l'immense question d'un *équivalent de la militarisation, la bureaucratisation des sociétés modernes*, qui comporte la défaite du principe de responsabilité.

Notez bien que la vieille théorie de la fonction a l'avantage de circonscrire le problème du pardon : en dehors des cas de la fonction, le principe de responsabilité fonctionne à plein, ce principe ayant pour horizon d'abord et avant tout le sauvetage de l'humanité par le moyen de l'Interdit. Derrière cela, il y a, au regard des constructions politiques de l'ère industrielle, un grand pessimisme, plus exactement la prise en compte de la condition désespérée et désespérante de l'homme. Je vais traduire ce propos par une formule concrète : aucune société n'a jamais manqué d'assassins. Comment expliquer que, dans certaines conditions historiques, surgissent des brutes en nombre presque infini ? L'homme est-il donc si dangereux pour l'homme ? La science politique, si prolixe en rodomontades explicatives, ne nous a encore pas expliqué ce phénomène, dont le moins qu'on puisse dire est qu'il est tangible. En général, nous nous détournons d'une telle question ; alors on parle de monstres. Non, il n'y a pas de monstres. Dans les grandes tueries modernes organisées par le juridisme bureaucratique, ce ne sont pas des monstres qui agissent, mais des gens très ordinaires, qui feraient d'excellents épiciers, des professionnels méticuleux, capables de sourire à leurs propres enfants. La criminalité bureaucratique sue l'honnêteté. Au cours de ma brève carrière internationale, au temps de ma jeunesse, une grande découverte a été pour moi l'extrême banalité de certains personnages de haut rang, dans certains pays à régime totalitaire où j'avais à faire, et qui n'avaient pas grand-chose à voir avec leurs idéaux démocratiques affichés : ces assassins de haut rang respiraient l'honnêteté. J'insiste là-dessus, parce qu'on use et abuse de poncifs qui détournent l'attention d'une question fondamentale : comment juguler la menace que fait peser sur l'humanité l'innocence bureaucratique ?

Pourriez-vous développer cette question que vous évoquez : comment juguler l'innocence bureaucratique qui a causé tant de victimes ?

Je dirai d'abord : on s'y essaie, comme vous savez, en s'efforçant de faire jouer la construction politique et juridique des Droits de l'homme, ou un droit pénal moderne des nations incluant la qualification de crimes nouveaux tels que le crime contre l'humanité. Est-ce suffisant ? Je dirai même : est-ce là un paravent ? Le fond des choses étant, pour moi : sommes-nous sincères, quand nous prétendons soulever les foules modernes contre de nouveaux holocaus-

tes ? Oui, c'est cela, sommes-nous sincères, c'est-à-dire prêts à aller jusqu'au bout ?
Aller jusqu'au bout, cela passe par une problématique de l'impardonnable, sur quoi se greffe la question du pardon. Si l'on est décidé à cela, il faut aborder la catégorie du tiers, la logique de la Référence, aborder ce qui fonde cette division de l'impardonnable et du pardon. Concrètement, qu'est-ce que cela veut dire ? Cela veut dire une profonde réflexion, du côté des sciences dites humaines, sociales, etc. Cela veut dire surmonter la démagogie du sujet-roi, la tyrannie de l'idéologie *I, Me and Myself*, c'est-à-dire s'interroger de façon neuve sur les fondements de la pensée moderne à propos de ce que les Romains appelaient *instituer la vie*. On aperçoit bien, en effet, la faille des doctrines en honneur aujourd'hui, selon lesquelles chacun étant maître de soi - entendons maître absolu et souverain de soi, fondateur de ses propres règles, si ce mot a encore un sens -, chacun a droit, par principe, à se mettre en scène comme souverain, avec pour conséquence ceci : chacun a droit à l'accomplissement de ses fantasmes. Dans ces conditions, les hitlériens modernes, en style *soft* aujourd'hui, ont donc droit, eux aussi, de tenir la scène, puisque tous les discours s'équivalent, ayant tous droit de cité au même titre. Je dis que cette prétendue équivalence de tout est une imposture. Les pouvoirs ont une fonction anthropologique, que nous avons tendance à oublier : ils ont à défendre le principe de vie dans l'espèce ; c'est même le fondement premier du droit. Vous voyez les immenses problèmes que cela pose, pour aménager les grandes réponses politiques de notre temps, indissociables des libertés si chèrement conquises.
Une question ici est à soulever : que devient la parole en société, la parole humaine tout court ? La forme ultra-moderne du fanatisme, dans la culture européenne, fabrique des idéaux publicitaires et des propagandes manipulatrices au service du sujet-roi, les paroles ne sont plus des paroles ; les paroles sont devenues des actes. De nos jours, on accomplit les fantasmes notamment sous la forme de *discours-actes*, dont la communication médiatique nous offre maints exemples quotidiens. Transposant une formule très forte des canonistes médiévaux, je dirai que, dans la société où nous sommes, il ne s'agit pas tant de parler que d'éjaculer des mots, c'est-à-dire de tenir le discours de ce qui nous passe par la tête et dans n'importe quelles conditions d'adresse, de sorte que le discours hi-

tlérien, par exemple, peut devenir d'un jour à l'autre aussi respectable que tout autre, c'est-à-dire fondateur d'identifications *légitimes*.
Il faut bien voir que la logique de l'*institution du discours* ne saurait être abolie, simplement nous prétendons abolir la *limite*, cette limite qui donne à la parole humaine son poids et à celui qui parle statut d'homme. Les hitlériens et autres ont déchaîné les enfers sur cette base : en destituant la parole. Alors, je dis ceci : non seulement nos comportements politiques prouvent que les leçons de l'histoire - thème fumeux à mes yeux - ne portent pas (ce qui, après tout, est le lot humain : le monde recommence avec et pour chacun de nous), mais en vérité nous ne sommes pas sincères. Je ne crois pas à la volonté affichée de défendre le principe d'humanité dans l'humanité d'aujourd'hui. Comment le pardon aurait-il un sens, sinon le sens d'une valeur démagogique, d'une lubie passagère ?
Si nous étions sincères, nous pourrions essayer d'affronter le fait que les leçons du passé ne portent pas, et je vous dirai là-dessus que, à tant d'égards, nous n'avons pas à recevoir de leçons du passé. La leçon de l'histoire ne saurait faire de nous des perroquets ; simplement elle consiste à nous mettre face à notre solitude, à tâcher d'accepter l'interrogation que cela comporte, dans le domaine dont nous parlons ici, c'est-à-dire quant au problème de la limite. Je suis bien placé pour savoir que la mise en question des idéaux de manipulation hérités de la dérive comportementaliste - dérive nourrie, pardonnez-moi cette formule peu académique, au biberon des « *Social and Behavioural Sciences* » - se heurte à un mur, non seulement dans l'Université, mais dans les administrations stratégiques, telles que par exemple la Justice. Tant qu'on en reste là, il n'y a aucune chance de faire un pas, fût-il modeste, vers la compréhension de l'engrenage auquel nous avons affaire à propos de criminalité bureaucratique. Nous savons tous que les administrations contemporaines sont des engrenages, et nous avons à nous défaire de l'idée selon laquelle les *effets de malheur* de tels engrenages ont été inventés par les nazis. Non, ce n'est pas cela, le nazisme en tant que bureaucratie porteuse d'effets de malheur n'a été qu'un cas extrême. Un problème universel se pose : faire entrer l'éthique dans les administrations contemporaines, c'est-à-dire dans la tête des fonctionnaires, ceux-ci seraient-ils techniquement, selon les cri-

tères formels, parfaitement adaptés à leur tâche. Il faut bien voir que le mécanisme de la fonction est, dans son principe, un mécanisme d'innocence. Alors, comment poser le problème de l'impardonnable, quant à l'action des administrations stratégiques d'aujourd'hui ? Pouvons-nous pardonner à ces administrations, à la Justice par exemple, de contribuer froidement aux effets du saccage des images fondatrices, par exemple en mettant en œuvre des pratiques juridiques de consommation sur cette grande affaire du principe généalogique que j'étudie, c'est-à-dire sur le terrain le plus névralgique qui soit pour les générations qui nous suivent, là où se joue la question de l'identité subjective ? Pouvons-nous pardonner à des administrations, qui se veulent par ailleurs informées et critiques, d'ouvrir les enfers, de les ouvrir froidement, c'est-à-dire d'agencer les effets de malheur, si je puis dire, en différé, pour tant et tant d'humains qui nous suivent ? Vous voyez comme ce problème est à la fois monumental et urgent. Voilà pourquoi, si le mot quelque peu magique d'*éthique* a un sens, les administrations doivent être poussées sans ménagement vers cette responsabilité-là, ce qui suppose de renoncer aux mirages du *management*, nouvelle façon de s'innocenter de tout ; les fonctionnaires, quel que soit leur rang, doivent affronter la question de l'impardonnable, ils ne peuvent s'en laver les mains. Je dis que l'idée d'une criminalité bureaucratique doit demeurer présente dans nos têtes ; autrement dit, si pédagogie politique il y a en cette matière, ce ne peut être que ceci : être intraitable sur l'essentiel, un *petit essentiel* auquel est accrochée l'institution de la vie.

Comment une société d'aujourd'hui, après les holocaustes du XXe siècle, peut-elle se représenter l'impardonnable ?

Concevoir l'impardonnable, c'est se mettre en présence de la logique dont relève la reproduction humaine. À propos des nazis par exemple, il faut prendre en compte d'abord ceci : les nazis ont été vaincus par les armes, non par des arguments. Sur la base de cette remarque, la question peut être ouverte des fondements de légalité avec lesquels le nazisme a joué, c'est-à-dire de sa manœuvre quant à la Référence. Or, cette logique de la référence, dont j'ai longuement exposé le mécanisme dans mon œuvre, est la même pour tous les hommes : la manœuvre touche aux images fondatrices. Avec des images fondatrices de folie, vous fabriquez une société de meurtriers. Le problème est là : respecter la logique de l'institutionnalité consiste, de nos jours, d'abord à reconnaître qu'une telle logique existe, puis à tirer des conséquences d'une telle reconnaissance. Il ne s'agit donc pas de faire triompher un discours du Bien contre un discours du Mal, il s'agit de préserver l'Interdit en tant que bouée de sauvetage de l'humanité. Or, l'Interdit est, par hypothèse, la problématique de la limite. Nous manquons vraiment d'une réflexion cohérente là-dessus. Tout système politique est assujetti, si j'ose dire, à la nécessité de prendre ses marques à l'égard de la limite.

À partir de là, on peut se frayer une voie vers la prise en compte de la nature de l'Interdit. Il s'agit, dans une société, de mettre en scène ce qui est indisponible, l'inappropriable, ce qui dépasse l'horizon de l'individu et contribue à le fonder comme sujet. On ne peut donc pas raisonner sur le pardon en prenant pour base la toute-puissance du sujet-roi, de l'homme moderne qui serait hors limite. Cette frontière n'existait plus dans les bureaucraties terroristes, puisque ces grands ensembles organisés tablaient d'abord sur le sacrifice du sujet comme tel. La criminalité bureaucratique, dans les expériences nazies ou soviétiques, fait du criminel un *être instrumental*, notion intéressante si on la compare à la construction mystique de l'ascète (construction ici détournée) où, selon les termes de la scolastique médiévale, *la volonté propre est immolée*. Dans une bureaucratie, la volonté propre est en quelque sorte épongée, non pas travaillée comme dans le cas de l'ascète. Nous touchons là au ressort intime du rapport au sacrifice. Les sociétés du XXe siècle ont pratiqué en grand le sacrifice humain, à travers le détournement politique du sujet.

L'abrutissement moderne, parfois si remarquablement traité par le cinéma, c'est ça : la manipulation du sujet, instrumentalisé. Alors il nous faut revenir aux questions essentielles, ce qui suppose le courage politique de réinscrire la limite comme *pouvoir de dire non*. Dire non au nazisme, ce n'est pas tenir un discours romantique antinazi, c'est tenir les instances de pouvoir comme ayant pour fonction d'exercer le pouvoir de dire non. Je n'aime guère le fracas du spectacle apparemment efficace (apparemment seulement), dans le style procès Barbie, sur lequel j'ai exprimé publiquement mes doutes, quant à ses suites dans l'opinion. Se démener n'est pas

agir. Simplement je dis : dans notre société ultra-moderne, en proie à son discours de bonté universelle, la classe politique et les responsables des administrations stratégiques savent-ils encore ce qu'est un *non* ? J'en doute parfois. Sur le terrain des grandes questions, c'est plutôt l'inconsistance qui est la règle.
Voilà finalement ce sur quoi débouche l'interrogation sur la criminalité bureaucratique : le pardon suppose un sujet et une parole de pardon. L'auteur d'un acte incriminé entre ou n'entre pas, comme sujet, dans cette institution du pardon. Autrement dit, la construction du pardon est la reprise d'une demande. Je rejoins là un propos de Jankélévitch parlant de la Choah : « Nous a-t-on demandé pardon ? » Il s'agit de cela, le pardon suppose une demande, l'institution du pardon est une construction d'humanité relativement au sujet et à son destin. Par voie de conséquence, si l'on comprend, selon les propositions d'étude que j'ai faites, que les organisations jouent des parties de sujet, en tant que ces sujets de fiction sont capables de tenir un discours, on comprend du même pas par exemple que la demande de pardon exprimée par le chancelier d'Allemagne (Brandt à Varsovie) à propos des crimes nazis ait statut de parole dans l'économie de l'impardonnable et du pardon ; à ce titre, de tels discours sont de nature à porter à conséquences. Je vous renvoie à ce que j'ai dit, concernant ce que j'appelle le Sujet majuscule, ou monumental, un État par exemple. Nous touchons là à la phénoménologie du droit.

Vous insistez sur l'importance de l'ordre juridique et, comme vous dites, des constructions institutionnelles, ici comme ailleurs. Pouvons-nous conclure là-dessus ?

La problématique de l'impardonnable et du pardon, puisqu'elle renvoie au tiers fondateur des catégories, à cette logique qui rend plausible l'examen anthropologique des problèmes de notre temps, nous renvoie donc à la traduction instituée de cette logique. Voilà pourquoi je dis que l'institutionnalité et les montages du droit sont essentiels. Il s'agit de faire vivre la vie, ni plus ni moins.
Cela étant dit, les montages, qu'en Occident nous appelons juridiques, liés à l'histoire de la culture européenne, montrent bien, si on les observe selon la logique du tiers, où se situe le fondement de l'impardonnable comme concept. L'impardonnable vise le

principe de vie, ce principe mis en scène au niveau structural de la Référence. L'impardonnable est une atteinte au plus fragile et au plus nécessaire qui soit : la représentation du principe de vie. Si l'on comprend cela, on saisit que la Loi humaine est la même pour tous, à travers les multiples versions culturelles de la représentation du principe de vie. J'ai ici, sous la main, un texte de Sophocle, que j'ai relu en vue de notre entretien - texte qui, dans *Œdipe à Colone*, évoque le saccage des oliviers comme un crime contre les dieux. Je lis : « ...l'olivier au feuillage glauque, le nourricier de nos enfants, l'arbre que personne, ni jeune ni vieux, ne peut brutalement détruire ou saccager. Le regard vigilant du Zeus des Olivaies ne le quitte pas, et pas davantage celui d'Athéna aux yeux pers. » Je ne vous apprends rien, en disant que saccager l'olivier fait partie des armes très efficaces dont usent les guerriers du Proche-Orient, sous l'œil des caméras du monde entier ; j'ai pensé à ce texte en voyant une séquence d'actualités à la télévision (en l'occurrence, la destruction de biens palestiniens, mise en scène par des unités de l'armée israélienne) : s'attaquer à l'olivier, c'est viser l'ennemi dans sa représentation, c'est toucher l'emblème, c'est-à-dire le tenant-lieu de la Référence. À l'égard de tels actes, nous ne devons pas être complaisants ; ils doivent être partout dénoncés, faute de quoi, pour reprendre une formule d'Eschyle, le plus juriste des grands tragiques grecs, « le droit se déplace », il change de côté.

Cela m'amène à conclure. Tous les pouvoirs établis sont en permanence menacés de dépasser les bornes. Le problème universel, au cœur des organisations libérales elles-mêmes, est que soit intégrée et instituée la limite. C'est dans cette perspective que l'impardonnable doit être partout notifié, c'est-à-dire que soit instituée une représentation de l'impardonnable. Les sociétés de l'ancienne Europe mettaient en scène cela par des constructions juridiques du crime suprême (par exemple, contre la majesté impériale, Dieu, etc.). Aujourd'hui, nous parlons de crime contre l'humanité, c'est équivalent. Il s'agit de mettre en scène la Référence, une représentation du principe de vie qu'on ne peut attaquer impunément sans ruiner la vie. En cas de doute, relisez Sophocle et Eschyle.

Entretien avec Pierre Legendre

Le regard de Jean Valjean

Victor Hugo

Comme le frère et la sœur allaient se lever de table, on frappa à la porte.

- Entrez, dit l'évêque.

La porte s'ouvrit. Un groupe étrange et violent apparut sur le seuil. Trois hommes en tenaient un quatrième au collet. Les trois hommes étaient des gendarmes ; l'autre était Jean Valjean.

Un brigadier de gendarmerie, qui semblait conduire le groupe, était près de la porte. Il entra et s'avança vers l'évêque en faisant le salut militaire.

- Monseigneur, dit-il...

À ce mot, Jean Valjean, qui était morne et semblait abattu, releva la tête d'un air stupéfait.

- Monseigneur ! murmura-t-il. Ce n'est donc pas le curé...

- Silence, dit un gendarme. C'est monseigneur l'évêque.

Cependant monseigneur Bienvenu s'était approché aussi vivement que son grand âge le lui permettait.

- Ah ! vous voilà ! s'écria-t-il en regardant Jean Valjean. Je suis aise de vous voir. Eh bien, mais ! je vous avais donné les chandeliers aussi, qui sont en argent comme le reste et dont vous pourrez bien avoir deux cents francs. Pourquoi ne les avez-vous pas emportés avec vos couverts ?

Jean Valjean ouvrit les yeux et regarda le vénérable évêque avec une expression qu'aucune langue humaine ne pourrait rendre.

In *Les Misérables.*

Paysage sublunaire et atonal

Entretien avec Jean Baudrillard

L'indifférence, un état, une stratégie, une agression ? Une agression invisible, intangible, inavouable. Il n'y a pas de flagrant délit d'indifférence. Dans ces conditions, comment le pardon s'exercerait-il ?
Jean Baudrillard se penche sur ce « désert de l'âme » qu'est l'indifférence, et règle son compte au pardon.

« Aujourd'hui, l'orgie est finie. Les États-Unis sont eux aussi, comme tout le monde, affrontés à un ordre mou, à une situation mondiale molle. C'est l'impuissance de la puissance. »
« Découvrir qu'on peut jouir de la liquidation de toute culture et s'exalter du sacre de l'indifférence. Je parle des déserts américains et des villes qui n'en sont pas... Pas d'oasis, pas de monuments, travelling indéfini du minéral des autoroutes.
[...] Pas de désir : le désert. » (*L'Amérique*, Jean Baudrillard, éd. Grasset, 1986.)

Jean Baudrillard. - L'indifférence, c'est d'abord celle d'un monde sans qualité, du monde de plus en plus indifférencié qui nous entoure, celui où se vit et se raconte n'importe quoi ; et raconter n'importe quoi à quelqu'un, c'est le transformer en n'importe qui. Cette indifférence-là, c'est celle du désert au sens négatif. Celle dont je parle, l'indifférence profonde du désir, c'est le désert de l'âme, à qui l'absence de qualité donne une qualité rare. Rendre quelqu'un indifférent à lui-même, lui faire perdre sa propre différence, le déposséder de son rôle d'acteur, le déstabiliser dans sa position de sujet responsable... C'est une stratégie.

Nicole Czechowski. - *Vous parlez de stratégie, cela supposerait qu'il y a une volonté d'être indifférent.*

Oui, c'est une stratégie qui implique certaines dispositions... On devient indifférent à soi-même pour mieux plonger les autres dans une sorte de stupéfaction ; ils deviennent alors vulnérables. Au fond, c'est une forme neutre et subtile de la séduction. Mais cela n'est pas une stratégie de sujet moral, responsable, c'est une stratégie d'objet. On se fait inerte comme un objet, sans réponse, c'est là sa force énigmatique. Cette absence de réponse n'est pas sans conséquence.

Si vous acceptez le terme de victime, on peut donc parler de bourreau ou, du moins, d'agresseur.

La victime est un terme que vous avez employé. Quant à moi, je n'ai jamais écrit ce mot nulle part car il n'y a pas de victime, il y a seulement des enjeux. Tout est réversible. C'est ce que disait Canetti : à quoi sert la vengeance étant donné l'ordre des choses, et le fait que tout est complice et réversible, spontanément, y compris la relation de la victime et du bourreau. Inutile d'y rajouter quelque (mauvaise) volonté morale et prétentieuse.

On serait donc face à une situation sans victime, sans agresseur et sans agression.

Disons dans un monde indifférent. Car c'est le monde, y compris notre univers social, qui est devenu objectivement indifférent. Dans un monde indifférent, l'irruption d'un comportement sans qualité, ou plus indifférent encore, crée un événement. Cela force les choses à se distribuer autrement et, parfois, à produire des réponses exagérées.
L'indifférence est un jeu au sens lourd, sérieux du terme, où chacun occupe des positions. Je tends à penser que l'indifférence est une stratégie supérieure à celle de la différence, moins attachée à la conscience et à la décision, une revanche de l'objet sur le sujet. Dans le monde du pouvoir, ce sont ceux qui ont affirmé leur différence qui étaient les maîtres, les autres étant réduits à l'indifférence. C'est la revanche de ce destin négatif.

À l'origine, ma question était celle du pardon face à l'agression que constitue à mes yeux l'indifférence. Dans le tableau que vous brossez, cette question du pardon et de l'impardonnable n'a plus lieu de se poser.

Le pardon et les valeurs dont vous parlez peuvent se poser dans un système de valeurs bien distribuées, ce qui n'est pas le cas dans un système d'indifférence. Le jeu de l'indifférence, c'est celui de l'indétermination. On le voit jusque dans les sciences, cette perversion de l'objet, du micro-objet.

Mais là où l'on parle de perversion il ne s'agit déjà plus d'indifférence.

L'indifférence peut devenir un jeu où l'on prend l'autre au piège de la différence, comme dans la perversion on prend l'autre au piège de la loi.

Quelqu'un est pris au piège et on ne pourrait pas l'appeler victime ?

Oui, c'est contradictoire, mais c'est ainsi. Car le piège de l'indifférence, comme celui de l'illusion, joue pour tout le monde : il est, par définition, indifférencié. Ainsi, l'objet de la science se venge dans la mesure où, aujourd'hui, il devient insaisissable ; il n'est plus qu'une figuration sur un écran de calcul, alors le privilège du sujet lui aussi devient insaisissable. Et pourtant, la science avance, mais dans une zone d'indifférence, dans un mouvement irréversible vers l'indifférenciation du sujet et de l'objet.

L'indifférence, de la science au droit : en termes juridiques, la non-assistance à personne en danger est pénalisée par la loi. Dans ce cas, aux yeux de la loi, il y a une victime.

Dans le cadre de la loi, certes. Le droit institutionnalise une sorte de solidarité minimale, mais c'est épiphénoménal puisque 99 p. 100 des actes d'indifférence, même criminels, sont invisibles. La notion de pardon, comme celle de grâce, suppose une forme duelle, une réciprocité transcendante, qui nous échappe aujourd'hui. Notre société ne connaît qu'un calcul de responsabilité, qui souvent tourne au calcul de probabilité psychologique. Pourquoi réveiller cette forme désinvestie, et le mot lui-même devenu pur et simple terme de politesse ?

Et en termes individuels, la question du pardon se pose-t-elle ?

Non, elle ne se pose qu'en termes duels. Individuellement, c'est de la psychologie, il n'y a plus de pardon, il n'y a plus que des pulsions et des motivations à l'infini. C'est la psychologie elle-même qui a mis fin aux valeurs...
Aujourd'hui, je n'ai plus de critères pour penser que ce que font les gens est bon ou mauvais, donc éventuellement pour leur pardonner. Je ne peux plus voir les choses en termes de culpabilité. Il faut avoir une légitimité pour pardonner. Il faut avoir un statut, sinon le pardon est un parti pris misérabiliste, comme la pitié, la compassion, la solidarité. Ces valeurs n'existent pas, elles sont hypocrites et prétentieuses. Au nom de quoi se prétendre solidaire de quelqu'un, lui pardonner, l'aider ? C'est dur, à la limite inhumain, mais cela me semble mieux correspondre à l'état des choses. On n'a plus d'arrière-monde, de transcendance, de collectif, alors d'où tirerais-je une légitimité ? Je ne peux donc plus pardonner à quelqu'un. Il n'y a plus le ressort moral pour cela.

Alors, cette question du pardon ne se poserait qu'en cherchant à réintroduire de force les valeurs morales ?

C'est ce qu'on fait en essayant partout de les restaurer, de les réhabiliter en douceur. Mais ces valeurs morales liftées ne sont qu'un scénario de deuxième main. En peinture, l'art abstrait a eu un enjeu dramatique, la destruction de la figure. Après on a vu revenir la figuration, la néo-figuration. Mais ce ne sera jamais plus la figuration d'avant la destruction de la figure. Il ne faut pas confondre les deux. Si on recrée aujourd'hui tellement de différences, cela traduit le fait qu'elles sont perdues. J'essaie de prendre acte de cet événement décisif, la perte des valeurs. Plutôt que de combler cette perte je prends le pari de l'indifférence. Il en est ainsi de ma propre vie : tenir le vide pour voir surgir un autre type d'événement. Je préfère cette attente-là à l'impatience avec laquelle on essaie de ressusciter les morts. Mais si les valeurs ont disparu, il n'en est pas de même des formes, ce qui est tout autre chose. Les formes gouvernent et, dans l'espace vide de la valeur, on voit mieux fonctionner les formes : la séduction, le défi (l'indifférence est une forme atonale de défi).

De la même famille que l'indifférence, il y a le mépris. Constatez-vous un glissement de l'un vers l'autre ? Il peut y avoir du mépris pour une classe sociale, même pour un continent, par exemple les relations de l'Occident à l'égard du continent africain, faites d'indifférence et de mépris.

Mais ce que l'on ne comprend pas, c'est que ce sont les Africains qui nous méprisent ! Leur mépris pour la façon que nous avons de vivre et de mourir est bien plus plus grand que le nôtre à leur égard ! Du fond de leur dépossession, tous savent être en possession de valeurs que nous avons perdues ; notre monde occidental est complètement dévalorisé, invivable, et son objectif est de les coloniser à son image en les réduisant au degré zéro de la valeur.

Donc, selon vous, les valeurs seraient incarnées aujourd'hui par les sociétés encore traditionnelles que l'on appelle tiers monde ?

Non, ils n'incarnent rien, ils sont le miroir ironique, antagonique de la désincarnation de l'Occident. Voilà pourquoi l'Iran a été l'objet d'une telle vindicte. Nous avions affaire, là, à la valeur poussée à son maximum en termes de défi total. Nous, nous disparaissons en termes d'intensité de valeur, comme les Espagnols disparaissaient déjà en termes de foi et de religion devant la rigueur sacrificielle des Aztèques. Ça, ils ne pouvaient pas le pardonner. Et ils ne l'ont pas fait. Nous n'avons pas non plus pardonné à l'Iran. L'Occident n'aura de cesse qu'il n'ait maté toutes les formes qui, par leur relief et leur violence, lui renvoient l'image de sa banalisation et son indifférenciation.

Qu'exprimez-vous là, un intérêt ou un regret ?

Je suis un Occidental. Mais mon plus cher désir est de voir l'Occident perdre la face. En fait, j'ai trois désirs : voir la classe politique humiliée, l'Occident en général, et les satellites occidentaux comme Saddam Hussein en particulier. Je pense que la domination exercée à travers une valeur zéro est nulle et je ne peux que la nier.
Je pense à l'exemple du Japon : là-bas, il y a une telle intensité, une telle tenue, une telle puissance symbolique que devant elles on ne peut que se sentir humilié d'être occidental. Ces choses-là

sont infiniment plus précieuses que tout ce que nous avons à leur opposer.

Mais, pour les Japonais, les concepts de pardon, de vengeance, etc. sont tout à fait vivants.

Bien sûr, parce que leur culture est sauve. Mais ils le payent d'un prix que nous n'accepterions plus jamais de payer.

Et vous dites que c'est le système de valeurs que vous souhaitez voir triompher sur le degré zéro de l'Occident ?

Oui, un ordre non psychologique, non moral, non idéologique. Si je dois valoriser quelque chose, c'est cela. Les peuples dont je viens de parler ne sont pas des victimes, au contraire, car ils ont une chance inouïe : des raisons de vivre et de mourir que nous n'avons plus. C'est le seul grand enjeu aujourd'hui, et non la résurgence de nos petites valeurs provinciales...

Pouvez-vous pardonner à l'Occident d'en être arrivé là ?

Non ! Je ne lui pardonne pas. Lorsque je vois à la télévision un débile de notre classe politique, je ne lui pardonne pas d'être aussi débile, aussi lâche, et surtout de nous prendre pour des idiots, de raconter n'importe quoi, donc de nous prendre pour n'importe qui, et d'y croire lui-même. La seule chose impardonnable, comme le pensait Flaubert, c'est la bêtise. La bêtise est inacceptable.

Vous avez glissé de l'impardonnable à l'inacceptable...

Oui, je vois cela en termes de rejet presque biologique.

Mais on peut considérer le pardon en termes biologiques, dans le sens où, pour se survivre à soi-même ou pour qu'une société se survive à elle-même, il faut en passer par le pardon pour passer à une autre étape.

Oui mais, alors, le pardon devient un métabolisme très fonctionnel, comme l'oubli qui a des fonctions régénératrices. Il n'a plus de valeur symbolique. Aujourd'hui, le pardon est devenu la tolérance, la vertu démocratique par excellence, une espèce d'écologie protectrice de toutes les différences, de démagogie psychologique. On tolère tout, même le plus inacceptable.

Là, vous vous situez de plus en plus dans la valeur.

Peut-être la seule stratégie par rapport à la valeur lorsqu'on n'y croit plus, c'est de retourner offensivement, contre ceux qui prétendent la représenter, leur indifférence secrète à la valeur. La valeur existe mais je n'y crois pas, comme Andy Warhol pour l'art ou les agnostiques pour Dieu. Inutile de rajouter de la croyance à tout cela. Moi, je ne joue pas le jeu de cette fausse différence, de ces fausses valeurs, mais vous qui y jouez sans y croire, si je peux contribuer à votre disparition, je le ferai. Ma forme de terrorisme, c'est l'indifférence. Dans un autre contexte social, je serais terroriste, mais ici il ne reste que le discours.

L'indifférence est un terrorisme bien passif qui ne met pas en danger.

Si, car le pari que je prends, c'est de me déstabiliser moi-même, de faire le vide pour entraîner une réaction en chaîne contre ce que je veux voir tomber. Il ne s'agit pas d'une action positive de type révolutionnaire. Tout ce que l'on peut faire, c'est créer cette zone d'indifférence stratégique, mais ceci n'est pas sans risque puisque l'on y met en jeu sa vie. C'est un sacrifice non militant, non spectaculaire, le contraire de l'action telle qu'on l'imagine. C'est plus difficile à vivre. Il ne faut pas y voir un parti pris passif ou dépressif, sinon qu'il n'y a même plus de miroir de la volonté. On est dans la transparence totale. Le danger de cette indifférence est de s'y complaire dans une sorte de contemplation perverse : le bénéfice pervers de l'indifférence à sa propre vie.
Mais j'en ai assez dit, j'aimerais maintenant savoir de quoi vous parlez.

Je parle de l'indifférence qui me semble être une offense, une agression invisible, intangible mais agissante et virulente dont on ne peut se défendre contrairement au mépris qui est plus actif. L'indifférence est un état, un état qui tue en silence. Ce qui me manque dans votre discours, c'est la notion de souffrance, de douleur donnée, donc reçue. Et je me demande qui est l'indifférent (quelqu'un de si douloureux qu'il se défend jusqu'à en devenir indifférent ?), et quel est le statut de celui qui est l'objet de l'indifférence, déstabilisé, anéanti, victime d'une négation à laquelle il ne peut pas répondre. Et dès l'instant où l'on parle de blessure individuelle ou collective, se pose la question de la survie mais, aussi, du pardon.

Pardonner pour survivre... Moi, je préfère changer le monde ou changer d'air.

Propos recueillis par Nicole Czechowski

Entre amnistie et imprescriptible

Christian Bourguet

Sous une multiplicité de formes, les pouvoirs exécutif, législatif et judiciaire comprennent un pardon à trois facettes, ultime apaisement d'une société qui a besoin d'oubli... Au-delà pourtant, un domaine ne serait-il pas réservé à l'impardonnable, où commenceraient à s'affirmer les droits et la mémoire de l'humanité ?

« Une société sans pardon est une société sans morale », plaidait un jour un de mes confrères. Mais le fait qu'une société connaisse plusieurs formes de pardon la rend-elle pour autant plus morale ?

• Quand l'auteur d'un attentat terroriste, condamné à perpétuité, est GRACIÉ par le chef de l'État et peut, une fois libéré, repartir dans son pays d'origine parce que sa libération était réclamée par des preneurs d'otages, est-on sur le terrain de la morale ou de la raison d'État ?

• Quand les victimes de cet attentat refusent de recevoir les indemnités qu'elles avaient elles-mêmes demandées - et obtenues - lors du procès, n'est-ce pas par désir de nier la portée de la mesure de grâce, et de revendiquer une sorte de « droit au pardon » qu'elles détiendraient seules ?

• Quand des députés complaisants - et peut-être... précautionneux - votent un loi décidant l'AMNISTIE des auteurs de fausses factures, à la condition qu'elles aient été fabriquées pour financer un parti politique, font-ils œuvre morale, ou cautionnent-ils l'immoralité ? Décident-ils d'un pardon, ou créent-ils les conditions de l'oubli ?

• Quand un criminel de guerre, quarante ans après avoir été condamné par contumace, revient sur les lieux de ses crimes, sans crainte d'avoir à exécuter sa peine parce qu'elle est PRESCRITE, faut-il considérer qu'il a vraiment été pardonné ?
• Et quand, après avoir exécuté sa PEINE, un condamné demande, après cinq ans d'une vie sans tache, que la trace de sa condamnation passée disparaisse, sa RÉHABILITATION n'est-elle qu'un oubli ?
• Enfin, que vaut la règle morale qui décide où placer la limite de ce qui est IMPRESCRIPTIBLE, si elle est toujours décidée par le vainqueur, et non par le vaincu ?

On le voit, la multiplicité est grande, des formes de fin ou de disparition de la sanction ; comme est long, sur le terrain de la morale, le chemin qui va de la mémoire à l'oubli, ou de la vengeance au pardon.

La vengeance et le pardon

Avant tout essai d'analyse de ces différents mécanismes, il faut toutefois revenir à l'origine, à la racine même de l'idée de pardon :
• l'homme pardonne une « offense » : le mal physique, moral ou matériel qui lui a été fait, ou qui a été fait aux siens, et raisonne donc, en définitive, sans doute plus à partir du *préjudice* subi que de la règle morale violée à cette occasion ;
• la société pardonne une « faute », c'est-à-dire la violation d'une règle morale préétablie, commise contre elle-même ou contre l'un de ses membres.

Et lorsque l'homme, ou la société, refuse de pardonner, la différence est plus nette encore : l'homme se venge, et la société sanctionne.

Non pas d'ailleurs que l'idée de vengeance soit absente de celle de sanction : la loi du talion, qui figurait déjà dans le code d'Hammourabi, et que remettent aujourd'hui au goût du jour certains musulmans intégristes, est la codification d'une vengeance individuelle. Dans le même temps la loi du talion affirme que c'est la loi (et elle seule, et par conséquent surtout par la victime) qui détermine l'adéquation entre la faute et sa sanction : la sanction est d'abord une vengeance permise.

Mais les sociétés modernes ont enrichi le concept de sanction, ajoutant à l'idée de vengeance celles de protection de la société, de réhabilitation, d'éducation, d'exemplarité, etc. ; idées qui ont pris en compte la *nature* du trouble causé à la société (exemple typique, pour les expulsions d'étrangers, possibles ou non selon qu'il y a eu « troubles graves » à l'« ordre public »), et la personnalité de l'auteur de l'infraction (il y a des étrangers *non expulsables*, même si le trouble causé par l'infraction qu'ils ont commise est grave).

Plus l'organisation sociale est complexe, et plus les différents aspects de la sanction le sont aussi.

Prenons un exemple : on ne peut pas dire que l'organisation sociale d'une société musulmane ne soit pas complexe ; mais la totale imbrication du divin et du social, la force d'une loi divine privilégiant l'individu (s'il suit l'enseignement de Dieu), l'idée d'une société qui déborde la notion d'État feront que, pour tout crime contre *l'homme*, c'est celui-ci, ou sa famille, qui reste le « décideur » de la vengeance. C'est lui qui pourra soit *exiger* que la sanction soit appliquée sans que la société puisse intervenir, ou au contraire, par son pardon, empêcher toute sanction.

Alors que dans la société française d'aujourd'hui, qui se proclame laïque, surnageront seulement quelques îlots de pure vengeance privée, ou de pure sanction sociale.

Jusqu'à ce que l'*adultère* cesse, il y a moins de dix ans, d'être un délit, la loi interdisait au procureur, qui représente la société, de poursuivre et par conséquent aux tribunaux de sanctionner le conjoint adultère, dès lors qu'il était pardonné par l'autre, sous forme d'un renoncement à sa plainte. Ce même principe demeure encore valable en matière de *diffamation* : en matière d'honneur, que ce soit comme époux ou comme individu, on ne partage pas avec la société.

À l'inverse, certaines infractions ne peuvent être poursuivies, même si elles causent un préjudice personnel à tel ou tel, qu'à la requête du procureur : certaines infractions économiques par exemple, ou la plupart des « contraventions » qui sont des infractions peu graves en elles-mêmes, indépendamment du *préjudice* qu'elles peuvent causer aux victimes. Et le procureur ne saurait se voir reprocher, quelle que soit l'appréciation morale que l'on porte sur son choix, d'avoir décidé de ne pas poursuivre...

Mais en dehors de ces exceptions, la règle reste qu'en droit français une infraction peut donner lieu à *deux actions* :
- l'action *publique*, qui vise à la *répression*, à la peine, à la sanction ; elle appartient en principe à la société ;
- l'action *civile*, qui vise à la *réparation* ; elle appartient à la victime.

Sanction et réparation

Dans notre société française, qui se veut laïque, la loi sociale s'est peu à peu dissociée de la loi divine.

Nous sommes un pays de *droit écrit*, et ceci est fondamental, car c'est la loi écrite, et tout ce qui s'y rattache pour réglementer la société (ordonnances, décrets, arrêtés ministériels, préfectoraux, municipaux, etc.), qui va décider d'abord ce qui est permis ou interdit, puis la sanction qui s'attache en principe à toute infraction à cette règle écrite. On raisonne de façon parfaitement différente quand c'est la coutume, la « loi commune » anglo-saxonne, qui donne aux juges le pouvoir de déterminer dans chaque cas, par rapport à des principes très généraux (à une morale imprégnée d'ailleurs de notions religieuses), ce qui est une faute, et ce qui ne l'est pas.

Le raisonnement du juge français sera donc d'une logique cartésienne :
- il doit d'abord définir quelle est la loi applicable, ce qu'elle permet et ce qu'elle interdit (le principe étant que tout ce qui n'est pas interdit par la loi est autorisé) ;
- il recherchera ensuite s'il y a faute, l'interdit n'ayant pas été respecté, et cette faute, en matière pénale (c'est-à-dire quand la faute est réprimée par une peine - réclusion, prison, amende, etc.), s'appelle une « infraction » ;
- s'il y a « infraction », il décidera quel est l'*individu* (les « personnes morales » que sont les sociétés, associations, etc. ne peuvent en tant que telles être sanctionnées par une peine : ce sont leurs dirigeants qui le seront), qui en est l'auteur, lequel sera déclaré « coupable » (du latin *culpabilis* : digne de reproche) ;
- il décidera ensuite - car la loi distingue la déclaration de culpabilité, et le prononcé de la sanction qui réprimera l'infraction - *s'il y a lieu d'appliquer une sanction*, et, s'il conclut par l'affirmative, choisira celle-ci parmi l'éventail des *peines* possibles.

Mais contrairement à ce que l'on croit trop souvent (parce que les médias ne parlent la plupart du temps que des infractions les plus graves), le juge peut aussi, bien que déclarant l'individu coupable, *ne pas prononcer de peine* du tout : il l'en « dispense ».

Il est donc clair qu'une première forme de pardon apparaît déjà à cet instant : dispenser le coupable de peine, comme d'ailleurs le condamner à une peine de « substitution », prendre en compte des « circonstances atténuantes », n'est-ce pas une certaine forme de pardon ?

Pour que le juge soit amené à procéder ainsi, encore faut-il toutefois qu'*on le lui demande*, puisque le principe est qu'il ne peut de lui-même décider qu'il y a eu infraction, et en rechercher le coupable. Car le droit français tient à séparer la fonction de juger, et son corollaire qui est le droit de punir, et la fonction de « poursuivre », qui est confiée au « procureur de la République », celui qui représente la société. Et cette fonction implique aussitôt celle de *commencer* la poursuite, d'engager, au nom de la société, l'« action », que l'on appelle dès lors l'« action *publique* ».

Le procureur pourra donc décider d'engager cette action, mais il pourra aussi y être *invité*, et même *contraint* : toute personne (même si ce n'est pas elle la victime) ayant connaissance d'une infraction *peut* en informer le procureur, par une plainte, qui est en fait une « dénonciation », laissant au procureur le choix d'agir ou non. Ce qui revient d'ailleurs à reconnaître déjà à ce dernier, puisqu'*il peut ne pas poursuivre*, le droit de pardonner. En revanche, pour certaines infractions graves (les crimes), cette possibilité de dénoncer devient même un *devoir*, et la non-dénonciation devient elle-même une infraction...

Mais la victime peut aller plus loin, et *contraindre* le procureur à « engager l'action publique », en déposant une plainte d'une forme particulière : « avec constitution de partie civile », parce qu'elle agit au nom de son droit à demander réparation du préjudice que lui a causé l'infraction : c'est ce droit à poursuivre, pour obtenir réparation, que l'on appelle « action civile ».

Civile ou publique, l'action, le droit d'agir, « appartient » à la victime ou à la société : c'est-à-dire qu'ils peuvent seuls en « disposer » : l'initier ou la terminer, s'en servir ou y renoncer (le dénonciateur, lui, parce qu'il n'est pas victime, ne peut disposer de l'action). En revanche, le fait de « disposer » de l'une ou l'autre action est donc à distinguer de la « mise en mouvement » de cette action.

La victime d'une infraction peut exercer son action civile soit devant les tribunaux civils, qui ne se préoccupent que de la réparation des préjudices, soit devant les tribunaux répressifs qui, eux, ont pouvoir de sanctionner par des peines. Dans les deux cas la victime, toutefois, ne vise qu'à la réparation du préjudice subi, non à la sanction, au prononcé d'une PEINE, encore qu'on retrouve bien souvent dans certaines demandes d'indemnités l'idée qu'elles serviront *aussi* à sanctionner, et que bien souvent le dépôt d'une plainte vise à faire réprimer - donc venger - l'infraction commise, l'indemnisation n'étant qu'un souci secondaire pour la victime.

La société n'est en principe pas concernée par cette réparation, même si elle y veille dans son rôle de protection des victimes, et parfois même de victime « au second degré » (lorsque par exemple c'est la société qui indemnise une victime, à la place de l'auteur d'une infraction, inconnu ou insolvable) : n'étant pas concernée, elle ne peut donc en principe s'opposer au pardon par la victime, ni imposer à celle-ci un pardon qu'elle voudrait refuser.

Mais, très vite, la société reprend le contrôle de l'action, dans sa fonction répressive : ainsi, une fois l'action « lancée » (les juristes disent « mise en mouvement », la victime n'en a plus le contrôle, et *son désistement ne peut plus arrêter la poursuite* : la société, qui considère avoir besoin de la sanction pour se protéger du trouble causé par l'infraction, garde son droit de poursuivre et de ne pas pardonner. Il est souvent difficile à la victime de comprendre cet apparent paradoxe ! Quand c'est elle qui, par sa plainte, a été à l'origine des poursuites, il lui paraît que de même elle peut les arrêter. Hormis quelques cas très rares, elle ne le pourra pourtant pas, et l'on peut dès lors dire que le droit de pardonner a été en quelque sorte « confisqué » par la société. C'est donc avant tout la société qui pardonne, mais sous des formes tellement multiples que l'idée même de pardon va s'en trouver altérée.

La grâce présidentielle

La forme première du pardon, pour la société, c'est la GRÂCE : le roi, le seigneur, le chef fait grâce : le coupable ne sera pas puni, il peut même être soustrait aux poursuites, il est donc pardonné. Le roi, le seigneur, le chef se confond en effet avec l'État : « L'État, c'est moi », disait Louis XIV.

Mais cette notion, en France, a été très critiquée dès le XVIIIe siècle, et la grâce sera supprimée en 1791 « pour tout délit qui aura été jugé par voie de jury » : il fallait rabaisser l'autorité du roi, et renforcer la séparation des pouvoirs...

Rétablie en l'an X, et confiée au Premier consul, la grâce a, depuis, peu à peu « éclaté », donnant naissance, comme une cellule qui se divise et se redivise, à plusieurs notions différentes, toutes porteuses du « gène » du pardon. À proprement parler, la grâce n'est donc plus aujourd'hui qu'une faible partie de ce qu'elle fut jadis.

La constitution du 4 octobre 1958, sous laquelle nous vivons, prévoit en son article 17 : « Le président de la République a le droit de faire "grâce". »

Et la doctrine entend par là que la décision présidentielle « dispense le condamné d'exécuter partiellement ou totalement sa peine ».

Une première distance à la notion de pardon apparaît ainsi dans cette définition, par ailleurs non discutée : il ne peut y avoir de grâce *que pour un condamné*, c'est-à-dire à la fois quelqu'un qui a été déclaré *coupable* (elle n'empêche donc plus les poursuites), puis *condamné* à une certaine peine : prison, réclusion, peine de mort avant 1981, etc.

La grâce, donc, suppose à la fois une reconnaissance de culpabilité et l'existence d'une peine, que le président de la République dispensera d'effectuer, en totalité ou en partie, éventuellement en *transformant* la peine, en la minorant non seulement dans sa durée, mais dans sa nature.

C'est donc incontestablement une forme de pardon, mais un pardon partiel, parce que non seulement il n'empêche pas, mais *nécessite* qu'il y ait eu des poursuites et une condamnation, et qu'il nécessite que soit conservée la *mémoire* de l'acte qui, en lui-même, n'est nullement pardonné.

Et l'on ne peut s'empêcher de relever au passage combien la grâce est un étrange pardon, à la fois dans ses effets, dans son domaine, mais aussi par celui qui en détient le pouvoir.

Car cette prérogative exclusive du chef de l'État, qu'il exerce par décret, *et ne peut déléguer* à personne, est un acte discrétionnaire, qui peut être assorti de *conditions*. Et surtout, c'est un pardon « à part », qui échappe au pouvoir législatif comme au pouvoir judiciaire, sans être pour autant un acte administratif.

Une seconde distance à la notion de pardon est beaucoup moins connue, peut-être parce qu'elle est plus étonnante : c'est que, si le président de la République a le droit de faire grâce (il n'est donc pas besoin de dire qu'il n'en a pas l'obligation), en revanche il ne peut l'accorder *que si elle est demandée*, avec en plus cette autre réserve, qui est que la demande ne peut émaner que du condamné lui-même. Il est donc clair qu'il lui faut demander ce pardon, ce qui peut paraître normal ; le pardon est ici une *réponse*, et non un acte unilatéral.

Néanmoins la constitution, parlant du « droit » de faire grâce, n'a par ces termes pas entendu limiter ce droit aux seuls cas où elle est demandée.

Cette condition limitative est en fait une pure création de l'usage, d'une certaine conception de ce droit (une sorte de fonction « paternelle », exercée par celui qui dès son élection devient le « président de tous les Français »), que se transmettent, et que semblent respecter les présidents successifs de la République, puisque encore une fois nul ne pourrait, faute de disposition légale, remettre en cause la grâce accordée à un condamné qui ne l'aurait pas demandée.

Mais est-il normal qu'il n'y ait de pardon que demandé ?

Le « père » ne pourrait-il décider d'un pardon de lui-même ?

L'amnistie

Au-delà de ces restes d'une « justice royale », la société moderne, à propos du pardon, oscille dans sa pratique entre la référence à l'imprescriptible, qui refuse de rien oublier, et l'usage de l'amnistie, qui tend à tout oublier.

En réalité, il y a deux formes d'amnistie, et cette volonté d'effacement n'est totale que pour l'une d'elles : l'amnistie des faits, par opposition à celle des peines.

Avant d'en examiner le contenu, il faut d'abord souligner que cette forme de pardon par la société se différencie de la grâce par celui - ou ceux - qui la décident :

• la grâce est le fait d'un seul, qui représente l'un des trois pouvoirs, l'exécutif, mais à un niveau si élevé qu'il symbolise en fait toute la société, et c'est la constitution qui, une fois pour toutes, lui a reconnu ce droit de pardon dont nous venons de voir le caractère partiel ;
• l'amnistie est le fait législatif du parlement, c'est-à-dire d'élus, représentant chacun une partie de l'être social, et la totalité de celui-ci lorsqu'ils sont ensemble.

L'amnistie résulte donc d'une loi, et concerne non plus telle ou telle personne en particulier, mais tout un groupe de personnes, dont l'identité n'est même pas connue en totalité lors du vote de la loi. Il est donc clair que, en principe, ce qui intéresse le législateur à cet instant, c'est de décider d'un pardon ne s'attachant pas à la personne mais aux fautes elles-mêmes. Il y a des infractions commises, mais non découvertes, d'autres dont les auteurs n'ont pas été identifiés, etc.

Historiquement, l'amnistie, comme la grâce, est d'abord un *usage*, considéré comme le garant d'une certaine « paix sociale » : le pardon des petites fautes, l'oubli des infractions mineures ; et chacun sait par exemple qu'un usage s'est établi suivant lequel, chaque année, le président de la République réduit, par usage de son droit de grâce, et cette fois sans demande préalable, un certain nombre de petites peines (comme la grâce est collective, on parle alors de « grâce amnistiante »). Comme souvent, cet usage a eu pour effet pervers de créer à son tour, par une sorte de « dérapage » découlant du caractère constant de l'usage, une sorte de « *droit* au pardon », auquel finissent par croire les condamnés (et dont la remise en cause, en juillet 1990, a entraîné quelques mutineries dans les prisons). Ou bien encore, l'usage veut qu'après chaque élection d'un président de la République soient « effacées » par une loi d'amnistie - oubliées - toutes les peines inférieures par exemple à trois mois de prison ferme, ou douze mois avec sursis, et toutes les contraventions, etc.

Il est d'ailleurs caractéristique de noter que plus l'usage est à cet égard repris à chaque élection, plus par conséquent il va tendre à devenir une règle, une *coutume*, et plus vont apparaître des exceptions à la règle, la défense de la société exigeant que soient exclues de l'amnistie les condamnations pour trafic de drogue, pour fraude fiscale, etc.

Mais en réalité, le plus souvent, les lois d'amnistie sont dictées par des considérations politiques : il faut non seulement pardonner, mais oublier certains faits, parce que la nation est divisée sur l'idée qu'ils devaient être punis, en raison des motifs, eux aussi politiques, qui les ont guidés.

Le problème c'est que, dans les périodes de troubles graves, les motifs politiques amènent à commettre des infractions graves elles aussi, et en cette matière les exemples, plus ou moins récents, abondent, avec l'amnistie :

- des faits en relation avec l'Occupation, puis la Libération de la France, de ses départements et territoires d'outre-mer, de ses colonies ;
- des faits liés aux guerres d'indépendance du Maroc, de la Tunisie, de l'Algérie surtout ;
- des faits relatifs aux « événements » d'Indochine, de Nouméa, des mouvements d'indépendance en Bretagne, en Corse, aux Antilles.

Amnistie des peines, amnistie des faits

Reste cependant la distinction qui doit être faite entre l'amnistie des faits et celle des peines. Commençons par l'amnistie des peines : quand la loi d'amnistie décide que seront « effacées » les *condamnations* à des peines inférieures à un seuil donné, la nature de cette mesure n'est encore que celle d'un pardon limité : la poursuite, engagée ou à engager, reste possible, et c'est seulement le montant de la peine infligée qui permettra - mais dans un second temps seulement, une fois la peine définitive, puisque l'exercice d'un recours peut la remettre en question - d'en constater la disparition.

D'où un *« effet pervers »* évident : si la loi d'amnistie intervient, en effet, pour une infraction donnée, *après* que la condamnation est définitive, l'effacement est direct, et c'est donc le législateur qui, dans ce qu'il considère être l'intérêt de la société, a accordé le pardon : le juge, lui, voit sa décision remise en cause, sans rien pouvoir y changer (ce qui, au passage, est un empiètement évident - et souvent souligné - du pouvoir législatif sur le pouvoir judiciaire, bien que la constitution proclame, et veuille garantir, la séparation des pouvoirs).

Si, en revanche, on considère l'effet de la même loi, pour une infraction identique, mais intervenant cette fois *avant* que l'infraction ne soit jugée, alors le tribunal ne pourra pas ignorer que, s'il prononce une peine inférieure au seuil fixé par la loi, cette peine sera, dès son prononcé, effacée par l'amnistie. La situation créée par la peine que décide alors le juge sera donc purement théorique, puisque l'effacement de la peine aura lieu à l'instant même où celle-ci commencerait à être applicable. C'est donc au juge - et non plus au législateur - qu'appartient alors le pouvoir, soit de prononcer une peine inférieure à ce seuil, qui sera donc effacée aussitôt qu'elle sera définitive, soit de prononcer une peine supérieure, sachant qu'alors elle ne sera pas amnistiée (nouveau manquement, en sens inverse, au principe de la séparation des pouvoirs...).

Et même si par un effet moral, voulant par souci d'équité infliger la même peine à la même infraction, et garder à la décision de pardon la portée qu'a voulue celui qui l'a décidée (le législateur), le tribunal « fait comme si » la loi n'existait pas encore, et rend sa décision sans tenir compte de l'amnistie future, au moins inconsciemment sa décision tiendra compte de cet élément, et c'est lui qui décidera ou non de l'oubli.

À l'inverse, l'amnistie *des faits* ne présente pas ce défaut : c'est le fait lui-même qui perd son caractère punissable, *même s'il a déjà été puni*. On pourrait donc plus, dans ce cas, parler d'oubli que de véritable pardon, mais c'est un pardon excessif, illimité, et c'est un *oubli imposé*, d'où l'amertume des victimes des faits « gommés » par l'amnistie, et dont nous venons d'avoir une illustration toute récente en Argentine, ou en Grèce.

D'une part, donc, si la poursuite n'a pas commencé, quelle qu'en soit la raison, aucune *poursuite* ne sera plus possible, et d'autre part les condamnations déjà intervenues disparaîtront, seront oubliées, effacées de cette terrible mémoire qu'est le « casier judiciaire » (les condamnations *civiles*, au paiement de l'indemnisation des victimes par exemple, ne disparaîtront toutefois pas : le pardon ne concerne que la société).

Bien entendu, cette autre forme de pardon va à son tour engendrer non plus un, mais deux effets pervers. D'abord, à l'inverse de la grâce, qui ne peut être accordée que si elle est demandée, *l'amnistie s'impose même à celui qui voudrait la refuser*, signe d'ailleurs manifeste que ce type de pardon intervient d'abord dans l'intérêt de la société, et non du pardonné. La récente loi d'amnistie des « fausses factures » à but politique vient d'en fournir une illustration caractéristique, avec les protestations d'un amnistié, proclamant que ce « faux pardon » en réalité le pénalisait, *parce qu'il se proclamait innocent* ! Le fait, n'étant plus punissable, ne pouvait plus être poursuivi, et l'amnistie le privait donc de tous les droits que la loi accorde à celui qu'on accuse, et du plus fondamental de ces droits : celui de contester l'accusation, de rapporter la preuve de son innocence (même si elle est présumée jusqu'à ce que la culpabilité soit établie). L'effet pervers de l'amnistie, dans ce cas, est en effet, à la limite, d'énoncer une sorte de *présomption de culpabilité* contre les prétendus auteurs des faits que l'on efface, puisque le droit d'apporter la preuve qu'on a été poursuivi à tort vous est bien refusé !

Ensuite, la peine étant effacée, toutes ses conséquences le sont aussi, au point que l'on verra tous les généraux, colonels ou capitaines de l'OAS réintégrés dans leurs grades, décorations, retraites et droits civiques, comme s'ils n'avaient jamais rien fait... et que certains sont aujourd'hui députés ! Ce qui, il faut le reconnaître, est peut-être pousser un peu loin le pardon !

Même si cela ne remet pas en cause l'indemnisation des victimes, il y a en outre là de quoi susciter sans doute certains désirs de vengeance individuelle...

Et cela ira très loin, jusqu'à l'oubli forcé : on n'a plus le droit de dire, ou d'écrire, même si on peut le prouver, que tel ou tel homme politique, à l'époque officier, ou fonctionnaire, a personnellement pratiqué la torture, en Indochine ou en Algérie, commandé ou organisé la déportation de juifs en 1942, sans commettre de ce fait une *diffamation* !...

Ce n'est ici pas seulement la peine qui doit être oubliée, mais le fait lui-même, puisque l'amnistie lui a ôté son caractère punissable, et même répréhensible ! L'amnistie fonde la paix publique, au risque de rendre impossibles la mémoire et l'appréciation de la réalité et de la gravité des faits.

Ce que tous ne comprendront pas, finissant par associer une amnistie dont on use et abuse à un pardon des seules fautes graves, tel ce malheureux, coupable d'une contravention, refusant (pour s'entendre dire que c'était impossible) d'être amnistié, parce que l'infraction qu'il reconnaissait « n'était quand même pas si grave » !

La prescription

Le désir de la société, son besoin même (qui finit, on va le voir, par être paranoïaque) de ne pas laisser l'infraction elle-même, ou sa mémoire, troubler trop longtemps la « paix sociale », a entraîné la nécessité de créer une autre notion : la *prescription.*

L'amnistie, on l'a vu, résulte de la loi, mais d'une loi *de circonstance*, qui est fonction de certains types d'événements. Elle suppose donc que l'événement ait *déjà* eu lieu : c'est *après* les « événements » d'Indochine, d'Algérie, de Nouvelle-Calédonie, que l'on va effacer par l'amnistie les faits - ou les condamnations - liés aux dits événements.

La prescription, elle, est décidée *d'avance*, par l'instauration d'une règle commune à tous, et en principe à toutes les infractions. Le Code de procédure pénale prévoit en effet :

- soit que c'est l'infraction elle-même qui ne peut plus être *poursuivie*,
- soit que la peine n'aura pas à être *exécutée.*

C'est donc plus un pardon qu'un oubli : la mémoire de la faute est conservée, c'est sa sanction qui n'est plus possible.

La distinction entre les faits ou les peines effacées par la prescription sera ici faite à l'avance, en fonction de plusieurs critères intimement liés :

- le temps,
- la nature ou la gravité de l'infraction,
- la nature ou la gravité de la peine.

Ce qui pose d'ailleurs problème : en droit français, en effet, la gravité de l'infraction est déterminée, contrairement à ce que l'on pourrait croire, non pas par référence à une quelconque règle morale (qui dirait par exemple qu'il est plus mal de tuer que de voler), mais *par le tribunal qui la juge* (une infraction jugée par un tribunal de police est une *contravention*, celle jugée par un tribunal correctionnel un *délit*, et celle jugée par une cour d'assises un *crime*).

La durée de la prescription va donc être fonction de la gravité de l'infraction jugée et poursuivie, et du tribunal qui l'a jugée, ou qui pourrait le faire.

La loi dira ainsi qu'une contravention ne pourra plus être poursuivie, et donc son auteur condamné, s'il s'est écoulé plus d'un an depuis le jour où elle a été commise, sans que la poursuite ait été commencée. Si l'infraction est un délit, ce délai sera de trois ans, et de dix pour un crime.

La nature de l'infraction influe aussi sur le temps après lequel la poursuite n'est plus possible. Ainsi de l'action en diffamation, prescrite trois mois après que les propos diffamatoires ont été rendus publics, s'il n'y a pas eu de poursuite entre-temps.

Parfois, encore, la nature de l'infraction influera sur ce temps de façon *indirecte*, en déterminant de façon différente le point de départ du délai : le vol d'un objet ne pourra plus être poursuivi trois ans après avoir été commis, mais le recel du même objet pourra l'être pendant dix ans, vingt ans ou plus, parce que c'est un délit qui se *continue* aussi longtemps que l'on garde un objet que l'on sait volé.

Dans tous les cas, le pardon est *aussi total qu'automatique* : non seulement la poursuite n'est plus possible, mais si l'infraction a causé un préjudice, *la victime ne peut plus en demander réparation* : la société lui a donc imposé le pardon.

Elle ne l'a toutefois pas fait, comme c'était le cas pour l'amnistie, sans que la victime n'ait rien pu faire ; il lui suffit d'agir avant que la prescription ne soit acquise.

L'imprescriptible

Ce mécanisme de la prescription ne connaît qu'une limite : l'acte *impardonnable*, le crime imprescriptible, d'abord défini par opposition à l'infraction que l'on peut prescrire : ce n'est pas en fonction du tribunal qui les jugerait, mais d'une règle morale « post-définie » qu'a été créée la notion de crime « contre l'humanité ».

Il faut ici noter la fragilité et même - il faut le dire - l'anormalité d'un tel principe. Dès lors, en effet, que c'est la gravité de l'acte qui détermine quand il ne pourra plus être poursuivi, comment tracer *à l'avance* la frontière entre le « crime de guerre » et le « crime contre l'humanité » ?

Et puis, torturer *un* homme, n'est-ce pas commettre un crime contre *son* humanité ? Ce n'est pourtant qu'un « crime de guerre »...

Mais surtout, il se trouve que, contrairement au principe général qui régit la prescription, l'imprescriptible a donc d'abord été défini comme crime « contre l'humanité » *après* le crime. Comme s'il n'avait pas été possible, à l'avance, d'imaginer de telles atrocités... Or elles avaient eu lieu, et plus d'une fois des génocides ont été décidés dans l'histoire, et bel et bien exécutés, sans qu'ait été reconnu le droit de poursuivre leurs auteurs sans limitation dans le temps.

Enfin, le fait que la définition du crime imprescriptible ait été adoptée *après* le crime a eu pour conséquence que ce sont les *vainqueurs* qui l'ont adoptée, et que bien entendu ils se sont bien gardés d'admettre qu'ils pourraient être ou avoir été eux-mêmes les auteurs de tels crimes...

Il n'est pas sans intérêt de comparer cette situation avec celle qui existe dans un autre domaine où a aussi été reconnue l'impossibilité de pardonner, et l'existence d'infractions imprescriptibles : c'est celui des objets d'art ou d'antiquité, appartenant au « patrimoine culturel » de tel ou tel pays, dont une convention, signée en 1970 dans le cadre de l'UNESCO, a reconnu le vol et l'exportation illégale comme imprescriptibles. Car là encore, les vainqueurs, ou ceux qui l'avaient été, et par exemple la France et l'Angleterre, se sont bien gardés de la signer !

Il est donc probable - et il faut l'espérer - que les limites de l'inacceptable, de l'imprescriptible, et donc de l'impardonnable vont peu à peu s'élargir, au fur et à mesure que la règle morale qui les a créés reconnaîtra la nécessité, en ce domaine comme dans d'autres, de la *dissuasion* : il faut que l'auteur potentiel de tels actes sache à l'avance qu'il ne peut espérer de protection du temps, ni de l'espace, que le pardon a des limites.

La réhabilitation

Enfin, on ne saurait oublier ce qui est peut-être dans notre droit le seul véritable « oubli », qui intervient après qu'il y ait eu condamnation, peine et exécution de celle-ci : la réhabilitation est en effet une mesure qui veut rendre, après un certain « délai d'épreuve », à une personne qui a subi une ou plusieurs condamnations les droits qu'elle pouvait avoir perdus de ce fait, en les faisant enfin disparaître. Les fautes du réhabilité sont oubliées, les traces de ces condamnations disparaissent, il retrouve une virginité judiciaire.

Il n'a pas pour autant été vraiment pardonné, puisque la peine, et toute la peine, a été exécutée, qu'il a, comme on dit, « payé ».

L'idée qui fonde la réhabilitation est donc que le délinquant, dont la conduite a ensuite été socialement satisfaisante, ne mérite pas de subir pendant le reste de sa vie les conséquences d'une faute ancienne ; d'où la nécessité de l'oubli.

Elle diffère donc aussi bien de la grâce, qui ne dispense que de l'exécution de la peine, laissant subsister la qualité d'ancien condamné (pour le casier judiciaire, la récidive, les incapacités découlant de la condamnation, etc.), que de l'amnistie qui efface le caractère délictueux des faits, ou fait disparaître les conséquences de la condamnation.

Il y a deux sortes de réhabilitation, qui renvoient à deux des trois pouvoirs :

- la réhabilitation *de droit*, qui relève du seul pouvoir législatif : elle est *automatique*, quelle que soit l'attitude du condamné ; les délais sont longs, et les deux seules conditions sont l'absence de nouvelle condamnation, et l'exclusion de certaines peines graves ;
- la réhabilitation *judiciaire*, qui doit être (comme la grâce) *demandée* : les délais sont plus courts, et l'attitude du condamné est prise en compte.

Il y a, certes, d'autres formes de pardon judiciaire :

- le *sursis* (la peine ne sera pas effectuée, mais la condamnation elle-même disparaîtra, si le condamné ne commet pas dans un certain délai de nouvelle infraction) ;
- la *libération conditionnelle* (après exécution d'une partie de la peine, le « solde » ne sera pas effectué, si...), etc.

Et il y a enfin d'autres formes de « non-pardon », et non des moindres, qui relèvent du pouvoir exécutif : un arrêté d'expulsion, par exemple, subsistera même si la condamnation qui a amené le ministre de l'Intérieur à le prendre disparaît, à la suite d'une amnistie, ou même d'une révision.

Chacun des trois pouvoirs a donc ses règles propres pour décider du pardon ou refuser le pardon, toutes définies par la loi, certes, mais fondamentalement différentes dans leur esprit :

- le judiciaire, c'est la prise en compte de l'homme, de son histoire et de sa personnalité ;
- le législatif, c'est trop souvent le politique, ceux qui sont au pouvoir pardonnant plus facilement à ceux de leur bord qu'aux autres... ;
- l'exécutif, c'est un peu l'arbitraire, le bon vouloir, et la raison d'État.

Chacun des trois pouvoirs, finalement, représente une des facettes de la société, et celle-ci a besoin d'oublier.

Peu à peu se dessine cependant, au-dessus d'elle, une sorte de « sur-société », une règle de droit qui la dépasse, et qui réserve - et impose - le domaine de l'impardonnable.

L'humanité existe, elle a aussi ses droits, sa mémoire, et elle commence à pouvoir imposer aux États ses règles, ses sanctions, y compris dans le refus du pardon.

L'écriture dans la poussière

Évangile selon saint Jean

« Les scribes et les Pharisiens lui amènent alors une femme surprise en adultère et la plaçant bien en vue, ils disent à Jésus : ''Maître, cette femme a été surprise en flagrant délit d'adultère. Moïse nous a prescrit dans la loi de lapider ces femmes-là. Et toi, qu'en dis-tu ?'' Ils disaient cela pour lui tendre un piège, afin de pouvoir l'accuser. Mais Jésus, se baissant, se mit à écrire avec son doigt sur le sol. Comme ils insistaient, il se redressa et leur dit : ''Que celui de vous qui est sans péché lui jette la première pierre !'' Et se baissant à nouveau, il se remit à écrire sur le sol. À ces mots, ils se retirèrent un à un, à commencer par les plus vieux ; et Jésus resta seul avec la femme qui était toujours là. Alors, se redressant, il lui dit :

- « Femme, où sont-ils ? Personne ne t'a condamnée ?

- Personne, Seigneur répondit-elle.

- Moi non plus, lui dit Jésus, je ne te condamne pas. Va, désormais ne pèche plus. »

In *L'Évangile selon saint Jean.*

La transgression des origines

Françoise Smyth

Fondatrice pour l'identité d'Israël, la promesse de réconciliation précède l'existence collective. Espace à vivre donné par la Loi, elle enfante un monde de pardons réciproques, un passage ouvert sur le lieu de la survie commune. Un regard anthropologique sur la Bible.

Si le Dieu biblique est « compatissant et miséricordieux, lent à la colère et plein de bonté fidèle » (Joël **2**, 13 ; Exode **34**, 6 ; Jonas **4**, 2 ; etc.), l'Ancien Testament, enroulé en cercles d'interprétation concentriques autour de son Pentateuque (ses cinq premiers livres), est d'abord une Loi.

Et cette Loi institue un peuple éclaté en diasporas multiples, en lui donnant pour espace légitime un grand code, raconté comme l'histoire de Dieu avec ce peuple. C'est un récit qui se donne à lire comme un immense rite de passage, depuis la première fois du commencement jusqu'à l'accomplissement, le « repos » du geste créateur renvoyé à lui-même dans la parfaite adéquation de la créature au projet qui l'a voulue et approuvée.

Une parole de « retour »

On est parfois tenté, quand on pose une question à un tel corpus, considéré par la critique historique moderne comme issu de la crise de l'exil juif à Babylone au VIe siècle av. J.-C., de le travailler à travers l'histoire textuelle de la notion que l'on interroge. On ne fait pourtant là que reproduire exactement le parcours élaboré par la forme chronologique du récit, et ce qu'il donne à croire coïncide souvent avec nos schémas évolutionnistes les plus simplistes et les plus têtus.

Ici, la narration emporte effectivement le lecteur depuis la pratique de la vengeance à peine suspendue dans la Genèse, à travers les contraintes d'un droit casuistique, elles-mêmes « adoucies » comme dans la Grèce du Vᵉ siècle, par une sorte de liberté régalienne d'évaluer les circonstances et d'accorder les atténuations ou les remises de dettes dans l'intérêt général (2 Samuel **14**, 1-21), jusqu'à la bienséance sapientiale aussi soucieuse de mesure et même de « beau geste » que ses sœurs égyptienne ou grecque tardives (Proverbes **24**, 29 ou **25**, 21).

Or toute cette archéologie demeure très aléatoire. Nous n'avons à faire avec elle qu'à la façon dont ces contemporains orientaux de l'Athénien Clisthène se représentaient eux-mêmes la genèse de leurs modèles sociaux. Peut-être ont-ils eu quelques documents concernant leur passé juridique ? Peut-être ont-ils considéré les mœurs et l'organisation de leurs voisins « moins civilisés » (parce que sédentarisés depuis peu ou incomplètement : transjordaniens en tous genres, « bédouins », réfugiés du désert judéen ou syrien, etc.) comme typiques, dans leur attardement, de leur propre passé ? Les deux démarches pouvaient se compléter, stimulées par les vagues de régression que devait susciter un traumatisme comme la chute d'un royaume, avec son temple et sa dynastie, assortie de la déportation des élites et de la colonisation !

*

Mais il y a plus : la composition de la Bible hébraïque en forme de récit, au-delà même de sa fonction de fondation archéo-logique du point de vue de ses auteurs (admettons vers les Vᵉ et IVᵉ siècles), répond aux questions théologiques et anthropologiques contemporaines : c'est une œuvre à fonction identitaire et intégratrice dans un contexte politique difficile aussi bien à l'extérieur qu'à l'intérieur de cette province de l'empire perse qu'était la satrapie syro-palestinienne. Il y a donc là un essai d'interprétation d'une situation qui met en cause les relations traditionnelles à la divinité, au monde, aux pouvoirs, à la « patrie », aux « Pères-patriarches » et aux tombeaux des ancêtres qui « marquaient » sans doute le territoire, aux généalogies, à la coutume.

La sédimentation interprétative donne une homogénéité apparente au texte tel qu'il est organisé par les dernières théologies dominantes, celles des « écoles » dites deutéronomiste puis sacerdotale. Et pourtant, dès qu'on fouille un peu cette sédimentation, on trouve une imbrication très complexe de vestiges divers et de ruses langagières destinées à faire pièce à la technique des cultures dominantes, perse puis grecque.

Il sera donc prudent de poser au texte les questions qu'il traite et de ne pas attendre quelque part, au détour de quelque somme théologique, un « traité sur le pardon ». Il y a en revanche, dans l'« effort de guerre » judéen post-exilique, une reprise ardente de ce qui, dans les traditions nationales, peut donner sens à la destruction et à la restructuration espérée du juda-isme. C'est aussi la restructuration d'une allégeance au vieux dieu ethnique dont l'unicité s'élabore face aux polythéismes ambiants, et en dialogue tendu avec les autres tendances monothéistes de cette période (notamment en Perse).

Un Dieu pardonnable

Comprenons : il s'agit d'un dieu à penser autrement, unique responsable du bien et du mal, de la victoire et de la défaite, du châtiment et du salut sous toutes leurs formes, un dieu susceptible d'assumer un tel éclatement de significations ; un dieu que l'on ne peut se représenter qu'ayant subi et assumé l'exil avec son peuple-témoin. Pour le penser un, il faut le penser capable, donc, de souffrance, ce que la déportation partagée (Ézéchiel **1**, 10) rend possible ; capable de souffrance et aussi de retour ou de conversion. La fin de Joël (**2**, 13), déjà citée, s'achève en « et il se repent du mal (qu'il a fait) ».

On peut prendre cette formule, dont des variantes sous-tendent ou explicitent d'autres discours bibliques sur Dieu, comme un énoncé théologique un peu mystérieux. Pour ne s'en tenir qu'à la surface des mots, on pourrait parler d'anthropomorphisme. Mais on peut aussi se demander si des exilés, ou des judéens soumis à une puissance d'occupation, ne donnent pas ainsi d'une phrase leur clef d'interprétation. Et pourquoi dire cela de Dieu, sur fond de quelle interrogation ?

Disons-le : ce à quoi répond un tel énoncé concerne les limites du pardonnable de la part d'un dieu. Si Dieu se repent, c'est donc un dieu à qui l'on peut pardonner ; c'est, à la limite, un dieu qui revient sur lui-même et se pardonne ce qu'il a fait, le mal qu'il a fait, et qu'il a dû faire à d'autres que lui. Ces autres sont ceux qui, ici, parlent de lui. Le corpus biblique est peut-être lisible comme le récit d'un parcours où Dieu, depuis le jour où il révèle la création bonne (Genèse 1), répond du mal qu'il fait à chacun, et ne se justifie que dans la mesure où ses œuvres le justifient. C'est un parcours inévitable pour passer du dieu multiple à l'unique, celui qui assume, aussi, la souffrance et dresse chacun de ses sujets en sujet responsable à son tour de son frère et de lui-même.

Au long de ce parcours, comme en une figure d'hologramme, le récit accouche aussi d'un peuple dont le statut dépend de la rigueur du code auquel toutes les parties sont soumises et dont tous sont également justiciables. Ce référent que l'on pourrait dire immobile, cette Loi n'est peut-être pas telle quelle son seul espace vital, espace textuel substitué à ces territoires avec temples et palais, dynastie et clergé, qui sont l'espace obligé des peuples ordinaires. Mais cette Loi, dure comme la pierre, gravée dans la pierre, immuable comme la montagne, avec ses transgressions, ses remords et ses recommencements, constitue le lieu contractuel de toutes les nouvelles genèses d'un dieu et d'un peuple sinon condamnés.

C'est un lieu de mémoires tragiques enfantant constamment un monde de pardons réciproques. Un espace à vivre conquis sur le seul récit, pour s'ouvrir sur des séries d'exodes interprétatifs où se conquièrent de nouveaux noms pour tous les partenaires et se célèbrent des commencements qui sont en fait des réconciliations, à l'infini. Tout sera toujours dit en forme de « Moïse vous a dit, mais moi je vous dis » jusqu'à ce que tous les rôles, de chaque côté de l'échange de pardons, soient joués par le même interprète, libérant des possibilités de vivre le pardon comme un échange gratuit de rôles.

*

Admettons que le corpus biblique puisse, entre autres possibilités, être lu ainsi, à l'écoute d'un judaïsme postérieur à l'exil et se débattant dans les contradictions d'affirmations sur l'unicité de « son » Dieu universel et pourtant vaincu ; ou d'un judaïsme s'efforçant à la conceptualisation de cette unicité à partir d'une expérience de la mort éprouvée et traversée. Sous diverses figures se construit alors un modèle où mythes fondateurs, rites et poésie disent par morceaux un ordre possible : ordre où se donne à partager un espace uniquement défini par un échange de transgressions qui en dessinent la *liminalité transfigurative* (ce fameux non-lieu, ni le point de départ ni celui du but, où se joue la transformation décisive de tout rite et récit de passage).

C'est dans ces figures pêle-mêle que s'aventure le lecteur, jusqu'à y faire son espace et sa maison, qu'il découvre toujours déjà habitée. Cette logique ne connaît aucun arbitraire (au contraire de l'expérience mésopotamienne), ni aucune clôture ou exclusion (au contraire de la science grecque), mais comme une étrange vitalité dont le lecteur devra s'arranger pour accepter d'y être « déplacé » à son tour. Et c'est ce déplacement que le Nouveau Testament poursuit et suggère à coups de paraboles dites du Royaume, pleines d'intendants loués de leurs transgressions, d'ouvriers injustement rétribués pour le plus grand bonheur d'une égalité inacceptable, de fils indignes dont le père se fait prodigue, etc.

La loi par d'autres moyens

Recommençons avec le texte. Pour mémoire, un ordre cosmique né de la défaite du chaos enfin rangé, mais dont l'homme acquiert pour tout statut celui de « rescapé d'origine ». D'Adam à Caïn-le-marqué puis aux fils de Noé, une traversée occupe cet « avant la mémoire » où tout sombrerait ou surnagerait à l'infini pour rien, sans les deux repentirs successifs du dieu qui n'aurait pas dû faire l'homme sur la terre (Genèse **6**, 6) et trouve là une raison suffisante à un châtiment universel *dont il se repent « car les pensées du cœur de l'homme sont mauvaises dès sa jeunesse »* (Genèse **8**, 21).

Au cœur de cette figure, un pacte : il offre à l'humanité, à laquelle appartient le lecteur, un fait de mémoire divine comme acte de naissance au monde de la terre habitable. Il offre proprement une terre (ou une création) restituée sur l'autre rive du déluge, et l'auteur de ce déluge se trouve aussi pardonné au nom de cette structure commune de la Loi, qui est le contrat (Genèse **6**, 18 et **8**, 1).

À partir de ce pacte, un tissu de relations du Grand Donateur à l'« Ancêtre » (traduction possible d'« Abraham »), qui s'absolvent mutuellement dans la restitution croisée du fils de la bénédiction (Genèse **22**). Déjà rescapée des eaux maternelles, l'ascendance du lecteur réchappe de peu aux risques du sacrifice de la primogéniture. Il ne lui reste que le privilège de figurer vivant le défi d'une singularité du sujet éprouvée au feu de l'unicité de Dieu. Dieu pardonne, dans leur chair désormais circoncise, à tous les géniteurs issus de cette liturgie. Peut-être d'ailleurs le dieu d'Abraham doit-il se faire pardonner son amour comme Abraham lui-même, puisque tous deux laissent la servante Agar et son fils Ismaël à leur errance, à peine placée sous un signe de sauvegarde.

On peut ainsi se demander si le modèle du choix d'un peuple par Dieu, élection qui défie les règles de la loi commune et de la simple justice, ne serait pas issu de la découverte qu'il n'y a de loi commune qu'en rapport avec un pardon, c'est-à-dire avec une substitution quelque part. On aurait alors un parcours où se définit l'homme véritable, mon ancêtre, entre la totalité des exigences qui lui donnent sa stature, sur la montagne, et la singularité de sa généalogie qui lui donne un être au monde, dans la plaine ?

Pour l'exilé juif de Babylone, il s'agit de plusieurs choses. C'est le refuge de ses certitudes d'origine, incroyablement longtemps avant la catastrophe. C'est la nécessité libératrice de pardonner la violence vengeresse d'un père méconnu. C'est l'espérance de reproduire, à travers l'épreuve, le modèle d'engendrement d'un peuple de fils uniques.

Joseph et la ruse de Dieu

Ou encore, toujours en quête d'intégrités réfléchies au miroir de l'unicité divine, on peut voir le pardon sous la figure dominante de la réconciliation, qui précède et succède au don de la loi dans le parcours fondateur de l'Israël biblique. Ce parcours est une traversée du désert, là où le temps seul fait l'espace, et cet espace est un entre-deux : on n'est plus en Égypte où mourut Joseph, mais on n'est pas encore en terre de Dieu où voyageaient autrefois Isaac et Jacob réconciliés malgré la bénédiction du fils aîné, volée par Jacob à son frère Esaü, et restée entre eux comme une dette impayée.

Donc, sur le sol étranger, après l'impardonnable (Genèse **37** : meurtre ou vente du frère), voici avec l'histoire de Joseph le seul récit de réconciliation qui soit achevé, avec la référence à un projet divin qui absorbe la faute dans un pardon qui l'avait précédée :

> « Maintenant, ne vous affligez pas et ne soyez pas tristes de m'avoir vendu pour être conduit ici *(en Égypte)* car c'est pour vous sauver la vie que Dieu m'a envoyé devant vous. » (Genèse **45**, 5).

Plus loin dans le même récit (**50**, 15-21), l'ancêtre commun Jacob ayant été enterré en Canaan, les frères demandent, par l'intermédiaire fictif de ses dernières volontés, le pardon de Joseph qui répond :

> « Soyez sans crainte, car suis-je à la place de Dieu ? Vous aviez médité de me faire mal : Dieu l'a changé en bien pour accomplir ce qui arrive aujourd'hui, pour sauver la vie à un peuple nombreux. »

De ce peuple nombreux, les lecteurs sont les descendants obligés, et donc encore une fois des rescapés.

La réconciliation entre frères est proprement fondatrice pour l'identité d'Israël. Les réchappés de l'exil et de la colonisation sont une fratrie liée par la mémoire de multiples, mortelles trahisons intestines, mais cette mémoire est comme enclavée dans la certitude d'un projet que le « maintenant » du récit seul dévoile en l'activant. Et cette certitude dispense du pardon ; Joseph d'ailleurs ne le prononce pas car il ne peut se déplacer « en divinité ». Si Joseph ne donne pas un pardon qui ne lui appartient pas, son initiative de réconciliation n'en est pas moins une des marques de son caractère royal. C'est cette fonction qui lui donne le droit de contourner même l'appel à l'intercession, fictive, du père commun, pour dire la nature du « bon » projet de son Dieu et instaurer un ordre fraternel bénéfique.

Cette réconciliation-modèle a tous les traits de la solidarité horizontale, elle est pourtant médiatisée par une affirmation verticale. Si les larmes marquent l'engagement physique de cette rencontre axiale pour Israël, l'absolution n'engage pas le traitement de la faute de chacun. Pour pouvoir survivre ensemble comme peuple, il fallait un « non-lieu ». Il fallait ce discernement royal, qui s'exprime dans un « beau geste » dont même les Égyptiens sont témoins, pour la plus grande gloire du souverain universel occupé à ses stratégies. Les souffrances du jeune Joseph, du vieux Jacob et peut-être des paysans égyptiens passeront par pertes et profits. Elles n'ont pas servi à apprendre le pardon, mais plutôt la vanité des ruses de l'homme face à celles de Dieu.

Reste que ce même pardon est indispensable au repos de l'ancêtre, ainsi qu'à la fiabilité des promesses d'un dieu ethnique pourtant souverain de mondes aussi opposés que Canaan et l'Égypte. La scène de ce pardon constitue l'épreuve principale du récit, même si elle est rejetée à la fin dans celle de la reconnaissance. Son importance n'est pas de marquer le passage d'un avant coupable et misérable des frères vers un après réconcilié dans l'abondance de la bénédiction. Elle est de sélectionner ceux qui acquièrent le droit de l'héritage israélite, par rapport à ceux qui n'accompagneront jamais la procession des ossements de Jacob jusqu'à l'appropriation de la caverne de Makpéla en Canaan. Ceux-là seront quittes avec un deuil sans objet (Genèse **50**, 11).

Jacob et la réconciliation fraternelle

L'autre grande réconciliation concerne deux frères. L'exilé (Jacob) avait arraché une bénédiction qui le sépare à jamais du frère-rival, resté chez lui, Esaü (Genèse **27**, 41). Généralement on identifie Esaü comme l'ancêtre des Édomites, qui s'étaient d'ailleurs répandus dans tout le sud de l'ancien royaume de Juda après la chute de Jérusalem : ils étaient donc tout à fait concrètement les voisins des Judéens rentrant d'exil, et donc de ceux-là mêmes qui étaient les auteurs de ces récits de la Genèse dans leur forme achevée.

Mais au-delà de ces identifications, le récit des retrouvailles fraternelles dans son contexte narratif en fait un paradigme de la politique du pardon mutuel comme gage de vie collective paisible sur le territoire que garde l'ange de Yhwh. C'est un territoire à l'ombre de cette promesse du Dieu qui a dit à Jacob « retourne dans ton pays et dans ton lieu de naissance et je te ferai du bien » (Genèse **32**, 9). Les chapitres **32** et **33** de la Genèse constituent dans le parcours patriarcal fondateur un récit de passage programmatique.

Ce récit concerne l'entrée en Canaan de Jacob-Israël, et introduit le paramètre du rapport à la terre donnée avec ses fruits : la richesse de Jacob est aussi fantastique en son genre que celle de Joseph, et elle est le fait de la même bénédiction divine. Et ce rapport à la terre est une combinaison de ruses et d'abandons qui rend le « bien-être » au monde quelque part possible.

Ce récit de passage au pardon réciproque s'ouvre sur une épreuve absolument solitaire pour l'un des partenaires. Celui qui avait su arracher la bénédiction, et plus tard la faire opérer au long de son voyage, « ayant fait passer » devant lui ses grands biens, femmes et enfants compris, nu avant l'affrontement de la traversée principale, se trouve en fait affronté à Dieu. Il est dépouillé (Genèse **32**, 23-24) mais cette soudaine vacuité hantée d'angoisse (**32**, 7) est habitée par un homme qui lutte avec lui jusqu'à l'aube et dont il demande, encore, la bénédiction. Vainqueur (**32**, 28) malgré la blessure, Jacob l'emporte et devient l'ancêtre éponymique d'Israël.

Ainsi se trouve dévoilée la présence de Dieu dans ce lutteur de la dernière nuit avant l'entrée dans la terre promise (terre du départ et du retour). Ainsi se trouve également dévoilé le projet pour Israël qui aboutit ici, après une trajectoire littéralement « à l'arraché ». Sur l'autre versant du passage, le frère-ennemi arrive ; une dernière stratégie défensive (et peu honorable, les femmes et les enfants devant...), alors que l'initiative véritable revient à l'autre, Esaü l'hirsute, courant, se jetant au cou de son frère ; enfin, le baiser « médiatique » et des pleurs des deux côtés.

Une réconciliation dans les pleurs donc, scellée bientôt dans l'acceptation des dons de réparation (après, il est vrai, une sextuple prosternation de l'escroc) et dans une bénéfique séparation (manifestement légèrement pressée par Jacob !) La portée politique et même de propagande que peut avoir le texte est claire. Chacun chez soi, et tout ira pour le mieux, une fois les traités d'usage accomplis. Mais la constance du modèle de la réconciliation est intéressante. La fratrie israélite est fondée sur une relation interfraternelle de pardon, et non sur le pur « amour » ou le simple droit.

Peut-être est-elle même plutôt fondée sur une sorte de droit au pardon et donc de réconciliation.

Mais la fédération tribale un peu composite, et résultant de la réimplantation pacifique des grandes familles au retour de l'exil, ne survit elle-même qu'enclavée dans un système d'alliances territoriales qui sont aussi comprises sur le modèle de la réconciliation fraternelle et dont dépend la réinstallation sur la terre de la bénédiction. Elles dépendent d'une volonté de « retour/repentir » (le même mot hébreu) et de pardon.

Il serait faux de croire que le récit suppose un changement profond dans la relation qui se bâtit entre les frères rivaux. Jacob-Israël est toujours le rusé manipulateur (cadeaux, excuses pour se retirer au plus tôt, etc.), et Esaü est toujours la « bonne pâte », comblé par les démonstrations et les dons de son frère. Malgré les pleurs qui sont de toute façon rituels en pareil cas, il ne s'agit pas de sentiments mais de politique. Simplement, la réconciliation est une stratégie meilleure que la guerre.

Car la réconciliation est elle-même, malgré les torts qui demeurent, le fruit d'une bénédiction acquise en combat loyal avec Dieu. Peu importe alors que l'on abandonne momentanément les fruits d'une bénédiction conquise par ruse déloyale sur son frère : on les retrouvera sur la base d'un contrat plus solide. Comme si les biens dont jouit un peuple étaient toujours « injustes », pris à l'autre. Mais comme s'ils pouvaient être justifiés dans la paix conquise sur le désordre, et conquise dans la lutte rituelle au corps à corps avec le gardien légitime de la source des dons et des pardons.

C'est à l'ange de Dieu qui l'a blessé à la hanche, mais à qui il demande grâce à l'aube, que Jacob pardonne le combat au prix de sa bénédiction (**32**, 26). Pourtant, le lecteur sait que l'enjeu est d'abord la dette du même Jacob à l'égard d'Esaü en situation de se venger. Mais il y a un déboîtement obligé, non seulement de la hanche de ce grand errant qu'est Jacob, mais du droit de passage à l'intégrité. Ni dans le cas de Joseph ni dans celui de Jacob le pardon fondateur n'est mérité par le coupable.

Le pardon advient comme un espace offert où s'ouvre le passage vers le lieu de la survie commune. Ce lieu n'est pas l'Égypte des sages richesses autochtones (et dont la terre engloutit ses momies), ni le désert où les troupeaux passent et changent de mains au prix de mille ruses (comme les ossements des ancêtres que l'on

« rapatrie » pour signifier de salutaires ex-odes qui seront des retours). Ce lieu est celui que gouverne seul le Temple et ses liturgies, et où un roi même et son droit de grâce n'ont pas de pouvoir.

Le veau d'or et le temple

Dans le temple donc, et autour de lui, se donne la représentation de l'intégrité divine et de celle d'Israël qui la manifeste. Tout comme les rites de la fratrie étaient précédés de la solution au problème de la rivalité des jumeaux, les rites de l'intégrité cultuelle se déploient sur fond de résolution ou de pardon du dés-ordre cultuel. C'est ce que l'on voit en Exode **32**, dans l'épisode dit du veau d'or, qui est une sorte d'antiprogramme.

L'ensemble des tribus y célèbre son vrai Dieu, Yhwh de l'Exode (Exode **32**, 4), dans une immense fête collective, autour de l'effigie de sa puissance. Or cette effigie est le taurillon de bronze, qui est l'emblème, dans toute la Syrie-Palestine et au-delà, du dieu céleste souverain, le Baal, c'est-à-dire le Maître. Et cette effigie a été faite au prix du don de leurs bijoux et autres « ors », et sous la « guidance » complaisante de leur grand-prêtre Aaron. Et voici le paroxysme tragique du récit (Exode **32**, 25-29) : Moïse vit que le peuple était livré au « désordre ». Il convoque alors « ceux qui sont pour Yhwh », ce seront les lévites, et leur donne cette mission pour la survie du peuple choisi :

> « Que chacun de vous mette son épée au côté ; traversez et parcourez le camp d'une porte à l'autre, et que chacun tue son frère, son parent. [...] Consacrez-vous aujourd'hui à Yhwh, même en sacrifiant votre fils et votre frère, afin qu'il vous accorde une bénédiction. »

De nouveau voici des frères, des parents, le même peuple, et cette incroyable mise en ordre référée à l'ordre divin ! La justice sacrificielle qui tranche parmi, et resserre le lien social de la seule tribu consacrée, autour de Moïse le lévite. Restent donc ceux qui sont pour Yhwh, le dieu combattant de la mise en ordre originelle, de la victoire sur Pharaon et du don de la Loi. Comme s'il fallait la page tournée ou traversée de ce bain de sang vengeur, en écho de la mort des premiers-nés d'Égypte, pour expulser vraiment hors du monde des dieux un nouveau peuple de volontaires pour l'unicité irreprésentable de Yhwh.

Ce qui est expulsé ainsi par l'effet de la violence sacrificielle retournée contre lui-même, c'est un peuple pardonnable. Le lendemain, Moïse dit au peuple (on ne sait par quel miracle il en reste) :

> « Vous avez péché d'un grand péché. Je vais maintenant monter vers Yhwh ; j'obtiendrai peut-être le pardon *(kpr)* de votre péché. »

Le même mot *hattâ't*, ici « péché », est répété trois fois. C'est du fonctionnement de l'appareil rituel qu'il est question ici, avant que ne soient instaurés les rites qui programment l'architecture du culte au Temple (la médiation de la Loi qui inscrit l'ordre cosmique dans l'ordre rituel et par là dans le corps social tout entier).

Le « veau d'or » était une sorte de contre-modèle permettant d'établir le sens de la relation cultuelle. Elle est clairement sacrificielle parce qu'il y est question de transgressions de plusieurs ordres. Le péché commis contre l'intégrité de Dieu a détruit, « désordonné », l'intégrité du peuple qui n'est plus apte à servir dans la proximité de son vrai souverain, ni sous les yeux témoins des peuples voisins. Il y a eu transgression des règles de confiance mutuelle qui ne pouvaient tolérer que l'on supplée à l'absence de l'un par la représentation d'un autre.

Or *hattâ't* est à la fois, dans la pratique juive, la faute et sa décharge sacrificielle, selon un rituel de passage communautaire qui permet la réintégration du pécheur dans l'unanimité fidèle, et assure en même temps l'alternance régulière, par exemple des temps et des saisons, la régénération annuelle du territoire, la « bénédiction » dont parle Moïse ici. Dans le système achevé du culte au Temple, dont la possibilité même se joue dans cet épisode, sacrifices *hattâ't* associés à holocaustes assurent la séparation d'avec l'état de désordre pécheur ou de « désintégration », en vue de la réintégration au nouvel état de peuple consacré au Dieu unique.

Les rites du *yom-kippur (kpr)* disent ce double enjeu. Lu sous cet angle, ce récit n'est pas un épisode à suspense destiné à faire attendre la véritable célébration de l'alliance entre le Dieu un et son peuple unique. Il donne plutôt les clés de la « mécanique » du péché et de son absolution dans le rite sacrificiel du Temple : un rite de passage qui permet d'entrer dans une nouvelle économie. On notera seulement que le « passage » *(ʿbr)* se fait à l'intérieur du camp comme à l'intérieur du peuple et même à l'intérieur du sujet, car tirer l'épée contre le frère ou le fils, c'est la tirer contre soi-même.

Le fait que ce texte précède le don de la Loi au lieu de lui succéder paraît significatif. Dès que la Loi est rappelée ou mémorisée, le lecteur est toujours au-delà du drame, au bénéfice du sacrifice, en capacité de réintégration. Elle ne menace pas, elle scelle quelque chose comme une stratégie opératoire dans les relations constamment troublées du vis-à-vis éthique entre Dieu et les siens. Elle transforme ainsi des bourreaux de l'histoire en agents consacrés à la réconciliation générale avec le Miséricordieux intransigeant. Tel est le contenu de la révélation de son nom, que Dieu fait bientôt à Moïse :

> « Yhwh, miséricordieux et compatissant, lent à la colère, riche en bonté et en fidélité, qui conserve son amour jusqu'à mille générations, qui pardonne l'iniquité, la rébellion et le péché *(ḥattâ't)*, mais qui ne tient point le coupable pour innocent et qui punit l'iniquité de peines sur les enfants et les enfants de leurs enfants jusqu'à la troisième et à la quatrième génération. » (Exode **34**, 6-7.)

On aura beau expliquer que la dernière clause est en net progrès sur les déclarations du Dieu vengeur à perpétuité, le point n'est probablement pas là, mais dans la contradiction assumée entre le caractère miséricordieux de Yhwh pardonnant toute forme de péché et la punition de la culpabilité dont le sujet, avec sa descendance immédiate car elle fait partie de lui, reste responsable. Le rite mis en place dans la Loi du Temple articule l'une à l'autre cette miséricorde et cette punition, moins dans un pardon que dans la simple possibilité de passer ailleurs, de passer outre.

Une parole de « passage »

Dans le texte que nous venons de voir, la déclaration est introduite par ce geste curieux de Yhwh qui « passe » devant Moïse : et c'est toujours *ʿbr*, de cette même racine qui sert à dire « hébreu ». Yhwh « passe » devant Moïse, comme les lévites vengeurs sont « passés » dans le camp. Comme l'exterminateur est

« passé » parmi les maisons d'Égypte (Exode **12**, 23). Comme Israël encore constitué d'un ramassis de peuples est « passé » à travers la mer où l'Égypte s'est engloutie (Exode **15**, 16). Comme Jacob autrefois a traversé la frontière du Jabboq à Peniel, et comme un jour bientôt l'Israël né de l'Exode traversera la frontière du Jourdain, la frontière où viendra mourir la génération du désert.

Ainsi le modèle de l'exode structure-t-il sans doute, au lendemain de l'exil à Babylone et ailleurs, l'expérience historique et culturelle de Juda, revendiquant dans sa dispersion même, le statut de « tout-Israël ». On ne trouve point de grandes prédications éthiques sur le pardon nécessaire ou sublime, à l'exception d'une sentence royale sur l'honneur qu'il y a à « passer par-dessus l'offense » (Proverbes **19**, 11). On ne trouve guère non plus de scènes édifiantes où le modèle du pardon divin, devançant la repentance, viendrait induire une imitation de la générosité divine.

Tout ce que l'on a, c'est une belle satire du prophète juif incapable d'accepter la miséricorde de Dieu à l'égard de la grande ville païenne repentie : Jonas et Ninive ou *l'incompris dans tous ses états*...

*

Nous avons plus ou moins donné l'impression de suivre l'ordre chronologique des récits bibliques. C'est seulement que la composition d'ensemble du Pentateuque recourt à cette fiction chronologique : c'est une ruse pour que la mémoire qu'elle construit puisse se régénérer dans une continuité sans rupture. Cette continuité ne peut être restituée qu'en amont de catastrophes historiques qui, sinon, la nieraient. Il y a donc clairement une fonction explicative confiée à l'ordre même de ces épisodes : sa série repose sur la permanence de schémas tragiques dont un reste laisse « passer » la possibilité que l'histoire que l'on raconte dure comme chaque fois. Qu'elle soit un recommencement ou une première fois.

C'est ce que l'on pourrait appeler un récit d'origine coulé dans la forme d'un pardon. Il opère en situant l'auditeur toujours déjà au-delà du châtiment dont il est (collectivement) rescapé, dans un système d'explication qui donne un sens salutaire à l'histoire originelle, elle-même représentée comme le récit d'un enfantement hors du chaos, comme le récit d'un enfantement vers l'unicité d'un autre ordre. Le rite lui-même ne cesse de mettre en scène de la part du Dieu une transgression de sa propre intégrité, pour aller à la rencontre d'un partenaire parvenant ainsi à lui « faire passer » le poids de sa transgression.

David et le pardon du père

Deux coups de sonde hors du Pentateuque pourraient servir à voir opérer ce modèle dans des récits qui n'ont aucun rapport explicite avec l'exode, où création et rite de passage sont conjoints. Le pardon comme geste est royal, le statut de Joseph le suggérait déjà. David, fondateur de l'unique dynastie qu'ait connue Juda (du moins dans les textes canoniques), devait exercer le droit de grâce et il le fait plusieurs fois.

De 2 Samuel **13** à **18**, se noue et se dénoue l'histoire complexe des relations de David et d'Absalom, sur fond d'inceste vengé (par Absalom). Sur fond plus généralement de passions mal contenues : celle d'Amnon le frère incestueux, d'Absalom le vengeur hors-la-loi, de David « dont le cœur était porté vers Absalom », du dauphin impatient de régner, de la rage d'un général, de la versalité d'un peuple dédoublé en Israël et Juda.

Enclavée dans le récit, une parabole, prononcée par une vieille femme de Teqoa sous la forme du récit biographique d'un procès, déclenche le processus tragique décisif, où se jouent vie et mort de tous les protagonistes. Cette parabole suggère le pardon royal :

> « Oh roi, sauve-moi ! Le roi lui dit : Qu'as-tu ? Elle répondit : Oui, je suis veuve, mon mari est mort ! Ta servante avait deux fils : ils se sont tous deux querellés dans les champs et il n'y avait personne pour les séparer ; l'un a frappé l'autre et l'a tué. Et voici, toute la famille s'est levée contre ta servante en disant : livre le meurtrier de son frère ! Nous voulons le faire mourir, pour la vie de son frère qu'il a tué ; nous voulons détruire même l'héritier. Ils éteindraient ainsi le tison qui me reste, pour ne laisser à mon mari ni nom, ni survivant sur la face de la terre.
> « Le roi dit à la femme : Va dans ta maison ; je donnerai des ordres à ton sujet. [...] Elle dit : Que le roi se souvienne de Yhwh, son Dieu, afin que le vengeur du sang n'augmente pas la ruine et qu'on ne détruise pas mon fils. Et il dit : Yhwh est vivant. Il ne tombera pas

à terre un cheveu de ton fils. [...] La femme dit : Pourquoi penses-tu de la sorte à l'égard du peuple de Dieu, puisqu'il résulte des paroles même du roi que le roi est comme coupable en ne rappelant pas celui qu'il a proscrit (son fils Absalom, meurtrier d'Amnon) ? *Il nous faut certainement mourir et nous serons comme des eaux répandues à terre et qui ne se rassemblent plus ; Dieu n'ôte pas la vie mais il désire que le fugitif ne reste pas banni de sa présence.* » (2 Samuel **14**, 4-14.)

Et le roi obtempère. C'est donc une affaire de vie sauve pour la veuve ou de continuité pour la lignée de son mari. La loi est extrêmement claire : le meurtrier de son frère doit mourir (Exode **21**, 12) à cause de la transgression suprême. Non moins évidemment, la femme demande au roi de transgresser la loi en sauvant l'héritier, puis le proscrit.

Mais c'est la justification de cette transgression qui est intéressante ; elle traduit sans doute la nature de la sagesse considérée comme provinciale, une sagesse en tout cas qui séduit David, et qui fonde la nécessité du pardon royal sur la loi commune, une loi qui lui est applicable comme elle l'est au dernier de ses sujets : la mort est irréversible, et c'est à elle que tous nous cherchons à échapper. Le mouvement de la mort ne s'apparente pas au passage, mais à l'écoulement dans une dispersion irrémissible.

Or Dieu n'est pas le dieu de ce mouvement-là, qui serait comme la proscription sans but, sans histoire, sans signification. Il n'est pas l'exécuteur de telles hautes œuvres. Les projets de son désir refusent un bannissement hors de son règne, dans ce qui serait pour lui un non-lieu, insaisissable entre les doigts, le lieu seul de la mort qui ne connaît pas la limite ni la transgression. Le monde de Dieu ne peut être que celui du pardon démiurgique qui fait passer du côté de la vie, de la naissance et de l'héritage cela même qui a eu à faire avec la mort.

Le monde du roi est à l'image de celui de Dieu. La femme de Teqoa a-t-elle raison ou tort ? Manipulé par un fin politique, son apologue enclenche en tout cas un parcours pour le moins chaotique, aussi complexe que de l'histoire historique, et qui ne permet pas de savoir si l'auteur du récit est aussi séduit que son héros royal ! Il faut dire que *lui* n'aime pas Absalom, le favori de David. Surtout, il n'est pas sûr que cet appel à la grâce royale puisse à son tour faire jurisprudence.

Quand le pardon est la loi

Car il s'agit de faire loi. Le corpus biblique, nous le disions en commençant, n'est pas d'abord, quoi que nous en ayons, un ouvrage de spiritualité. Il veut structurer un peuple qu'il crée littéralement hors du désordre des divers peuples, soumis chacun à sa loi, pour un ordre qui lui soit propre et qu'il puisse habiter comme autant de règles exhumées du sol d'un Temple détruit (2 Rois **22**). Il s'agit non plus seulement de fonder le culte qui remémore et réactive, comme partout, la victoire originelle sur le chaos de l'inexistence. Il s'agit de fonder, sur le triomphe promis de son Dieu, une société tendue vers un repos mutuellement donné dans le pardon même.

Le temps cultuel trouve dans les procédures d'inclusions et d'exclusions systématiques du licite et de l'illicite, qu'il s'agit précisément de ne pas transgresser, une continuité nouvelle où la rupture se résorbe dans le rythme binaire des séparations successives qui sont celles du commencement et du recommencement : jour-nuit, lumière-ténèbres, saisons chaudes-saisons froides, êtres purs et impurs, ennemis et amis, semaine des origines et semaine d'aujourd'hui, temps accompli et temps inaccompli, ou encore temps du travail et temps du repos.

La Loi comme mémoire scandée de ce grand geste démiurgique est aussi la garante de cette dialectique de la durée qui est aussi un « grand pardon ». Loi et pardon sont alors liés par la nécessité que le sabbat déplace les gestes de la semaine pour les récapituler dans l'ordre de l'unicité divine, une comme le premier jour, où tout est commencement.

Il en est ainsi de ce sabbat de la terre et des dettes, cette grande remise jubilaire qui institue le partage recommencé de l'effort du premier jour et de la bénédiction divine, laquelle n'est à personne « car (dit Yhwh) la terre m'appartient et vous êtes pour moi des étrangers et des hôtes » (Lévitique **25**, 23). De fait, cette abolition des dettes est une loi post-exilique destinée à lutter contre l'épouvantable dégradation socio-économique de Juda après le retour des déportés de Babylonie. Mais elle restitue à chacun sa part en même temps que son effort du premier jour, tout en uni-formisant le peuple du seul Dieu :

« Vous déclarerez sainte cette cinquantième année, et vous proclamerez l'affranchissement de tous les habitants du pays. Ce sera pour vous un jubilé : chacun de vous rentrera dans son patrimoine, chacun de vous retournera dans son clan. Cette cinquantième année sera pour vous une année jubilaire : vous ne sèmerez pas, vous ne moissonnerez pas les épis qui n'auront pas été mis en gerbe, vous ne vendangerez pas les ceps qui auront poussé librement... » (Lévitique **25**, 10-11).

De cette rupture introduite par le « grand pardon » dans l'injustice de la dette, on peut prendre comme contre-épreuve une autre formidable rupture. La Loi, où le pardon est caché, donne un espace à vivre. On retrouve cette brèche quand un nouvel interprète de cet espace s'attaque d'abord et finalement au sabbat, en transgressant ses règles au nom de la même unicité de Dieu qui ne peut aimer et vouloir la mort des siens (c'est le raisonnement de la dame de Teqoa) (Marc **2**, 27). Quand Jésus de Nazareth dit : « Moïse vous a dit, mais moi je vous dis... » il fait « passer » le pardon à la surface de la Loi. Ce faisant, il habite cette Loi comme un lieu d'exode retrouvé et non comme un espace d'autochtonie.

À la différence des mythes athéniens qui cherchent à fonder cette autochtonie (ce qui donne un tout autre sens au repartage des terres), l'interprétation que donne Jésus de la Loi demeure au service du modèle mosaïque et peut-être sémitique ou prophétique. Il ne cherche ni à ritualiser la vengeance pour faire accéder la communauté aux techniques politiques, ni à définir un système de compensations tendant à un équilibre social tel qu'il exprime son harmonie avec le monde créé. Il ne fait que poser une autre fois la question incessante d'Israël, critique de tous les pouvoirs au nom de l'unicité divine.

« Pourquoi m'as-tu abandonné ? » signifie sans doute que la loi du pardon implique la possibilité de pardonner Dieu comme Père. C'est un long écho, radical, de la question des exilés de Babylone ; « Jusques à quand seras-tu un Dieu qui châtie ? » (Zacharie **1**, 12). C'est aussi la construction d'une anthropologie de la *liminalité*, occupant tout le terrain d'un rite de passage excentrique, où le passant conteste tout au long qu'on définisse pour lui son identité par opposition à ceux qui ne passent pas.

Françoise Smyth

Dostoïevski, une poétique du pardon

Entretien avec Julia Kristeva

Don de sens par-delà l'insensé, le pardon, que découvre Raskolnikov à travers l'écoute de l'autre dans Crime et Châtiment, *demeure la seule issue pour suspendre le temps du crime et miser sur un renouveau psychique. Condition même de la sublimation, il permet à l'écrivain s'identifiant au criminel d'élaborer une esthétique du pardon, achevée dans la jouissance du texte. (Entretien à partir d'extraits.)*

« Qu'est-ce que le tact ? Entendre vrai avec le pardon. Pardon : donner en plus, miser sur ce qui est là pour renouveler, pour faire repartir le déprimé (cet étranger replié sur sa blessure), et lui donner la possibilité d'une nouvelle rencontre. La gravité de ce pardon apparaîtra au mieux dans la conception qu'en développe Dostoïevski à propos du sens de la mélancolie : entre la souffrance et le passage à l'acte, l'activité esthétique est un pardon. Ici se marque le christianisme orthodoxe de Dostoïevski qui imprègne de fond en comble l'œuvre de l'artiste. Ici se noue aussi - plus qu'au lieu de sa complicité imaginaire avec le criminel - le malaise que suscitent ses textes chez le lecteur moderne pris dans le nihilisme.

« En effet, toute imprécation moderne contre le christianisme - jusques et y compris celle de Nietzsche - est une imprécation contre le pardon. Cependant ce ''pardon'' entendu comme complaisance avec l'avilissement, ramollissement et refus de puissance n'est peut-être que l'image qu'on se fait d'un christianisme décadent. Au contraire, la gravité du pardon - telle qu'elle opère dans la tradition théologique et telle que la réhabilite l'expérience esthétique qui s'identifie à l'abjection pour la traverser, nommer, dépenser est inhérente à l'économie de la renaissance psychique. Ainsi apparaît-elle en tout cas sous le tranchant bienveillant de la pratique analytique. De ce lieu, la "perversion du christianisme" stigmatisée par Nietzsche chez Pascal mais qui se trouve aussi déployée avec force dans l'ambivalence du pardon esthétique chez Dostoïevski est un puissant combat contre la paranoïa hostile au pardon. La trajectoire de Raskolnikov en est un exemple qui passe par la mélancolie, sa dénégation terroriste et, enfin, sa reconnaissance qui s'avère être une renaissance[1]. »

*

Olivier Abel. - *On peut être surpris du rapport que vous établissez entre la possibilité du pardon et le tact dans l'écoute analytique ; pas de pardon sans « écoute ». Dans la conception classique du pardon, il y a une distinction très nette entre celui qui pardonne et celui qui est pardonné. Tandis qu'à vous lire, on a soudain le sentiment que la véritable distinction n'est pas là. Comme si au fond c'était à lui-même que le sujet souffrant pardonnait, mais par le biais de l'écoute d'un autre sans laquelle il ne pourrait rien. Qu'en pensez-vous ?*

Julia Kristeva. - En effet, le support que représente l'écoute de l'autre - cette *greffe* de sens que l'autre me fait dans le chaos de ma souffrance et de mon crime - est une nécessité qui me permettra de devenir moi-même capable de refaire un chemin analogue : de trouver mes propres motivations inconscientes qui m'ont conduit à cette souffrance et à ce crime, et ainsi, en me séparant de ma vieille subjectivité, de me re-faire. J'entends le pardon dans la lumière de cette réciprocité qui permet une transformation du Même pour autant que l'Autre l'accompagne dans la recherche de cette logique de renouvellement.

*

On peut aussi être frappé par le rapport que vous établissez entre le nihilisme et l'inaptitude au pardon. Vous parlez même, à propos d'une mort

1. Julia Kristeva, « Dostoïevski, l'écriture de la souffrance et le pardon », in *Soleil noir, Dépression et Mélancolie*, Paris, Gallimard 1987, p. 200. Cet article sur Dostoïevski porte essentiellement sur *Crime et Châtiment*.

perçue par Dostoïevski comme sans résurrection, sans relève possible, d'une « inaptitude au pardon » (p. 198-201). En réponse à l'accusation nietzschéenne contre le christianisme d'être une religion du « ramollissement », de l'impuissance de la volonté, en réponse aux imprécations de Nietzsche contre le pardon, vous voyez dans le nihilisme moderne une impuissance au pardon, au sens dostoïevskien. Est-ce la défense d'un certain christianisme que vous proposez ? ou de toutes les religions ? Pourquoi ? !

L'inaptitude au pardon me semble en effet caractériser le nihilisme moderne : les attaques, notamment nietzschéennes, contre le christianisme, y trouvent leur racine. Il faudrait, dès lors, relire les textes fondamentaux des religions, à commencer par la chrétienne puisqu'elle constitue le fondement de notre civilisation (Bible, Évangiles, corpus théologique), certes non pas pour les appliquer telles quelles, mais - à mon sens - pour y déceler cette finesse interprétative et cette puissance thérapeutique qu'ils exercent sur les êtres parlants, de manière à pouvoir « les remettre sur pieds » : j'entends, sur la base du dysfonctionnement sexuel et symbolique auquel l'analyste porte son attention et où il essaie de dire une parole interprétative qui pourrait donner un nouvel axe, une nouvelle structure au sujet. Le christianisme, comme les autres religions, fait partie de cet héritage culturel qu'il nous reste à méditer.

*

Pour rejoindre les deux questions précédentes sur un exemple précis, celui de la confession catholique : est-ce que la rencontre des deux arguments que vous venez de développer vous semble « autoriser » le prêtre à pardonner, à donner l'absolution dans la confession ?

L'absolution catholique après la confession est, bien entendu, un moment capital de cette histoire. Elle comporte cependant le risque (lorsqu'elle est mal comprise, c'est-à-dire souvent) de décharger le sujet de l'effort qui lui incombe pour trouver lui-même les voies spécifiques de sa restructuration, en choisissant la facilité de se déléguer à une instance supérieure qui efface, purement et simplement, plutôt qu'elle ne par-donne. Un certain parcours qu'on pourrait comparer à une auto-analyse, qui semble au cœur de la confession, risque alors de s'enliser dans une paresse qui frôle la perversion : si l'Autre me décharge de mon abjection, je peux continuer dans l'insensé, puisqu'il jouit et pense à ma place, Lui, autorité supérieure. Il n'est pas facile d'éviter un tel vice. L'analyste, quant à lui, souvent comparé à tort au prêtre confessant, ne juge ni n'épargne, il ne procède pas par verdicts. Son pardon s'entend comme un long travail d'identification et de désidentification avec la souffrance et l'horreur de l'autre.

*

Dans cette étude sur Dostoïevski, vous commencez par montrer la parenté entre l'insistance que met Dostoïevski à pointer la souffrance et la thèse freudienne selon laquelle la souffrance est la trace d'une rupture primordiale : « mémoire du saut entre matière inorganique et matière organique, affect de la séparation entre le corps et l'écosystème, l'enfant et sa mère, etc. » (p. 186). Il y a donc une souffrance antérieure à la haine, une souffrance qui tient à une « perte » originaire, et cette souffrance, si elle peut être vécue ou projetée dans diverses figures de la pulsion de mort, peut aussi être simplement parlée, et par là pardonnée et transformée : « Je ne t'attaque pas, je parle (ou j'écris) ma peur ou ma douleur. Ma souffrance est la doublure de ma parole, de ma civilisation » (p. 192). Affirmant que le pardon est coextensif à la sublimation, vous écrivez (p. 194) : « Au couple Éros/Thanatos se substitue le couple Éros/Pardon qui permet à la mélancolie potentielle de ne pas se figer en retrait affectif du monde, mais de traverser la représentation des liens affectifs et menaçants avec l'autre. »
Le pardon n'est donc pas du tout pour vous une notion morale, ou une conduite « sublime », mais beaucoup plus fondamentalement ce processus vital de sublimation qui seul peut répondre à la hauteur de la mélancolie ou de la haine provoquée par cette perte originaire, plus originaire que tous nos échanges.
Peut-on dire que le pardon est simplement une des formes de la sublimation ?

*

Quand je dis que le pardon est coextensif à la sublimation, j'entends qu'il en est une des conditions essentielles, peut-être même *la* condition. Quelqu'un d'autre déchiffre dans ma souffrance une haine rentrée, dans mon humiliation un crime inconscient, et dans mon sentiment d'abjection même une rupture insupportable, un « trauma » que je n'ai jamais pu élaborer, dépasser. Ce déchiffrement, qui donne un *sens* à l'horreur sous ses deux aspects (passif ou actif : souffrance ou violence) qui demandent à être pardonnés, en réalité reformule un déséquilibre psychique, donc de langage, de passion et de pulsion, sous-jacent à l'horreur, et en ce sens il le déplace. Pareille écoute interprétative est évidemment implicite, imaginaire, dans l'acte de l'écriture. Elle est assumée par l'analyste dans la situation psychanalytique. Dans tous les cas, cette dynamique amorce le travail d'élaboration : en m'appuyant sur ce par-don (don de sens par-delà l'insensé), je refais le tissu de mon histoire, je prépare éventuellement ma renaissance.

*

Ce que Dostoïevski met génialement en évidence, dites-vous, c'est l'identification du déprimé avec l'objet haï (p. 207), et donc le passage de l'abattement dépressif à la folie meurtrière. Dans le cas de Raskolnikov, ce qui enclencherait cet enchaînement paranoïaque, ce serait le refus de la souffrance, le refus d'être séparé de sa mère et de sa sœur, de se voir interdit cet « impossible amour incestueux » (p. 209). Si le pardon au contraire assume cette souffrance, pourrait-on dire qu'il y a, au-delà du « cas Raskolnikov », un rapport privilégié du pardon avec l'inceste, et quel serait-il ?

Raskolnikov avoue son attachement à sa mère et à sa sœur, et ce dévoilement apparaît (comme j'essaie de le démontrer dans *Soleil noir*) comme l'envers archaïque de sa passion, mortifère cette fois-ci, pour la vieille usurière. Comme si l'inceste était le nœud d'une culpabilité dont Raskolnikov a voulu se défaire en supprimant l'image d'une mauvaise mère. Pourtant, un tel acte attache le criminel à l'objet de sa faute, par une culpabilité inexorable que Dostoïevski a génialement mise en scène. On constate, à la fin, que c'est une prostituée, Sonia - une autre « mauvaise » femme -, qui va soulager Raskolnikov de cette faute. En la reconnaissant, en la comprenant, et en donnant au jeune bagnard non pas une récompense sensorielle (Sonia ne réalise pas l'inceste paradisiaque, elle ne devient pas la complice érotique de Raskolnikov), mais en l'invitant... à lire : à « associer », à interpréter, à méditer les Évangiles.

*

« Le pardon apparaît comme la seule issue, la troisième voie entre l'abattement et le meurtre. Il advient dans la foulée des éclaircissement érotiques et apparaît non comme un mouvement d'idéalisation refoulant la passion sexuelle, mais comme sa traversée. L'ange de ce paradis après l'apocalypse se nomme Sonia, prostituée certes par compassion et souci d'aider sa misérable famille, mais prostituée quand même. Lorsqu'elle suit Raskolnikov au bagne dans un élan d'humilité et d'abnégation, les bagnards l'appellent "notre mère douce et secourable". La réconciliation avec une mère aimante mais infidèle voire prostituée, par-delà et malgré les "fautes", apparaît ainsi comme une condition de la réconciliation avec soi. Le "soi" devient enfin acceptable parce que placé désormais hors de la juridiction tyrannique du maître. La mère pardonnée et pardonnante devient une sœur idéale et remplace ... Napoléon. Le héros humilié et guerroyant peut alors s'apaiser. Nous voici dans la scène bucolique de la fin : une journée claire et douce, une terre de soleil, le temps est arrêté. "On eût dit que là le temps s'était arrêté à l'époque d'Abraham et de ses troupeaux." Et même s'il reste sept ans de bagne, la souffrance est désormais liée au bonheur : "Mais Raskolnikov était régénéré, il le savait, il le sentait de tout son être. Quand à Sonia, elle ne vivait que pour lui." » *Ibid.*, p. 209-210.

Le pardon chemine donc parallèlement à l'acceptation de la souffrance, mais il y a dans le même temps une sorte d'« atemporalité » du pardon, qui évoque un âge d'or. En reprenant la description par Dostoïevski du tableau Acis et Galatée *de Claude Lorrain, qu'il appelle* L'Âge d'or, *vous montrez que « la rêverie de l'âge d'or est en réalité une dénégation de la culpabilité » (p. 212), alors que la scène du pardon entre Raskolnikov et Sonia est tout autre chose :*

« Étrange "âge d'or" en effet qui se place au cœur même de l'enfer, dans le bagne, près du hangar du bagnard. Le pardon de Sonia évoque la régression narcissique de l'amant incestueux, mais ne se confond pas avec elle : Raskolnikov traverse la césure du bonheur amoureux en se plongeant dans la lecture de l'histoire de Lazare selon l'Évangile que lui prête Sonia. Le temps du pardon n'est ni celui de la poursuite ni celui de l'antre mythologique "à voûte de roche vive où l'on ne sent ni le soleil au plus fort de la chaleur ni l'hiver". Il est celui de la suspension du crime, le temps de la prescription. Une prescription qui connaît le crime et ne l'oublie pas mais, sans s'aveugler sur son horreur, mise sur un départ à neuf, sur un renouveau de la personne. » *Ibid.*, p. 213.

Quelle différence de « temporalité » y a-t-il entre ce retour de l'enfant à une mère, qui lui rend son soi acceptable, et le retour à l'âge d'or de l'inceste (âge soustrait au temps parce que soustrait au désir de mettre à mort le père) ? Pouvez-vous en dire plus sur cette « temporalité atemporelle » et singulière du pardon ?

Le texte de la finale de *Crime et Châtiment*, qui évoque le temps d'Abraham et qui semble fort édifiante, possède, peut-être, un sens plus profond : il me semble qu'elle illustre bien l'intemporalité du pardon. Un non-lieu (le bagne) accueille une relation excentrique (un tueur, une prostituée malgré elle) qui extrait Raskolnikov du temps humain, celui du jugement et de la rétribution. Par-delà cette césure, et à partir d'elle, s'amorce la constitution éventuelle d'une nouvelle personnalité. Sans ignorer le désir incestueux et sa dégénérescence en meurtre, mais en leur ouvrant des voies interprétatives, grâce à cette complicité qui germe entre Raskolnikov et Sonia, car il y a une demande chez lui, à laquelle répond le par-don dont s'avère capable cette étrange femme devenue… thérapeute. Jusqu'à ce qu'il devienne un autre homme.
Une telle césure, une telle atemporalité, qu'illustrent parfaitement les pages finales de Dostoïevski, comporte l'apaisement que l'enfant retrouve dans une relation optimale avec sa mère. Mais elle ne se confond pas avec l'âge d'or de l'inceste qui, en effet, vous l'avez remarqué à juste titre, efface la culpabilité ou la métamorphose en perversion (c'est le cas de Stavroguine). Au contraire, le pardon de Sonia ne gomme rien. Je dis précisément qu'il est le temps d'une *prescription :* le crime est mis en évidence et rejeté, mais l'essentiel de l'attitude pardonnante consiste, à partir de là, à re-donner un sens et une vie à celui qui exprime le désir de repartir à neuf.

*

« Le pardon est anhistorique. Il brise l'enchaînement des effets et des causes, des châtiments et des crimes, il suspend le temps des actes. Un espace étrange s'ouvre dans cette intemporalité qui n'est pas celui de l'inconscient sauvage, désirant et meurtrier, mais sa contrepartie : sa sublimation en connaissance de cause, une harmonie amoureuse qui n'ignore pas ses violences mais les accueille, ailleurs. » *Ibid.*, p. 210.

« Ce pardon dostoïevskien semble dire : Par mon amour, je vous exclus un temps de l'histoire, je vous prends pour un enfant, ce qui signifie que je reconnais les ressorts inconscients de votre crime et vous permets de vous transformer. Pour que l'inconscient s'inscrive dans une nouvelle histoire qui ne soit pas l'éternel retour de la pulsion de la mort dans le cycle crime/châtiment, il lui faut transiter par l'amour du pardon, se transférer à l'amour du pardon. Les ressources du narcissisme et de l'idéalisation impriment leurs marques à l'inconscient et le remodèlent. Car l'inconscient n'est pas structuré comme un langage, mais comme toutes les marques de l'Autre, y compris et surtout les plus archaïques, "sémiotiques", faites d'autosensualités préverbales que me restitue l'expérience narcissique ou amoureuse. Le pardon renouvelle l'inconscient parce qu'il inscrit le droit à la régression narcissique dans l'Histoire et dans la Parole.
« Celles-ci s'en trouvent modifiées. Elles ne sont ni fuite linéaire en avant ni éternel retour de la répétition mort-vengeance, mais spirale qui suit le trajet de la pulsion mortelle et celui de l'amour-renaissance.
« En suspendant la poursuite historique grâce à l'amour, le pardon découvre les potentialités régénérantes propres à la gratification narcissique et à l'idéalisation internes au lien amoureux. Il tient donc compte simultanément de deux registres de la subjectivité : du registre inconscient qui arrête le temps par le désir et la mort, et du registre de l'amour qui suspend l'ancien inconscient et l'ancienne histoire, et amorce une reconstruction de la personnalité dans une nouvelle relation pour un autre. Mon inconscient est réinscriptible par-delà ce don que quelqu'un d'autre me fait de ne pas juger mes actes. » *Ibid.*, p. 214-215.

Mille questions surgissent à la lecture de ces pages : le pardon suspend-il une temporalité pour ouvrir une autre temporalité ? Suspend-il une subjectivité pour en ouvrir une autre ? Le pardon est-il une nouvelle « enfance » ?

Et par ailleurs, « brisant l'enchaînement des effets et des causes », ayant la force d'une rupture avec la loi de la dette, quelle serait (ou plutôt quelle n'est pas ? !) l'actualité du pardon dans une société soumise à l'impératif de l'échange, à la complexification infinie de l'échange et des dettes ?

Les questions qu'un tel pardon ouvre dans la société de l'échange, des dettes et (j'ajoute) du spectacle généralisé sont celles de la *responsabilité* des individus. Pourtant, on ne pourrait la souhaiter ni miser sur elle qu'en créant des lieux - pour moi ce sont des lieux thérapeutiques - *hors-temps, hors-spectacle, hors-échange* ; des lieux où le temps de l'inconscient criminel peut se dévoiler sans peur de représailles, où il peut être accueilli par quelqu'un qui sache l'entendre sans le dénier, et seulement après cela que puisse s'ouvrir la possibilité d'un nouveau départ.

*

Dans votre livre Pouvoirs de l'horreur[2], *vous écriviez que dans la mystique chrétienne le péché parlé, nommé était le lieu même de la communication heureuse.*

« Pas plus que la pécheresse de la maison pharisienne, la femme adultère ne sera lapidée : ''Que celui de vous qui est sans péché lui jette la première pierre !'' (Jean **8**, 7). ''Moi non plus je ne te condamne pas. Va, et maintenant ne pèche plus'' (Jean **8**, 11). À remettre, le péché est ce qui s'absorbe - dans et par la parole. Par là même, l'abjection ne sera pas désignée comme telle, c'est-à-dire comme autre, à expulser, à séparer, mais comme le lieu le plus favorable à la communication : comme le point de bascule dans la spiritualité pure. La familiarité mystique avec l'abjection est source d'une jouissance infinie. » *Pouvoirs de l'horreur*, p. 149.
« Loin de préconiser uniquement une doctrine de restriction et de conformité à la parole divine, la conception chrétienne du péché comporte également une reconnaissance du mal dont la puissance est proportionnelle à la sainteté qui le désigne comme tel et dans laquelle il peut se renverser. Ce renversement en jouissance et en

2. Julia Kristeva, *Pouvoirs de l'horreur*, Paris, Seuil 1980 (les pages renvoient à l'édition de la coll. Points).

beauté dépasse largement la tonalité rétributive et légaliste du péché-dette ou iniquité. C'est ainsi que par le beau le démoniaque du monde païen peut être apprivoisé. Et que le beau pénètre le christianisme au point de devenir non seulement une de ses composantes mais probablement aussi ce qui le conduit au-delà de la religion. » *Ibid.*, p. 145.

Ce que vous proposez, c'est donc une esthétique du pardon, ou un pardon proprement poétique. Si par ailleurs on peut dire que le travail du pardon se fait à travers une écriture qui est aussi une joie, pouvez-vous préciser la différence, dans le travail de l'écriture et de l'expression, entre le travail du deuil et celui du pardon ?

Je propose une interprétation psychanalytique du pardon. Du point de vue psychanalytique, je pense que le pardon fait partie intégrante de l'acte esthétique : l'écrivain s'identifie avec le criminel ou le souffrant en montrant par là qu'il n'est pas étranger à leur abjection ; mais il retrouve leurs motivations, refait leurs trajets, accomplit le deuil de leurs traumas, et ceci par une mise en forme qui est aussi bien celle de la dramaturgie des personnages que celle du style. En écriture, le travail du deuil vis-à-vis de la souffrance ou du crime qu'on porte en soi s'achève dans la jouissance du texte : une peine heureuse.

*

« Le crime non pas oublié mais signifié au travers du pardon, l'horreur écrite, est la condition de la beauté. Il n'y a pas de beauté en dehors du pardon qui se souvient de l'abjection et la filtre par les signes déstabilisés, musicalisés, resensualisés du discours amoureux. Le pardon est esthétique et les discours (les religions, les philosophies, les idéologies) qui adhèrent à la dynamique du pardon, préconditionnent l'apparition de l'esthétique dans leur orbe.
« Ce pardon comporte au départ une volonté, un postulat, ou un schème : le sens existe. Il ne s'agit pas nécessairement d'un déni du non-sens ou d'une exaltation maniaque à l'encontre du désespoir (même si, dans nombre de cas, ce mouvement peut dominer). Ce geste d'affirmation et d'inscription du sens qu'est le pardon porte en soi, comme en doublure, l'érosion du sens, la mélan-

colie et l'abjection. En les comprenant il les déplace, en les absorbant il les transforme et les lie pour quelqu'un d'autre. "Il y a un sens" : geste éminemment transférentiel qui fait exister un tiers pour et par un autre. Le pardon se manifeste d'abord comme la mise en place d'une forme. Elle a l'effet d'une mise en acte, d'un faire, d'une *poiêsis*. Mise en forme des relations entre les individus humiliés et offensés : harmonie du groupe. Mise en forme des signes : harmonie de l'œuvre, sans exégèse, sans explication, sans compréhension. Technique et art. L'aspect primaire d'une telle action éclaire pourquoi elle a le pouvoir d'atteindre, en deçà des paroles et des intelligences, les émotions et les corps meurtris. Cependant cette économie n'a rien de primitif. La possibilité logique de relève *(Aufhebung)* qu'elle implique (non-sens et sens, sursaut positif intégrant son néant possible) est consécutive à un accrochage solide du sujet à l'idéal oblatif. Celui qui est dans la sphère du pardon - qui le donne et qui l'accepte - est capable de s'identifier avec un père aimant, père imaginaire, avec lequel, en conséquence, il est prêt à se réconcilier en vue d'une nouvelle loi symbolique. » *Soleil noir, Dépression et Mélancolie*, p. 216-217.

En étudiant la querelle théologique entre l'Orient et l'Occident, vous montrez que ce que l'Occident a cherché à stabiliser, en marginalisant le rôle du Saint-Esprit dans la Trinité, ce sont les rapports du Père et du Fils : « Ce qui est ainsi gagné en égalité et donc en performance et en historicité est peut-être perdu au niveau de l'expérience de l'identification, au sens d'une instabilité permanente de l'identité. Différence et identité, plutôt qu'autonomie et égalité, nouent en revanche cette Trinité orientale devenue, par conséquent, source d'extase et de mystique. L'orthodoxie va la cultiver en adorant au-delà des oppositions un sens de la plénitude où chaque personne de la Trinité se relie et s'identifie à toutes les autres : fusion érotique. » (P. 220-221.)
Dans l'économie esthétique du pardon telle que vous la décrivez (ou peut-être que vous la souhaitez !), doit-on dire plutôt que l'identification au père est une identification complète, une véritable et totale transformation qui donne forme et sens à une seconde vie, ou bien plutôt qu'il s'agit d'une identification instable et inachevée, à cause du reste de tristesse, de chagrin, de blessure, qu'il y a dans tout pardon humain (jamais égal à la miséricorde divine) ?

Le moment clé de cette jouissance esthétique me paraît résider dans l'économie d'identification complexe (réelle, imaginaire et symbolique) avec la souffrance et le crime. Joyce l'a nommée une « transsubstantiation », et le terme, paroxystique, me semble d'une rare justesse. Dans ce cadre-là, la Trinité orthodoxe accentue l'aspect fusionnel, mystique et jubilatoire, qui noue de toute façon les Trois Personnes de la Trinité. L'orthodoxie se donne ainsi un avantage dans l'expérience de la régression, du masochisme et de l'homosexualité qu'elle prospecte peut-être non sans complaisance. Le désavantage en serait la négligence de l'autonomie du Fils toujours lové, soumis à l'autorité paternelle.

*

De même que pour l'iconographie byzantine c'est la Résurrection qui rend la mort visible, dans le travail de l'écriture ne pourrait-on dire que c'est le sens poétique du pardon qui rend l'absurde et l'abjection visibles, acceptables ? « Parce qu'elle est un pardon, l'écriture est transformation, transposition, traduction. »
Mais alors ce pardon poétique n'est plus vraiment moral ; c'est un processus psychique vital, comme vous le montrez pour Dostoïevski : que devient l'« autre » dans cela ? Ce pardon n'est-il pas d'abord tourné à la conservation et à la « résurrection » de soi, et en quoi peut-il associer l'autre à cette résurrection ?

La transsubstantiation dont nous parlions tout à l'heure, et que célèbrent aussi bien l'acte esthétique que l'eucharistie catholique, ne comporte en effet pas - chez l'artiste - d'instruction morale. J'insiste sur l'amoralisme de ce pardon esthétique chez Dostoïevski : autocélébration, culte de l'œuvre, et pour se pardonner cela, recommencer l'écriture, à l'infini.
Cependant, puisque l'écriture est une invitation à la lecture, le même chemin, parcouru par l'artiste, est proposé au lecteur ; et cette communication paradoxale qu'est la rencontre écriture/lecture propose des voies singulières, incontrôlables, à la renaissance de l'aventure psychique de chacun.
Une direction morale ne serait-elle pas plus efficace dans cette adresse à l'autre cherchant le par-don ? L'art et la littérature, quand ils ne sont pas illustratifs d'une idéologie, ne le comportent pas dans leur spécificité stricte qui fait et défait les « messages ». En revanche, les religions, notamment le protestantisme, y trouvent leur

force devant des individus démunis de code moral. Cependant on peut se demander si l'homme moderne, polymorphe et spectral, ne manifeste ses besoins de recours moral (on pense au regain des phénomènes religieux jusqu'aux intégrismes) que pour mieux les transgresser. Si telle est la situation, l'élaboration de la perversion par le pardon esthétique est une composante essentielle de la cure laïque : lieu fragile, mais plus conforme aux errances des uns et des autres.

Propos recueillis par Olivier Abel

La belle personne

Charles Perrault

« Il fit asseoir Cendrillon et, approchant la pantoufle de son petit pied, il vit qu'elle y entrait sans peine, et qu'elle y était juste comme de la cire.

« L'étonnement des deux sœurs fut grand, mais plus grand encore quand Cendrillon tira de sa poche l'autre petite pantoufle, qu'elle mit à son pied.

« Là-dessus arriva la marraine, qui, ayant donné un coup de sa baguette sur les habits de Cendrillon, les fit devenir encore plus magnifiques que tous les autres.

« Alors ses deux sœurs la reconnurent pour la belle personne qu'elles avaient vue au bal. Elles se jetèrent à ses pieds, pour lui demander pardon de tous les mauvais traitements qu'elles lui avaient fait souffrir. Cendrillon les releva, et leur dit, en les embrassant, qu'elle leur pardonnait de bon cœur, et qu'elle les priait de l'aimer bien toujours. »

In *Contes*.

Charles Perrault

2. *Au nom de l'autre*

Dans nos sociétés, il y a diverses manières, parfois incompatibles, de dire le pardon, de le peser. Et cette diversité de « sensibilités », qui fait que le pardon, sous le même nom, n'est pas une valeur invariante, provient de traditions souvent religieuses. Le pardon, dans la clôture de chaque morale, désignerait ainsi leur « incomplétude », la transcendance à laquelle elles renvoient, figures absolues d'une précédence ou d'une espérance. C'est au nom d'un autre que le pardon ou l'impardonnable peuvent être dits.
Une voix irréligieuse et non moins prophétique précède trois approches d'obédiences confessionnelles diverses.

Depuis l'affaire du premier bonbon

Jacques Bertin

Enfance feutrée du poète dans un monde « serein comme une peinture d'église ». « On suivait en file indienne, le plus grand devant, le plus petit derrière, vers la sainteté. »
Et pourtant ! Jacques Bertin n'est pas en reste de révolte. Dans la mémoire du mal, il puise « la vigilance du veilleur, du poète, du prophète ».

Pardonner ? Quelle drôle de question ! Je n'ai pas souffert !

Quoique...

Lorsque j'étais enfant, pardonner était une chose naturelle, presque un exercice hygiénique. On pardonnait parce que la vie était ainsi et elle était belle. Tout se ramène, au fond, à un baiser de deux bambins dans un bac à sable : deux petits animaux savants, dressés à l'élémentaire et automatique bonté. On pardonnait, c'était tellement instantané qu'on pardonnait presque avant d'avoir souffert. Et sans doute cela évitait-il bien du chagrin d'enfant - appelons cela « souffrance ». Nous vivions dans un curieux monde, défini, délimité, cadastré au cordeau dans des axes très purs tracés par nos parents. Je crois aujourd'hui que nous vivions largement hors de la réalité. La réalité de nos parents, telle au moins que nous la percevions, telle qu'elle nous était enseignée, c'était un monde où le mal n'avait aucune prise et où chacun n'avait d'autre issue que la bonté. Cela produit des gens moraux, certes, mais qui sont un peu - beaucoup - inadaptés. Inadaptés aux coups, aux actes mesquins, à l'égoïsme ravageur, à l'arrivisme, au mensonge social, bref, à la société. Il me semble que mes parents avaient simplement banni le mal de leur vie, et point final. Je crois que la perfection est de ce monde, si l'on considère l'application que mes parents mettaient en toutes leurs actions. Et nous, six gosses tout aussi appliqués, on suivait en file indienne, le plus grand devant, le plus petit derrière, vers la sainteté. Aucun héroïsme, non ; du sérieux.

Penser à mal ? Jamais. Un peu d'égoïsme, un bonbon pris, un jouet pas assez vite offert, et c'était déjà le mal, notre mal, notre enfer, notre honte, notre brûlure, notre péché. Sitôt avoué, aussi vite pardonné. Ce monde-là était serein comme une peinture d'église.

Je fus cet enfant et cet adolescent. Et aussi ce jeune homme. Plus tard, des gens ricanèrent sur notre naïveté, notre niaiserie, notre esprit scout. Eux avaient, il faut croire, été formés à la dure, à coups de hache, de paroles biaisées, d'exemples douteux, de pièges à renard ; on ne la leur ferait pas ! C'étaient des battants, des contorsionnistes, des malins, des gagneurs, équipés pour la grande traversée. Et nous méritions ces moqueries - pensez : ils fumaient dans les cabinets ! - mais nous avions la profonde certitude d'avoir raison. Et nous laissions dire. Nous pardonnions. Après tout, cette crispation que nous sentions chez eux, cette méfiance à l'égard de la vie, cette ironie devant le paysage du matin, ce renâclement devant le saut où ils voyaient un obstacle, devant les gens, les événements, le destin, tout cela devait plutôt être une souffrance pour eux. Jusqu'aux premiers - et même jusqu'aux seconds et aux troisièmes - grands désastres de mon existence, je n'ai pu me départir de ma candeur d'enfant de chœur. Donc nous étions au-dessus de la souffrance. Nous ne souffrions pas sauf - mais ce n'était pas douloureux - de notre propre manque de bonté. Et aussi, parfois, c'est vrai, de ne pas tout comprendre au film.

Certains d'entre eux nous considéraient de très haut : du haut de la parole. Car on nous avait aussi appris à nous taire. On se taisait à la table familiale parce que les enfants doivent se taire - six, vous pensez ! D'ailleurs les parents ne parlaient jamais de « choses sérieuses » en présence de la marmaille. De plus, parents ou enfants, il ne fallait jamais « juger », c'est-à-dire « médire », c'est-à-dire parler de quelqu'un d'extérieur au cercle familial. On ne dit pas de mal des gens ! Le sens critique nous était donc interdit. Le manque de respect était un péché. Bien sûr, cela n'empêchait pas, je le compris plus tard, mon père d'« avoir ses opinions ».

Ni ma mère d'englober toutes sortes de gens - non-pratiquants, laïques, communistes, socialistes, divorcés, beaucoup de monde en somme - dans des ténèbres extérieures, après une moue aussi rapide que lapidaire, et de là ils ne remontaient jamais.

Et je fus donc bien surpris la première fois que, vers quinze ans, sorte d'angelot descendant d'une mobylette d'emprunt, je fus invité à rester déjeuner chez certains amis dans leur balnéaire résidence familiale. Je constatai soudain avec quelle ardeur, quelle audace, quelle liberté de ton, quelle cruauté de trait, ils - mes amis, de jeunes bourgeois - parlaient de tout et de tous, des gens, des voisins, du gouvernement, de la vieille tante. J'étais comme un bouton blanc tombé d'un col serré dans la sauce piquante. Ah, comme ils y allaient ! Et comme leurs parents les y précédaient, les y suivaient, les y encourageaient et les y - à mon avis d'alors - dévergondaient. Et on riait ! Et ils avaient raison ! C'est comme ça qu'on forme le jugement ! C'est comme ça qu'on forme les élites ! La « liberté de ton », le mot vous le dit, c'est la liberté. Et je n'étais pas libre. J'étais comme un mouton blanc tombé d'une famille trop pure dans la sauce piquante de la société. Ils « avaient la parole ». Moi, toute mon éducation me laissait interdit.

Il me fallut, il me faudra des décennies pour m'en remettre et rattraper mon retard.

J'appartiens à une tribu qui prend la parole trop au sérieux et n'oublie jamais ce qu'elle a dit. C'est pourquoi, plus tard, étudiant, je fus une proie facile pour les philosophes. Ceux-là m'expliquaient que chaque mot nous engage complètement. Chaque mot est une vision du monde ! Bon d'accord, j'y souscris. C'était pas dur à me faire admettre, depuis l'affaire du premier bonbon ; et moi, j'étais pas du genre à fumer en douce dans les chiottes ! J'y crus avec d'autant plus d'allégresse que cela recoupait absolument les préceptes de mon éducation. La bourgeoisie, évidemment, n'eut jamais les mêmes rigueurs. Chacun des auteurs qui m'assuraient gravement que le mot le plus anodin est une prise de position sur le monde en était-il persuadé ? Allons, si les philosophes croyaient à ce qu'ils enseignent, il y a longtemps que le monde serait paisible comme un manuel de philo !

Je fus chanteur. C'était un art méprisé. Ça le reste. Mais ça allait bien à mon caractère. Je prenais la parole, mais par la petite porte de l'entrée des artistes des salles paroissiales et des maisons de jeunes. Des petites chansons trop graves, chantées avec une petite guitare dans un petit « gala » d'une petite ville de province. On restait modeste. On disait pas de mal des voisins tout haut ! On se croyait pas plus malin ! On jouait le jeu sans tricher. Et on aurait trouvé déshonorant de penser à faire une carrière, attention, mon vieux : la Parole ! Au même moment, Untel, sortant juste du lycée Louis-le-Grand, savait déjà qu'il quitterait bientôt la direction des Jeunesses communistes pour écrire son premier livre, avoir j'espère bien le prix Goncourt et être directeur de collection chez Gallimard, c'est comme le fromage, c'est écrit dessus.

J'avais vingt ans et cet art que je pratiquais n'en étant pas un, j'avais tout à inventer. Donc un monde. C'était ce qu'il me fallait ! Je ne prenais la place - la parole - de personne, je ne m'imposais pas. Je pus ainsi expérimenter longuement si j'avais quelque chose à dire et le talent pour le dire. Je trouve cet exercice assez sain (quoique douloureux, à la longue). Je naissais à la parole au forceps. Sur ma guitare, je franchissais cahin-caha des années-lumières. Mais le chanteur de « variétés » traîne dans des coulisses trop profondes la réputation d'un être inculte, illettré, d'un amuseur irresponsable. Que ces accusations soient souvent fondées n'empêche pas qu'elles soient quelquefois injustes.

Le chanteur n'est qu'un adolescent du langage, déversant son prurit qui n'est que celui des classes modestes découvrant la parole. Certes, son désir de parole pourrait devenir à la longue une véritable œuvre d'art, un art « majeur » comme on dit dans les beaux quartiers. Mais il semble que tout s'allie pour qu'il ne puisse jamais parvenir à ce but. Les éclairages (ça s'allume, ça s'éteint, allez savoir pourquoi, c'est le contraire de ce qui se passe au théâtre, où tout fait sens ; on dirait la fête foraine !), la fausse complicité avec le public (en quoi le music-hall se distingue du théâtre), les médias indiquant à la chanson un rôle social futile, et jusqu'à la bonne humeur obligatoire, le tapage dans les mains, l'intrusion de la danseuse, jusqu'au système de commercialisation, jusqu'au mépris des édiles, tout semble fait pour dévoyer cette parole naissante et l'empêcher de devenir œuvre d'art. L'absence de travail critique sérieux, la veulerie des chanteurs eux-mêmes... Allez, en France, tout finit toujours en vers de mirliton, dans la guimauve, la réconciliation générale, le bon enfant et, en ce moment, j'irai même jusqu'au droit-de-l'hommisme. Hamlet finit aux jeux de vingt heures. À qui dois-je pardonner d'avoir, depuis l'enfance, été placé en retrait de la parole ?

D'abord, dois-je pardonner ?

Certainement pas. Sauf à tout oublier, trahir. Ici, on doit citer Armand Robin qui, pour ne pas trahir une enfance bretonne trop pauvre, refusa toute sa vie de devenir un intellectuel brillant. Jusqu'à la folie et à la mort, il sut que prendre la parole dans cette société, c'est trahir sa classe d'origine.

Oh ! bien sûr, mes drames ne sont qu'une bien légère agression du destin, une pichenette. Je n'ai qu'à ouvrir ma porte dans la nuit pour entendre, montant des siècles et des géographies, la rumeur très silencieuse des humiliés, des exploités, des exilés, des proscrits, des morts de faim, des chômeurs, des esclaves, des fusillés, des torturés, des massacrés, des sans-droit, des sans-pain, des asservis. À côté de toutes ces souffrances pantelantes, rumeur immense, je ne suis qu'une petite maison sur la rive, un lumignon près de l'océan.

Tout de même...

Je connus ensuite les trahisons, les mensonges que chacun peut connaître. Amis infidèles, le temps qui passe est fait prince par votre distraction. Mes étreintes anciennes si décolorées, votre cœur, amis infidèles, y laissa craquer une maille. Vous êtes impardonnables.

Je connus aussi les coups dans le dos et dans le ventre des arrivismes. Je connus la faiblesse de ceux qui, par désir d'être dans la vague, dans le bon bateau, le bon wagon, la mode et le succès, me battirent froid après avoir dit qu'ils m'aimaient. Ces trahisons-là sont monnaie courante. Trente deniers.

Dire qu'on a souffert, c'est être obscène. Nous sommes des enfants dans un bac à sable. Et celui qui vacille doit avoir l'élégance de ne pas montrer qu'il a mal. Allons, on ne pleure pas pour si peu ! Mais c'est pourtant vrai que vous avez souvent renversé mon arrosoir, piétiné mon château et insulté mon rêve.

Je ne vous pardonnerai jamais. Sachez-le bien. Je ne pardonne jamais rien.

Quelque part dans la Bible, on parle du « péché contre l'esprit ». C'est, nous dit-on, le seul qui soit impardonnable. Si je me souviens bien, on pèche contre l'esprit lorsqu'on refuse l'évidence du

Dieu qui s'est manifesté. Mais pour moi, tout péché est péché contre l'esprit. Tout péché est impardonnable.

Revenons à la victime et au pardon. Remarquez bien au passage que, lorsqu'elle se pose la question du pardon, la victime se met en position de supériorité par rapport au coupable. Elle se hausse du front au nom de la justice, de la dignité, de tout le genre humain. L'autre s'en fout ? Certes. Mais c'est la victime, en ce qu'elle se pose la question du pardon, qui se fait le moteur de l'Histoire. L'autre longe les murs. Fût-il tyran, il règne sur le silence immobile.

Si la victime n'était pas là pour poser la question du pardon, il n'y aurait qu'oubli et vengeance[1]. Par le simple fait de poser la question du pardon, la victime crée le progrès humain et l'Histoire.

La question du pardon est celle du temps qu'on garde vivant, palpitant comme si tout avait de l'importance, comme si tout valait la peine d'être vécu, battant comme un cœur ou une montre. Avoir à pardonner, refuser de pardonner, c'est garder mémoire.

Soit. Mais s'il ne faut jamais pardonner, faut-il condamner ? Dans une émission de télévision récente[2], j'ai entendu Mme Germaine Tillon. Ayant été résistante, déportée, témoin aussi des horreurs de l'Algérie coloniale et des horreurs de la guerre d'Algérie, elle peut parler de l'horreur. Elle dit ceci : « Juger, oui ; et que la vérité soit éclatante. Mais après... (silence)... la peine... (silence)... l'expiation... je suis moins sûre de moi. »

Je crois que c'est bien ça : il faut garder la mémoire comme un mausolée, ou un feu, pour faire sans cesse venir la parole au jour. La « peine », la prison, la guillotine, ce sont des actes magiques imposés au coupable par la victime. Magiques parce qu'ils sont des rituels visant à faire que « tout est effacé » ou « racheté » : que la faute n'ait pas été commise.

Il faut que la mémoire soit entretenue. Nous n'oublierons jamais le mal fait. Crispons-nous, mobilisons-nous, battons-nous. Il y va de notre futur. Ma mémoire est mon avenir. Ma fidélité est ma lampe de poche. Je ne pardonne rien. Je tâche de ne pas oublier. C'est ma tâche. Pour faire renaître, comme un feu renaît de ses

---

1. « Le pardon ressuscite l'esprit de vengeance », déclare un évêque argentin après l'annonce de la libération des généraux tortionnaires. (*Libération*, 31 décembre 1990.)
2. Dans « Le chemin de la liberté », de A. de Sédouy, 15 septembre 1990, sur A2.

braises, mais avec des mots de toi à moi, coupable et victime, victime et coupable, la faute, et nous rendre tous deux meilleurs de cette mémoire dite.

Ne pas pardonner, c'est donc tout le contraire de la bassesse. C'est la vigilance du veilleur, du poète, du prophète.

Bon. Maintenant je vais m'occuper du mal que je fis à d'autres. Des broutilles. Peu de chose, allez, vous pensez bien ! Je suis pas du genre à faire enrager mes concitoyens ! Le mal que je fis, là est mon secret. Néanmoins, je me récite parfois ces mots étranges de Jules Supervielle qui, sans doute, seront cités dix fois dans le présent ouvrage. Dans *Les Amis inconnus*, il grogne soudain : « Au mal que je leur fis, vais-je les reconnaître ? » Pour autant que je sois conscient de leur avoir fait du mal, qu'ils sachent tous que je n'aurai pas oublié. Eux non plus, j'espère, car ils m'auraient alors laissé seul dans ma honte et mon désert ! Ne me pardonnez rien et que nos regards se croisent haut. Nous nous reconnaîtrons au mal que nous nous fîmes, au mal qui rôde, au mal du monde.

Ah ! évidemment, si vous êtes du genre à vous planquer dans les cabinets pour fumer en douce, ça pose problème…

Jacques Bertin

Le visage d'un enfant

Georges Bernanos

Je l'ai vu. C'était aussi un visage d'enfant, ou de très jeune fille, sans aucun éclat. C'était le visage même de la tristesse, mais d'une tristesse que je ne connaissais pas, à laquelle je ne pouvais avoir nulle part, si proche de mon cœur, de mon misérable cœur d'homme, et néanmoins inaccessible. Il n'est pas de tristesse humaine sans amertume, et celle-là n'était que suavité, sans révolte, et celle-là n'était qu'acceptation. Elle faisait penser à je ne sais quelle grande nuit douce, infinie. Notre tristesse, enfin, naît de l'expérience de nos misères, expérience toujours impure, et celle-là était innocente. Elle était l'innocence.

In *Journal d'un curé de campagne.*

L'autrement du monde

Entretien avec Stanislas Breton

À l'opposé des idées trop facilement reçues sur l'absolution dans la tradition catholique, le pardon ne se confond jamais avec l'oubli ou le refus de juger, mais s'affirme au contraire comme une ouverture, un nouveau regard sur les choses. Passage vers un autre monde qui brise la loi d'échange et offre seul l'espoir d'un recommencement.

Olivier Abel. - *En venant vous interroger, je me demandais pourquoi vous avez accepté de répondre ! Dans la société française d'aujourd'hui, le pardon a mauvaise presse.*

Stanislas Breton. - Oh ! oui, parce que ça signifie : on passe l'éponge, on efface le passé et on nous lave la mémoire. Or aujourd'hui on accorde une grande importance à cette mémoire. C'est peut-être une illusion difficile à dissiper, mais dans le pardon on voit un lavage de cerveau.
Quant à moi, j'aime tenter des réponses. De plus en plus, ma question c'est : « Et toi, qu'est-ce que tu penses ? » « Et toi, qu'est-ce que tu ferais ? » J'ai appris cela dans les textes de saint Thomas d'Aquin, où chaque article après les objections commence toujours par une phrase que je traduis : « Je prends la responsabilité d'une réponse. » Tout ce que j'ai écrit dans ma vie c'est la responsabilité d'une réponse.
Pour revenir au pardon, derrière cette peur il y a la Choah. Prenez Vladimir Jankélévitch, lui dont la culture était si liée à la philosophie allemande ; après la guerre il n'a voulu rien lire en allemand, refusant même la musique allemande, Bach, Beethoven...

Vous imaginez, ce nazisme, bien conscient, qui dispose de tous les instruments d'une destruction totale, ça ne peut être que parfaite lucidité, une sorte de mal radical. Une telle chose est inoubliable. C'est cela qui compromet le pardon, alors qu'il ne s'agit pas d'oublier le nazisme, c'est évident.

Bien sûr. Mais de manière générale, on dit du pardon : « C'est un mot religieux, cela ne nous concerne pas. » Comme si le sens du pardon avait reflué avec le christianisme.

On ne parvient pas à sortir de cette égalité sémantique : le refus d'oublier, c'est le refus de pardonner. Et quand une mère dont la fille a été violée vous dit : « Je ne peux pas pardonner », ça veut dire : « Je ne peux pas oublier. »

Dans un article sur « Grâce et pardon[1] *», vous approchez le pardon avec un « tact » qui renouvelle, me semble-t-il, la théologie catholique, en mettant à nu ses racines évangéliques et spirituelles. Vous écrivez notamment que le pardon tient à cette conscience, si aiguë chez les saints : « ... du lien qui, en tant que pécheur, nous unit, par l'universalité du péché, et par une fraternité de misère, à tout homme quel qu'il soit. [...] D'où l'impératif : "Ne jugez pas et vous ne serez pas jugés." [...] Le refus de juger, s'il laisse à Dieu le privilège du jugement (dernier), ne s'en tient pas cependant à une pure abstention. »*
Car il ne s'agit pas d'une suspension sceptique des jugements de connaissance, mais d'un refus éthique de juger autrui, c'est-à-dire d'un élargissement du cœur humain : « Plus exactement encore, l'acte du pardon est, à sa manière, une connaissance dans la mesure où le pardon, par la surabondance qu'il implique, dévoile, en notre prochain ou en notre lointain, des ressources insoupçonnées, qu'il permet d'actualiser.
« Enfin le pardon, en tant qu'oubli de soi et accueil de l'autre en tant qu'autre, en son irréductible altérité, respecte en lui cette zone d'ombre, ce "nuage d'inconnaissance" qui affecte, d'une limite indéterminable, tout acte humain, si criminel soit-il. Le pardon des offenses rejoint alors la parole de Jésus en croix : "Père, pardonne-leur car ils ne savent pas ce qu'ils font." » Ibid., *p. 189-190.*
Ce « nuage d'inconnaissance », d'ignorance ou d'inconscience, qui entoure tout acte humain, vous permet de distinguer la finitude du mal commis

1. Stanislas Breton, « Grâce et pardon », dans *Revue des sciences philosophiques et théologiques*, 1986, p. 185-196.

et l'infinitude du mal subi : les hommes sont toujours plus malheureux que méchants ! Mais cela soulève une foule de questions : est-ce que l'on ne ruine pas ainsi le principe de la punition, de la rétribution, bref de la justice ? De quel droit pardonne-t-on un crime au nom de la victime ? N'y a-t-il pas des conditions du pardon ? Ou bien le « pardon » est-il une parole magique, qui porterait en elle sa propre force, une sorte de parole sacrée ?

*

Prenons d'abord la dernière question, c'est la plus facile ! Vous savez, avec la théorie des sacrements, il y a chez nous une sorte d'institution, presque une distribution des pardons. Peu importe que le prêtre qui l'énonce y croie ou qu'il n'y croie pas : il y a une objectivité de la causalité sacramentaire, qui n'a rien à voir non plus avec l'état de pécheur ou de justifié. Si vous faites de la pénitence un sacrement - on en mettait sept chez nous : le mariage, le baptême, la confirmation, l'eucharistie, l'ordination, l'extrême-onction, la pénitence - eh bien ! que ce soit l'un ou l'autre de ces sacrements, de toute manière, indépendamment de vous, comme si vous étiez traversé par un flux qui vient de plus loin que vous, vous avez une sorte d'« activité pardonnante », comme il y a une « activité transsubstantiante », comme il y a une activité régénérante, etc.
Toutes ces histoires, c'est drôle mais ça m'intéressait, parce que ça montre qu'ils avaient quand même le sens d'une sorte d'objectivité requise par la société : d'un pardon plus social qu'individuel. À la différence de nos collègues du Proche-Orient, nos chrétiens occidentaux ne diront jamais « je vous pardonne », mais « je vous déclare pardonné » : c'est une déclaration. Et le vieux problème qui est intéressant, c'est que pour les auteurs anciens il y a une liaison qui ne peut être que divine entre le signe et la causalité. En soi, le signe est purement déclaratif, ou informatif. Alors comment peut se faire le lien entre le signe et l'efficience pratique ? C'est encore le problème que rencontre le contemporain J.-L. Austin : comment faire des choses avec des mots, *« How to do things with words ? »*

Pierre Bourdieu en fait une critique dans « Ce que parler veut dire » je crois, en disant : finalement, il n'y a pas de force, de magie enclose dans les mots. Cette efficience de certaines paroles qui inaugurent, promettent, ordonnent, ou pardonnent, tient au contexte d'interlocution : à la « qualité » ou à la position sociale du locuteur, du récepteur, et non pas indépendamment d'eux.

C'est ça. Mais juridiquement, il y a donc des actes qui peuvent être valides ou invalides. Et dans la tradition dont je vous parle, il y a d'une certaine manière une parole pardonnante, indépendamment de l'auteur, puisque toujours, au fond c'est le Christ qui baptise, pardonne, etc. D'ailleurs, c'est bien une tradition magique qui à travers la théologie sacrementaire s'est un peu transmise. Regardez l'idée poétique de Novalis qui reprend cette espèce de magie du poète mage : d'une certaine manière, quand il nomme le pain, il le crée.
Évidemment, il faut mettre des conditions du côté du récepteur : que voulez-vous, pour que le feu prenne à un sarment, il faut quand même qu'il ne soit pas mouillé ! Il y a toujours eu distinction entre les causes et les conditions.

*

Prenons votre histoire des sarments mouillés, pour examiner ces conditions du pardon. Avez-vous le sentiment qu'on ne peut pardonner qu'à quelqu'un qui avoue ? Est-ce que c'est une condition sine qua non *?*

Cela n'a rien à voir : dans la confession, c'est-à-dire le sacrement de pénitence, il est évident que la condition pour le pardon est la confession, le repentir. C'est autre chose. Mais indépendamment de cette spécification catholique ou religieuse, je n'ai pas besoin de l'aveu de l'autre pour lui pardonner. Il a pris sa responsabilité dans certains actes, même s'il le renie ou ne l'avoue pas, et je peux exercer le pardon même dans ces cas-là, indépendamment de l'aveu.

Mais dans ce cas-là, le pardon n'est-il pas davantage une affaire entre vous et vous-même ? Une manière de surmonter un ressentiment, une manière (pour parler le langage de Nietzsche) de dormir tranquille ?

Oui, mais dans le cas présent, je n'ai pas le pouvoir de requérir l'aveu de quelqu'un, ni le pouvoir de requérir cet autre pour lui pardonner, pour le mettre dans cette ambiance de pardon que pour ma part je relie à la croix.

Dans mon optique en effet il ne s'agit pas de moi uniquement, il y a toujours cette référence à la croix. Au sens strict, je ne trouve de pardon que dans la « théologie de la croix », qui nous a été rappelée par Luther et la Réforme, comme un principe critique sans lequel la « théologie de la gloire » n'a pas de sens. Ailleurs, ce ne sont pour moi que des métaphores plus ou moins valables. Je ne peux pardonner qu'en liaison avec Celui qui pardonne, parce qu'« ils ne savent pas ce qu'ils font ».

C'est parce qu'on a été pardonné qu'on pardonne.

Oui, si vous voulez. Mais on est tous sous la même loi de pardon, la même loi de surabondance : là où le péché a abondé, la grâce de Dieu a surabondé. C'est ce que Paul Ricœur appelait, à propos de l'Épître aux Romains, une loi de surabondance. Et le pardon s'inscrit dans cette surabondance : même si tel coupable a fait ceci, sans y avoir droit, il y a quelque chose qui l'attend et qui est meilleur que ce qu'il a fait.

Y a-t-il une différence entre le pardon et la grâce ?

Oui et non : il ne peut y avoir pardon que sous une loi de surabondance.

Mais après, cette surabondance de la grâce est malgré tout comme celle d'une eau vive ; il n'empêche que nous en sommes de mauvais récipients : donc cette grâce nous l'avons reçue, nous la retransmettons sous forme de pardon. Ou bien est-ce vraiment indépendamment de ceux qui la reçoivent et la transmettront, comme le soleil éclaire indifféremment les bons et les méchants ?

Cette image du soleil est périlleuse, et peut justifier n'importe quoi. Mais pour moi il est évident que, du point de vue du Christ et de la croix, tous sont enveloppés dans cette nuée lumineuse, qu'ils le sachent ou pas. Moi je le sais, et quand j'ai à me prononcer sur la culpabilité et la responsabilité, alors je les mets dans cette nuée lumineuse et je me permets de dire « il y a une surabondance, là où peut-être le mal a abondé ». C'est une manière de percevoir autrui. C'est un *a priori* de la perception beaucoup plus

qu'un fait ou qu'un acte précis. C'est une manière de voir le monde sous la loi de la surabondance.
Mais je comprends très bien que cela soit impensable dans un autre monde que le monde de cette théologie de la grâce. Dans le monde juif par exemple, un tel pardon effacerait le passé, gommerait le mal par l'oubli ; et je comprends qu'ils aient cette réaction. Vous n'avez pas à oublier ce qui s'est passé ; c'est d'ailleurs souvent impossible. Pourtant il y a une différence : l'oubli c'est « on n'en tiendra pas compte ». Alors que, dans le pardon au sens où j'en parle, il s'agit simplement du refus de juger, au sens du jugement dernier.

Une chose m'intéresse beaucoup, c'est une sorte de paradoxe dans l'aveu. Avant son aveu, celui qui avoue était quelque chose mais il ne l'était pas ouvertement pour l'extérieur. Après son aveu, il est maintenant cela pour l'extérieur, mais au fond il ne l'est plus puisqu'il l'a avoué. Il y a donc un décalage.

Oui, toute parole dit et en même temps elle trahit. C'est la fameuse phrase : « Trahir quelque chose, c'est de la dire, et en même temps de la cacher. » Et je ne crois pas que vous ou moi ou n'importe qui soyons capables de dire sur nous ce chiffre qui est notre nom dans l'absolu. Il n'y a pas de carte d'identité à ce niveau. Et c'est dans cette marge que le pardon prend pied : je dois répondre de mes actes, mais cette réponse ne peut pas remplir l'infini objectif de l'acte, ni du point de vue de l'extension des effets, ni du point de vue de leur intensité. Pour qu'il y ait pardon, il faut cette réponse d'une responsabilité, sans quoi le pardon tomberait sur rien : il ne va tout de même pas tomber sur une fleur ou sur une étoile ! Il faut donc qu'il y ait une réponse. Mais la réponse qui dit « je » ne peut pas faire l'équation de ce « je », même dans sa face nocturne.

Est-ce qu'on peut se pardonner à soi-même ?

Non, il y a quand même un minimum que j'exige pour le pardon. Il faut une intentionnalité dirigée vers l'extérieur. Je peux accepter le pardon, mais me le donner à moi-même, non. Je peux reconnaître la loi de surabondance à mon égard, mais je ne peux pas me l'appliquer à moi-même. C'est un autre qui peut le dire de moi. Il faut une certaine distance entre le pardonnant et le pardonné.

Cela n'a-t-il aucune ressemblance avec la cure psychanalytique, dans laquelle on ne peut s'analyser soi-même ?

Oui. On parle aussi d'absolution. Je crois qu'un passé n'est jamais aboli. Au fond, que ce soit les ténèbres du monde ou les ténèbres qu'on porte en soi, de toute manière c'est la totalité du monde qui retentit en vous. Et il faut maîtriser cela comme on maîtrise le reste. C'est une nature en nous, mais sans nous.
Pour ma part, que ce soient les sciences de la nature, les sciences humaines que je pratique, ou même le marxisme qui m'a servi, c'est ce qui me permet de faire le nettoyage de ma chambre. Il y a une lucidité à l'égard de soi qui est nécessaire, mais qui n'est jamais une consolation ou un pardon. Parce que je n'ai pas à l'égard de moi une distance suffisante, qui me permette d'énoncer un pardon.

Alors, concrètement, comment faites-vous ? Vous parlez à quelqu'un ? Ou est-ce une prière, ou un geste ?

Le pardon peut prendre toutes les formes, et des formes très simples : une reprise de parole avec quelqu'un, une lettre, un geste... Il y a une infinité de manifestations possibles. Je n'ai pas nécessairement besoin de l'aveu pour savoir qu'une humiliation, une violence ou un crime a été commis. Je peux l'avoir appris par un tiers, qui en a été affecté. Mais auprès de ce tiers par exemple, je tenterai de faire voir la chose autrement.

Mais a-t-on le droit de pardonner pour quelque chose dont on n'a pas été la victime ?

Vous pensez qu'il faut être une victime pour avoir le droit de pardonner ? Moi je pense que, dans cette solidarité qui nous unit tous, dans ce corps mystique, avec toutes ses correspondances, toute injustice nous touche, doit nous toucher. Et de même que l'injustice et l'offense débordent celui qui en est victime, le pardon déborde l'acte de la victime pardonnant à son bourreau.

Et dans le cas du suicide ?

Il y a suicide et suicide. Je vous parlerai un jour du suicide de Catherine. Mais il y a un suicide par jugement de l'indignité d'exister : « Je ne peux plus exister dans ces conditions-là. » C'est très dur, mais c'est ignorer le pardon que d'en arriver là. Parce que, si l'on se savait davantage sous cette loi de surabondance, on ne dirait pas « c'est terminé, mon jugement est le jugement dernier ». C'est là que l'Ange doit intervenir. L'Ange, c'est l'invitation à voir autrement les choses. Le pardon aussi est une manière de voir autrement les choses. Parce que c'est une annonciation, un passage. Vous pouvez en fait englober, dans le transitif de cet « autrement », l'invitation à voir les choses autrement et à se voir autrement.
S'il y a une catégorie qui est inassimilable par n'importe quel savoir, c'est bien celle-là. Dans ce mot pardon, par-delà la chose il y a le don. Cette idée de don, de surabondance ne permet pas de juger définitivement, parce qu'il y a quelque chose d'autre dans le mal absolu que vous prétendez voir. Je crois que c'est une rupture avec les évidences de nos pulsions les plus immédiates, même lorsqu'elles s'affichent noblement au nom de la justice. Parce que dans cette levée contre l'injustice il y a parfois une volonté d'extermination.

*

Parlons de cette levée contre l'injustice. Ce désir de vengeance vous semble illégitime ?

Ce qui est inquiétant, c'est que vengeance veuille dire « il ne doit plus exister ».

Oui, mais c'est aussi accepter une logique dans laquelle d'autres diront éventuellement de moi : « Il ne doit plus exister. » C'est accepter une certaine réciprocité ?

Cela revient à dire : « Dans les conditions où je me trouve mieux vaut ne pas exister ; mieux vaut rien que quelque chose ou quelqu'un. » C'est ce mot terrible qu'on attribue à Rousseau ou à Saint-Just : « Finalement, il n'y a de beau que ce qui n'existe pas. » Cet hommage dernier à la beauté ou éventuellement à la justice est aux antipodes du pardon : le pardon n'est pas le fourre-tout du rien. Et cette beauté-là n'a rien à voir avec la nuée lumineuse.

Vous écrivez tout de même, toujours dans ce petit article, que dans la joie du pardon humain il y a toujours aussi une part de tristesse, parce qu'il y a quelque chose de gâché.

Et c'est ce qui fait que le pardon n'est pas un oubli au sens habituel du mot. S'il n'y avait pas cette coïncidence - un peu comme les plaies du Christ, à la fois lumineuses et portant la marque des clous - il n'y aurait pas cette lumière, assumée par une certaine ténèbre de l'humain. Et s'il y a une joie à participer, à notre humble mesure, comme simple *a priori* de la perception, à la surabondance, on ne peut pas oublier ce qui s'est passé, qu'il est impossible désormais d'effacer. Mais cela ne veut pas dire qu'un monde ne peut pas recommencer. Ce qui s'est passé est terriblement passé : et c'est parce que précisément c'est terriblement passé qu'il faut maintenant faire autre chose, autrement. L'enfer, ce serait le passé définitivement imposé, le passé fermeture. Tandis que dans le pardon cet irréversible est là, c'est pour cela que ce n'est pas un oubli, mais il y a quand même dans ce passé quelque chose qui s'ouvre sur un nouveau monde. C'est je crois le paradoxe de l'Évangile.

En ce sens-là, le pardon n'est pas très loin de la véritable justice, qui fait la remémoration des « dettes » mais pour nous délivrer du passé. Sans quoi le passé oblitère le présent.

Oui, en ce sens-là. La dette, je la vois d'abord comme une reconnaissance de tout ce que j'ai reçu. C'est un hommage. Même la dette au sens où l'on dit « il a payé sa dette » ne veut pas dire qu'on passe l'éponge. « Va et ne pèche plus », dit Jésus. Mais je crois qu'il faut s'ouvrir à un au-delà de la dette et, en ce sens-là, à un au-delà de la justice. En ce sens, la loi de surabondance est plus profonde, car la plus parfaite illustration de la justice est quand même la loi du talion : « œil pour œil » ; « vous avez tué, je tue » ;

« vous avez tué un peuple, je tue un peuple ». C'est cette loi qui domine notre impératif de justice et je la crains.

Vous la craignez. Mais n'est-ce pas aussi...

Une réaction saine ?

Saine, je ne sais pas. Mais c'est ça ou le chaos, peut-être ? Prenez par exemple l'analyse de la morale chez Habermas, depuis le troc jusqu'au plus haut respect au sens kantien, elle a bien la forme de la réciprocité : ne pas faire à autrui ce qu'on ne voudrait pas qu'on nous fasse.

Certainement le juste objectif et le droit positif correspondent à une opération de salubrité, de défense. En ce sens-là, payer sa dette, en dehors d'ailleurs de toute question de responsabilité, cela veut dire : « Il faut prendre les mesures adéquates à l'ampleur du mal menaçant. » Dans la justice au sens strict, vous pouvez mesurer l'étendue de ce que vous devez, et vous pouvez par conséquent le limiter, parce que, si vous ne pouvez pas le limiter, vous ne pouvez pas en juger.
Mais dans ce que nous disons du pardon, il y a bien un au-delà de la justice. Même lorsque vous avez payé votre dette, que la formule « œil pour œil » a été remplie, bref ce que la société demande, il reste cette exigence infinie qu'énonce Jésus : « On vous a dit (tu ne tueras pas), moi je vous dis (quiconque se met en colère), etc. » Il y a dans ces paroles une rupture des évidences communes. Comme la science est une rupture des évidences quotidiennes, une critique de la perception commune. La loi de surabondance, c'est l'autrement de l'autre.

*

Reprenons donc autrement ! Vous terminez votre texte sur le pardon en montrant que nous sommes pris dans une sorte de piège. D'un côté, il n'y a plus de responsables, plus de coupables, dans une société dont les mécanismes sont devenus d'une telle complexité que l'indifférence règne ; la seule issue est alors une révolte contre l'injustice du système. De l'autre côté, il y a eu la lucidité sans faille des bourreaux nazis, face auxquels le pardon serait une trahison totale. De notre temps, « ainsi par défaut ou à l'inverse par excès de lumière, la faute échapperait au pardon ». Le pardon est-il devenu simplement une parole impossible, irrecevable ?

C'est vrai, quand vous voyez nos systèmes politiques et administratifs, qu'est-ce que c'est ? C'est l'art de différer les responsabilités. C'est ce qu'on voit dans l'organisation militaire : pour le colonel c'est le capitaine, pour le capitaine c'est le lieutenant, pour le lieutenant c'est l'adjudant, etc. Et après on remonte, avec une dilution de la responsabilité. Mais de manière générale je ne pense pas que la responsabilité ait jamais été un problème immanent aux constitutions politiques. Même la Torah est un système objectif pour maintenir une société et la faire persévérer dans son être sous des conditions d'alliance qui ont été préalablement fixées.

Dans la question que je posais, je pensais plutôt à ce que dit Hannah Arendt sur le totalitarisme. Elle montre la manière dont le nazisme a cherché à éteindre, à étouffer la différence entre le coupable et le non-coupable, entre les vrais responsables et finalement, à la limite, les victimes. C'est pourquoi, quand vous parliez tout à l'heure de solidarité mystique, de culpabilité collective, je me demandais si l'âge totalitaire ne pouvait pas en faire un terrible usage.

Pour moi, j'ai au contraire l'image que la Choah nous donne du nazisme, c'est-à-dire celle d'une responsabilité presque absolue. Puisque ce serait même le schème du mal radical. Et il n'est de mal radical que dans la lucidité totale. Donc de ce point de vue là, on peut dire que la responsabilité, c'est là que nous la mettrons. Mais si vous dites « nazisme » vous impliquez tout un peuple là-dedans, et cela a eu des effets sur la société allemande entière. D'un côté, il n'y a plus de responsable, plus de coupable dans une société d'indifférence. D'un autre côté, il y a la lucidité sans faille des bourreaux nazis. D'où la question : est-ce que la faute échappe au pardon ? Le pardon est-il devenu une parole irrecevable ? Est-ce que cette situation n'est pas devenue le modèle de la société moderne ? Mais cette image que je donnais du nazisme, de sa lucidité absolue, je n'y crois pas complètement. Pour la bonne raison que je ne pense pas que cette lucidité puisse être absolue et que le mal radical soit ainsi atteint, par une sorte de passage à la limite. Ce qui me frappe, c'est que d'un côté, quand il s'agit du nazisme, une lucidité absolue est imputable ; et que d'un autre côté, quand on pense à l'indifférence que peuvent propager les sciences et tout le reste (qu'elles soient humaines ou de la nature), il n'y a plus aucune responsabilité. De ce côté rien, et de l'autre tout. S'il fallait une lucidité absolue, il n'y a que Dieu qui pourrait faire le mal. Et quant à la totale absence de responsabilité scientifique et technique, c'est pourtant dans ce monde où les disciplines bassement ou sérieusement scientifiques nous disent qu'il n'y a pas d'intervalle pour la liberté, pour le choix d'un autre monde, qu'éclate l'impératif de justice comme on ne l'a jamais entendu.

En fait, vous refusez ces deux figures ?

Je refuse aussi bien le tout que le rien. Je pense que c'est entre tout et ce rien que se situe la parole évangélique, qui ne veut pas absoudre un certain mal dont nous pouvons avoir une responsabilité, mais même si cette responsabilité est en relation avec l'infini, je ne pense pas que cette pensée de l'infini signifie que nous connaissons infiniment notre infini. Nous avons une loi de formation de nos responsabilités. Mais nous ne pouvons pas totaliser. Donc il y a un écart entre le penser et le connaître. Or ce que vous supposez, dans la lucidité absolue, c'est que ces gens-là connaissaient exactement ce qu'ils faisaient. Ils savaient certaines choses, mais est-ce qu'ils le savaient avec cette absolue lumière, que je réserve pour ma part à l'absolu divin ?
On doit répondre de certains actes, mais justement on ne peut en répondre indéfiniment. Même si vous pouvez penser l'infini de l'autre, l'infinie dignité de l'autre, cela ne veut pas dire que vous puissiez infiniment la connaître au sens strict. Vous pouvez la viser, comme pour les nombres, vous ne pourrez jamais la totaliser.

Cela pose un problème, par rapport à nos sociétés techniques où nos décisions ont des conséquences qui vont s'étendre sur les générations lointaines. Pardonner, se délivrer du passé était peut-être possible dans les sociétés classiques où l'on ne modifiait pas pour très longtemps la situation, mais avec la technique, le pardon devient très problématique.

Vous évoquez cette technique qui d'implication en implication va à l'infini ? Aucun scientifique à l'heure actuelle n'est capable d'assumer la totalité du savoir même le plus partiel. Il y a donc là un horizon indéfini qui permet de penser que les conséquences vont continuer ainsi d'implication en implication. Mais vous ne pouvez pas les avoir sous le regard pour dire que vous le voulez ou ne le voulez pas. Vous êtes emporté par quelque chose qui, objectivement, va plus loin que vous.

Oui, mais bizarement, ceci peut devenir, au lieu d'un facteur de pardon, un facteur d'impardonnable au sens où, de toute façon, il n'y a rien à pardonner puisqu'on n'est même pas responsable, qu'on n'est jamais « lucide ». C'est cela le paradoxe.

Je pense que, scientifiquement, il n'y a pas de pardon. C'est impensable du point de vue d'une économie du savoir. Je pense qu'il n'y a pardon que dans un monde religieux et éthique, mais que cela n'est pas pensable du point de vue scientifique. Cela ne fait pas partie des catégories avec lesquelles puisse penser le savant en tant que savant.

Mais comment va-t-on arriver à faire prendre ensemble, dans notre culture d'aujourd'hui, notre culture scientifique et notre culture éthique ?

Finalement, cette culture scientifique aboutit à nous montrer comme des rouages d'une infinie machine, et c'est à peu près tout ce que nous sommes. Mais ce qui est terrible, c'est que cette machine scientifique, technique nous habitue nous-mêmes à nous penser comme un simple rouage de la machine, comme les bons pères de famille allemands qui étaient greffiers, trésoriers, facteurs, mais qui, avec le nazisme, ont fait les horreurs que vous savez.
Et nous-mêmes, que continuons-nous à faire ? Il y a souvent, notamment dans le petit peuple, ce que l'on trouve chez les amis de Job, qui cherchaient partout d'où venait cette misère. C'est ce qui restera toujours de non scientifique : il faut trouver des coupables. Et même le parti communiste, que je connais un petit peu, nonobstant tout ce qu'il a pu dire sur l'ensemble des conditions totalement impersonnelles, est perpétuellement à rechercher des responsables. C'est l'incapacité à percevoir que nous contribuons à cette injustice, et c'est aussi du même coup le refus de pardonner.
Pour résumer on a en même temps une inflation terrible de culpabilité. Car si on prend le nazisme et sa lucidité parfaite, d'un

côté, et de l'autre l'injustice du système, voilà deux impardonnables. C'est impardonnable pour les uns parce qu'on y suppose la réalisation du mal absolu ; c'est impardonnable pour les autres parce qu'il y a toujours d'autres plus coupables. Mais en même temps ce sont les lieux qui résistent à l'étiolement de la responsabilité et du pardon dans le système socio-politique ou scientifique. Cela fait comme un sursaut : même si c'est à tort que nous faisons du nazisme le mal absolu, cela a néanmoins suscité quelque chose. Même si dans un autre genre le capitalisme est abusivement considéré comme un mal absolu, cela suscite une réaction et un impératif de justice. Le paradoxe est que c'est dans la plus grande indifférence sécrétée par nos systèmes socio-politiques, économiques, scientifiques, ou techniques que l'on a eu comme jamais une prise de conscience de la responsabilité de l'injustice et du mal. Certes on refuse le pardon : mais on ne l'ignore pas quand on le refuse. C'est alors que l'Évangile arrive comme une brisure des évidences : j'accorde à l'Évangile une fonction critique un peu analogue à celle que la science, l'art ou la philosophie ont pu avoir dans un tout autre genre.

*

Le christianisme a-t-il de quoi répondre à l'accusation nietzschéenne d'être un système de dettes et de remises de dettes ?

Là, je dirais d'abord une chose : je me méfie de tels prophètes et surtout quand ils prononcent de tels oracles, en vous les assénant à coups de marteau. Je dis que payer ses dettes, c'est quelque chose d'important qui marque la civilisation. Cela veut dire qu'on ne peut pas agir n'importe comment, au hasard. Deuxièmement, le sens de la dette est une prise de conscience de soi ; Nietzsche rendait d'ailleurs cet hommage qui était sa dette aux moralistes français, qu'ils avaient « fait le nettoyage des consciences ». Ce que fait la conscience de dette, c'est le nettoyage des consciences et le refus de s'en faire accroire à soi-même. Et troisièmement, en l'élargissant, la dette est pour moi la reconnaissance, à travers ce que je dois, de tous les dons que j'ai reçus. C'est une action de grâces, et c'est cette action de grâces qui est le surcroît de surabondance qui revient ici et qui déborde l'étroitesse de la dette que l'on doit.

Mais ce qui occupe Nietzsche, c'est ce problème de la culpabilité morbide. Moi-même j'ai bien connu cette compulsion répétitive. Je me confessais, je me confessais, je devais me confesser, c'était une dette que j'accomplissais et c'était là véritablement l'univers morbide qu'on a souvent dénoncé. J'ai souffert de cela. Et même dans mes plus grandes audaces, ça me reste un peu. Il y a un phénomène de rémanence là-dedans.

Et vous le regrettez ?

Non, ça m'accompagne parce que c'est un passé qui, même lorsqu'on n'en tient pas compte, adhère à vos os, comme quelque chose qui vous a marqué ; une trace au fer rouge. Je sais ce que c'est parce que j'avais ma marque de prisonnier ; je ne l'ai presque plus, je l'ai bien oubliée, mais enfin...

Prisonnier de... ?

Prisonnier de guerre pendant cinq ans en Autriche. Oui, il y a un peu, c'est vrai, de ressentiment contre l'univers morbide du remords et de la confession ! Et aussi contre un monde ecclésiastique, contre des professeurs qui avaient titres et diplômes, et puis contre tous ceux des grands ordres religieux, dominicains ou jésuites, qui avaient pu travailler, qui avaient les livres, les bibliothèques, tout ça... Moi, j'ai fait beaucoup à la force du poignet. Ma mère, quand j'étais petit, je l'ai vue sur son lit de mort ; j'étais orphelin, j'ai été assez tôt envoyé dans une congrégation charitable, etc. J'ai passé ma vie d'une certaine manière à revendiquer, je dirais, un certain orgueil d'être cause de soi, d'autant plus que je n'ai pas été très aidé... Et pourtant, je compenserai cet orgueil maintenant en disant : « Qu'as-tu que tu n'aies reçu ? »

Si le pardon consiste à briser la loi de l'échange, du mimétisme, de la reproduction infernale, en répondant non pas mal pour mal ni même bien pour bien mais en rendant le bien pour le mal, ne peut-on établir un rapport entre le pardon et ce que vous appelez l'« Ange », cette aile dont vous parlez si bien dans votre Poétique du sensible[2] *et qui brise les évidences ordinaires ?*

2. Stanislas Breton, *Poétique du sensible*, Paris, Cerf, 1988.

Il faut que je vous raconte pourquoi. J'avais dix-sept ans, je faisais mon noviciat. C'était ce qu'on appelait la promenade solitaire : pendant une demi-heure en silence, vous vous promeniez dans le jardin. On avait de vastes espaces à ce moment-là, il ne se passait rien, il y avait un soir, un matin, comme dans la Genèse, on n'avait pas de journal, on pensait que le monde tournait, normalement certes, mais que ça se répétait. Et alors un soir j'ai eu une espèce de doute universel, mais vraiment, je me disais : « Tout ça, ça ne tient pas debout, qu'est-ce qui nous dit qu'il y a quelque chose et non pas rien ? »

Et puis, je suis repris par mes scrupules, et je vais me confesser ; je vais voir mon directeur - on nous appelait confrères à ce moment-là puisqu'on n'était pas prêtres - qui me dit : « Confrère, vous êtes un monstre d'orgueil. » C'est vrai que ce jour-là, en dépit de tout, j'ai repris un peu de sérénité : c'était le soir du 24 mars, fête de l'archange Gabriel dans la liturgie, et le lendemain c'est l'Annonciation, et j'ai toujours lié l'archange, l'Annonciation, une certaine genèse du monde, et puis cette espèce de recommencement du monde que j'ai retrouvé à la fin de cette nuit. Et je suis lié à des dates : j'aime les primevères plus que les roses, parce que c'est le printemps. C'est toutes ces liaisons, ces réseaux de correspondances, à la fois ces dates, ces lieux, ces visages et ces questions, qui font un certain enchantement que je n'ai pas perdu, malgré tant de désespoir.

Alors l'Ange, vous voyez comment je le vois ? Je ne veux pas dogmatiquement affirmer qu'il y en a, mais je le conçois comme cette parole dans les interstices de nos misères : peut-être y a-t-il autre chose, peut-être autrement. C'est aussi bête que ça ; aussi bête et précieux. Je suis parti de là.

Vous me demandez s'il y a un rapport entre ça et le pardon ? Je ne le vois pas directement. Je vois davantage l'Ange comme le message et, en même temps, comme cette aile qui frôle perpétuellement et qui ouvre à autre chose que ce qui est là. Mais c'est vrai que le pardon tel que je l'entends, c'est aussi ce qui ouvre à un au-delà du savoir et un au-delà du jugement. En ce sens-là, c'est dire : il y a peut-être autre chose dans cet homme que ce que l'on y voit d'abord. C'est par le « peut-être » que je laisse être dans les interstices de nos misères qu'il y a en ce sens un pardon.

Dans l'expérience que vous venez de décrire, cette nuit de doute, est-ce que le matin après la sortie de cela n'est pas quelque chose comme un pardon ?

Oui, mais je ne l'ai pas vécu directement comme cela. Je me sentais coupable, parce qu'en même temps que ce doute universel j'avais ce scrupule. On nous avait tellement dit que c'était horrible de douter ; vous n'avez pas connu cette époque, mais moi, je l'ai connue. Mon doute était une culpabilité.

Peut-être que, dans cette expérience-là, on ne peut pas séparer le pardon comme être pardonné du pardon comme pardonner au monde.

Oui. Il y a là un phénomène d'oubli : on est passé par là, mais il faut aller au-delà. J'ai vu le monde après comme lavé de cette misère qui m'avait anéanti. C'est en ce sens que j'ai repris par la suite le mot de Descartes : « Le monde est toujours à son commencement. »

Je ne peux pas me détourner de l'idée que ce commencement ou recommencement est une forme de pardon. Une forme plus cosmique que morale.

Oui. Une sorte de baptême du monde, après l'immersion dans la nuit, une émergence...

Et les couleurs sont de nouveau là...

Et les primevères sont là. Mais directement, je n'avais pas pensé à ce que vous me faites dire en ce moment, et c'est un additif dont je vous remercie.

C'est à cause de la poétique du sensible que j'ai senti ça, votre monde est...

Lavé.

Oui. Ce n'est pas forcément un monde aimable, mais c'est un monde aimé. Il y a bien un pardon là-dedans.

Je me souviens, j'avais lu Bérule à ce moment-là, un texte sur Marie, où il disait qu'elle est toute relative à Dieu. Vous savez, dans la tradition catholique, la Madone, c'était lourd de toutes les résonances terriennes que vous pouvez imaginer. Et alors je disais une chose que l'on m'a difficilement pardonnée : au lieu d'insister sur la substance, avec tous ses prédicats, il faut substituer à ce système dont on ne finit jamais, un franc système de la relation, une logique de la relation. Et l'ange est ainsi : toujours plus subtil, toujours moins substantiel, toujours plus mobile : « C'est un transit », qu'il faut désancrer de la substance. Ou bien il faut interpréter la substance comme une demeure : « Où demeures-tu ? » Ma « poétique du sensible » c'est une méditation sur relation et substance : vous avez le transit et la demeure. Il y a tout une petite expérience humaine derrière cela, des choses simples, des dates, des lieux, une épreuve, des doutes, un désespoir, un recommencement du monde et, comme dans le Cantique des cantiques, de simples parfums.

Propos recueillis par Olivier Abel

Car tout est grâce

Jacques Ellul

Le rigorisme éthique de la pensée protestante interdit à l'humanité de rien se pardonner. Car nous avons tout reçu. En Christ le pardon nous libère des lois par lesquelles nous nous justifions, et permet de renouer l'alliance avec le vivant, avec Dieu même.

Nous commencerons par rappeler quelques lieux communs sur le pardon, qui permettent de mieux situer celui-ci dans le monde spirituel et la grande proclamation du pardon en Christ.

• « *Tout comprendre mène à tout pardonner.* » Autrement dit quand quelqu'un fait du mal à d'autres, si on essaie de comprendre pourquoi, dans quelles circonstances, quel fut son passé, quelle est sa situation psychologique et sociale, quel fut son cheminement au cours de sa vie, on aurait une explication raisonnable, compréhensible de son acte, et cela conduirait à pardonner. Encore faut-il que ce soit l'offensé lui-même qui fasse cette démarche de compréhension. Et cela veut déjà signifier qu'il a envers son offenseur une attitude d'ouverture et de non-vengeance. Ce n'est donc pas le fait même de comprendre, mais une ouverture préalable qui dictera la suite. Mais quand on a « tout » compris (et peut-on jamais, en ce qui concerne un homme, *tout* comprendre ?), y aura-t-il un véritable pardon ? Dans la plénitude de ce terme, telle qu'elle se dégagera je l'espère de ces pages, non, ce n'est pas un pardon. C'est une excuse. Et dans les termes juridiques, il y a bien la précision du vocabulaire ; tout comprendre du cheminement d'un meurtrier peut conduire à l'*excuse*, à des circonstances atténuantes, ce n'est en rien un pardon. Le pardon ne suppose pas cette recherche de compréhension, il porte sur une faute, sur une offense qui restent entières, mais qui vont être effacées par l'acte gratuit de l'offensé.

Mais par ailleurs est-il bien exact de dire que, lorsque l'on a compris le cheminement, que l'on s'est mis à la place de l'offenseur, on peut *tout* excuser ? Peut-être, sur le plan d'une relation de personne à personne, en serait-il ainsi. Et de fait l'excuse et bien plus encore le pardon supposent une relation personnelle. Il en est bien différemment lorsque l'on se situe au plan collectif. On peut parfaitement comprendre les origines, les raisons du mouvement nazi (circonstances sociales, économiques, psychologiques), on peut parfaitement comprendre la séduction exercée sur l'immense majorité du peuple allemand qui, grâce au nazisme, va voir disparaître le chômage, finir la crise économique, établir une monnaie saine, retrouver un « honneur » national. Quand on a compris tout cela cependant, cela ne fournit *aucune excuse* pour les atrocités, les tortures, le totalitarisme, les camps de travail et d'extermination. C'est sans excuse. Mais les torturés, les déportés ont pu parfois déclarer leur pardon. Ceci est d'un autre domaine, comporte une autre dimension. Ce n'est pas parce qu'ils avaient compris qu'ils pardonnaient à leurs bourreaux, mais parce qu'ils avaient un autre fondement, spirituel, qui leur permettait de dépasser le Mal par le Bien.

• *« À défaut du pardon, laisse venir l'oubli. »* Quand on ne peut pas pardonner, il faut rompre avec l'offenseur, celui qui nous a fait du mal, et laisser passer le temps. Avec le temps s'éloignent les reproches, les ressentiments, pour entrer dans un passé qui ne nous émeut plus, qui peu à peu va s'effacer, et je vais oublier l'offense en même temps que la personne qui m'a fait du mal.

Ceci est à la fois vrai et faux, car la psychologie des « profondeurs » et plus encore la « psychanalyse » nous rappellent que des blessures oubliées laissent des cicatrices physiques, psychiques, spirituelles, comportementales. L'oubli efface le ressentiment conscient, la colère et la volonté de vengeance, mais ce qui s'est passé n'est pas aboli. J'ai été changé par cette offense et l'oubli le fait disparaître du champ de ma conscience et de ma volonté, non point dans le fond de ma personne. Par ailleurs l'oubli nous oblige, comme nous l'avons vu, à une rupture. Dorénavant je ne veux plus rien savoir de mon offenseur, je ne veux plus le connaître, je l'abolis lui-même par l'oubli. Néanmoins cette formule a un mérite, c'est de placer le pardon à son niveau d'extrême difficulté. Le pardon n'est jamais aisé, le pardon n'est pas bon marché et l'on bute sur sa propre faiblesse. « Je ne peux pas... »

• Ce lieu commun est moins connu que les autres, mais non moins révélateur : Bossuet écrit : *« Le monde pardonne tout quand on réussit. »* Nous y voyons l'expression la plus vile du terme « pardon » (avec même la confusion « pardon-excuse »). Il n'y a plus ici aucun engagement personnel dans le pardon, c'est une attitude commune, banale et collective, la réussite justifie les crimes, et c'est cela qu'on appelle aussi pardon. Or, ceci est très important dans une époque comme la nôtre ! Je parlais plus haut du nazisme. Pourquoi est-il horrible, pourquoi est-il inexcusable ? Mais simplement parce qu'il a été vaincu. Exactement la même chose pour le stalinisme : croyez-vous que ce soit la révolte des consciences, la vertu et la justice qui aient rendu le stalinisme aussi odieux que l'hitlérisme ? Est-ce la vertu triomphante qui a vaincu la dictature communiste et qui a rendu impardonnables et inexcusables ses crimes ? Pas du tout, c'est son échec. Échec dans tous les domaines ; alors l'échec fait que l'on n'excuse plus rien. Mais si Hitler ou Staline avaient réussi, personne ne parlerait de leurs monstruosités, et il n'y aurait pas de pardon, simplement parce qu'« on ne fait pas d'omelette sans casser des œufs ». Le sort des œufs ne nous importe pas, si l'omelette est réussie. Le pardon véritable se situe donc nécessairement en dehors de cette opinion publique et commune, toujours mal formée et aveugle.

• Le lieu commun précédent nous a montré que des lieux communs peuvent être parfaitement justes et éclairer la réalité. Il en est de même de celui que les moralistes formulent en exprimant leur défiance à l'égard du pardon, à savoir que *le pardon nous acquiert une supériorité sur le pardonné.* Celui-ci porte une charge, il est dorénavant l'obligé de celui qui a pardonné. Il est son débiteur, et le pardon place le pardonné dans cette situation d'infériorité à laquelle il ne peut pas échapper. Il ne peut pas régler sa dette. Il est pour toujours « l'offenseur qui avait tort puisqu'il a été pardonné ». Et réciproquement on fait valoir que celui qui pardonne se donne à lui-même une preuve de sa grandeur d'âme, de sa noblesse, il satisfait son orgueil du pardon qu'il a accordé. Le pardon n'est donc pas une action pure et sans tache. Mais cette situation entraîne une extrême difficulté pour une continuation des relations entre ces deux personnes. Le pardon ainsi vécu provoque inévitablement une rupture des relations, il n'y a aucune réconciliation, car il y a entre les deux le double barrage d'un orgueil et d'une rancune. Et ceci servira aussi à préciser ce que peut être un véritable pardon, celui dont parle Jésus-Christ.

Cette simple première vue sur le pardon permet en tout cas de comprendre que, chaque fois que l'on situe le pardon sur un plan purement humain, on bute sur des impossibilités ou on produit des effets pervers. Je crois que dans des relations humaines courantes, personnelles ou collectives le pardon n'existe pas, ne peut pas exister. Il faut une autre dimension, il faut être inséré dans un autre « système de relations ». Lorsque je dis cela, je voudrais en terminant ce point souligner que je ne fais aucune apologétique ! En effet des relations humaines ou une société peuvent parfaitement fonctionner sans pardon. Il suffit le plus souvent d'excuses, de compensations, d'oublis, bien entendu de ruptures de relations... Tout peut parfaitement fonctionner ainsi. Pas besoin de pardon, et de tout ce que la Révélation de Dieu en Jésus-Christ nous enseigne ici. Ce fut une erreur des chrétiens d'humaniser le pardon et de le faire paraître comme nécessaire. Remettons-le à sa place. On peut vivre sans pardon comme sans foi. Mais il vaut mieux ne pas être hypocrite.

*

Ces lieux communs permettent de cerner la question décisive : comment, à quelle condition le pardon peut-il être *en vérité*, pour ne pas être un simple oubli, pour qu'il ne se limite pas à une excuse, qu'il ne provoque pas l'humiliation de l'autre et la bonne conscience de soi, pour enfin qu'il ne provoque pas une sorte de rupture des relations avec l'autre (je te pardonne mais, dorénavant, je ne veux plus te voir...).

Et voici qu'il m'apparaît que ne peut pardonner, sans entrer dans un de ces pièges, que celui qui lui-même a été d'abord pardonné, qui vit d'être pardonné, et qui sait à partir de ce pardon reçu, le sens que peut avoir un véritable pardon. Ce pardon des autres ne peut être que la suite, la conséquence du pardon que j'ai reçu. Voici que, en Jésus-Christ, je reçois un pardon gratuit, un pardon qui ne m'a rien coûté, un pardon auquel je n'avais pas droit. Bien plus, je reçois un pardon non pas seulement pour ce que l'on appelle banalement les « péchés » : lesquels ? les capitaux ? les véniels ? Mais je sais bien que n'importe quelle pénitence ne peut couvrir aucune des fautes que j'ai commises !

Si ces fautes sont contre Dieu (mais, en fait, toutes nos fautes sont contre Dieu !) comment pourrais-je faire, moi, que ce que j'ai fait n'existe plus dans la mémoire de Dieu ? Trop longtemps on a banalement, médiocrement parlé de pénitence pour apaiser le « courroux » de Dieu ! Mais quelle pénitence serait assez haute ? Et le Dieu d'Abraham et de Jésus n'est pas le Dieu de la colère et de la malédiction. Quel profond contresens de toute l'Écriture ! Et si ces fautes sont contre le prochain, comment pourrais-je, par quelle bonne œuvre, effacer le mal que je lui ai fait ! Comment en réalité faire que ce qui a eu lieu n'ait pas eu lieu, que le traumatisme profond que j'ai provoqué n'ait jamais existé ?

Bien évidemment le pardon ne peut être payé, il est essentiellement gratuit, Dieu en Jésus-Christ nous donne son pardon, et si je crois, voici que je me trouve dans la condition de celui qui *est pardonné*. Et certes, à partir de là je me sens obligé, lié à ce Dieu, par ce pardon. Mais non pas humilié, parce que j'apprends à connaître ce Dieu non pas dans sa colère, mais dans son pardon, c'est-à-dire dans « sa colère effacée » ! Qui subsisterait s'il rencontrait Dieu dans sa colère ? Mais précisément ! Personne ne rencontre Dieu dans sa colère. Un seul, et il en est mort. Quand nous rencontrons le Dieu de Jésus-Christ, c'est dans son pardon (image concrète de son amour) que nous le rencontrons. C'est-à-dire quand nous apprenons qu'il nous fallait être pardonné, et dans ce pardon reçu nous apprenons en même temps la profondeur, la dimension, la gravité de la faute que nous avons commise : c'est dans le miroir du pardon que je découvre l'ampleur du mal que j'ai fait, à Dieu et aux autres. Mais ce mal, il est, dès lors, couvert. Et si je l'ai reçu gratuitement, voici qu'il me faut, dès lors, donner moi aussi gratuitement et sans arrière-pensée le pardon à celui qui m'a fait du mal.

Il peut nous arriver de réaliser le mal que nous faisons aux autres. Et si nous le prenons au sérieux, commence pour nous une vie difficile et lourde. Porter le mal que l'on a fait est un terrible fardeau. Combien sont entrés en « déprime », à cause du mal qu'ils ont fait, combien ont redoublé de mal, parce que, à partir du moment où on a commencé à faire du mal, il semble que l'on ne puisse en sortir qu'en faisant plus de mal encore ! Combien ont été réduits au désespoir à la vue du gâchis qu'ils ont provoqué par une seule première mauvaise action. Prendre conscience, en soi, de ce mal est terrible.

Et Kierkegaard[1] a raison (alors qu'il médite sur le « fardeau léger » dont parle Jésus) quand il nous dit que prendre son joug est aisé, son fardeau léger. Ce fardeau ce n'est pas une contrainte morale, ce n'est pas une rigueur, ni une série de devoirs : ce fardeau léger, c'est *seulement* la suite du pardon !

> « Celui qui enlève la conscience du péché et la remplace par la conscience du pardon enlève le lourd fardeau et le remplace par un léger fardeau. »

Mais quel fardeau ? Simplement ne pas oublier que l'on vient d'être pardonné, qu'on le sera demain, que le pardon fonde notre vie, une vie nouvelle. Et ici Kierkegaard nous apporte une remarquable relation entre le pardon et l'oubli :

> « L'esprit superficiel veut que tout soit oublié, *il croit en vain* ! L'esprit pessimiste veut que rien ne soit oublié, *il croit en vain*. Mais celui qui croit[2] croit que tout est oublié mais de telle sorte qu'il porte le léger fardeau : car ne porte-t-il pas le souvenir de son pardon ! L'esprit superficiel veut que ce souvenir même soit oublié, que tout soit pardonné-et-oublié. *Mais la foi dit* : tout est oublié *mais* souviens-toi du pardon. »

Nous, certes, nous pouvons oublier de multiples façons, et combien de fois allons-nous en effet oublier le mal que nous avons

1. Kierkegaard, *L'Évangile des souffrances*, O.C. XIII, p. 240 sq.

2. Sans aucun doute ici Kierkegaard oppose croyance et foi. Il y a la croyance vague et générale, peut-être en un Dieu ou peut-être en n'importe quelle idéologie, et c'est celle aussi bien de l'esprit superficiel que du pessimiste ; et puis la foi en Jésus-Christ, toute différente...

fait, par destruction, par négligence[3]. Et puis j'oublie, comme nous le voyions plus haut, simplement parce que le temps a passé ! Mais la mémoire de Dieu, elle, n'oublie rien ! Et la justice de Dieu ne peut oublier que dans et par le pardon que ce Dieu donne. « Mais alors le croyant ne doit pas non plus oublier, il doit au contraire se *souvenir qu'il est pardonné.* » Quant au pessimiste, il ne veut rien oublier du mal qu'il a fait. Il veut sans cesse continuer à se repentir, il est comme celui dont parle Péguy, passant son temps à remâcher son péché, à le rappeler, à le classer.

> « Vos péchés sont-ils si précieux qu'il faille les cataloguer, et les classer et les enregistrer et les aligner sur des tables de pierre [...] et les supputer et vous les imputer éternellement, et les commémorer avec on ne sait quelle piété[4]... »

Le pessimiste, ou le « scrupuleux », ou le croyant dans le Dieu de colère veut se rappeler sans cesse sa faute - il ne veut pas se souvenir qu'il lui est pardonné ! C'est pourquoi il ne peut pas croire au Dieu de Jésus-Christ. Comme l'écrit Kierkegaard :

> « Mais si, *à partir* du pardon, une vie nouvelle doit jaillir chez le croyant, *le pardon ne peut pas non plus être voué à l'oubli.* [...] Le pardon du Christ est l'éducateur qui n'a pas le cœur de rappeler le passé oublié mais qui en fait pourtant souvenir, en disant : souviens-toi du pardon. Le passé n'est pas oublié purement et simplement, il est oublié dans le pardon. *Chaque fois que tu te souviens du pardon, le passé est oublié, mais quand tu oublies le pardon, alors le passé n'est plus oublié...* »

Il est toujours présent, ce passé. Il est irrémédiable quand tu vis en oubliant ce pardon unique et complet. Et c'est ce que Kierkegaard appelle donc le « fardeau léger » qui est celui dont Jésus nous demande de nous charger : ne pas oublier que je vis sans cesse en tant que pardonné. Et ce pardon de Dieu n'humilie pas l'homme, car Dieu ne pardonne pas comme un président de la République gracie, ou comme Allah qui fait tomber sa « miséri-

3. J'ai étudié cet oubli dans un travail sur notre civilisation comme culture de l'oubli, en particulier par l'excès des informations. Ainsi que par la prise de conscience que je ne suis presque rien dans les événements mondiaux ! Ce que je fais, c'est le cinq milliardième de ce qui se fait ! Quelle est donc ma responsabilité ? Très important en particulier pour l'écologie !).

4. Péguy, *Le Mystère des Saints Innocents*, Œuvres poétiques, La Pléiade, p. 326 sq.

corde » sur des hommes dont le seul devoir essentiel c'est la soumission ; non, le Dieu d'Abraham et de Jésus pardonne en se donnant lui-même. Il pardonne en se mettant au niveau de celui à qui il pardonne, en partageant cette souffrance et en n'accusant plus. Il n'est pas un Au-delà, Éternel et Tout-Puissant (quoiqu'il le soit !) *quand* il pardonne. Celui qui pardonne à ce moment se donne lui-même à celui-là exactement qui a besoin de ce pardon pour continuer à vivre. En pardonnant, il renonce à sa possibilité de justice, à l'exercice de sa toute-puissance, à son exigence d'une rétribution. Il ouvre en vérité à l'homme un nouveau chemin pour vivre.

*

• Mais ce pardon de Dieu concerne quoi donc exactement pour atteindre une telle ampleur ? D'une façon vague nous dirons : le péché, le mal et surtout les fautes *morales*, qui nous sont les plus sensibles. Nous nous accusons de tel mauvais propos, ou d'un adultère... Mais le pardon de Dieu va beaucoup plus loin. Je crois qu'il atteint notre condition d'homme même. Et je l'entends, bibliquement, à trois niveaux. Il y a d'abord la rupture avec le vivant. Si Dieu est « celui qui dit : je suis », il est le vivant, le *Seul* vivant (non pas la Vie, en général, et de façon abstraite). Et rompre avec Dieu, c'est rompre avec le vivant. C'est donc devenir un « être-pour-la-mort ». Ce que l'on a appelé la « chute » (d'une façon un peu infantile), c'est cette rupture-là. Mais rien ne peut dorénavant faire de nous des « êtres-pour-la-vie ». Or, l'être-pour-la-mort vit nécessairement dans la fragilité de son « destin », et dans l'effort éperdu pour s'assurer, quand même et contre tout, la vie[5]. Qu'il n'atteint jamais. Et pourtant c'est sa seule préoccupation essentielle, devenir immortel[6].

Mais qui pourrait rejoindre le Vivant, les « chéroubs » aux épées flamboyantes interdisent cet accès, et cette montée. Folie des mystiques que prétendre « monter » vers Dieu et l'atteindre, que ce soit par l'ascèse, la contemplation, l'usage de drogues, etc. Nul mystique n'atteint le Vivant. Tout le chemin ne peut en réalité être fait

5. L'immense effort scientifique et technique de notre société n'a en définitive qu'un but, c'est assurer la vie, et si possible atteindre à l'immortalité.
6. Voir le livre terrible de Kundera : *L'Immortalité*, 1990, Gallimard.

que par Lui ! Et c'est exactement en cela que consiste d'abord le pardon. L'acte de Dieu qui s'abaisse vers l'homme pour pouvoir le rencontrer : premier acte du pardon. On comprend mieux ainsi ce que j'écrivais plus haut : reprise de contact avec le Vivant, et non pas déclaration solennelle faite du haut d'un trône, fût-il le trône céleste. Une *déclaration* de miséricorde ou de pardon n'a aucune importance s'il n'y a rencontre égale, vivante, de prochain à prochain, entre celui qui pardonne et celui qui est pardonné. Le pardon qui me fait renouer le rapport positif avec le Vivant m'entraîne à apporter la vie à celui qui m'a offensé. La vie c'est-à-dire pour lui la possibilité de commencer une vie neuve non accablée par le souvenir, par le remords peut-être, par un refus de rencontrer sa « victime », celui à qui il a fait tort. Mais cela ne m'est justement possible que si je suis moi-même assuré « sur mes arrières » par celui que j'avais si gravement offensé en rompant avec lui ! Car il n'y a pas de plus grande offense à l'amour que de le mépriser et de se détourner : c'est d'abord de cela que Dieu vient nous pardonner. Nous nous sommes détournés, et Lui, par son pardon, il nous retourne vers le Vivant.

• Ceci nous conduit à considérer un autre « niveau » : l'homme, qui avait été créé par Dieu, était appelé à avoir avec Lui une seule relation, celle de l'amour. Dieu aimait, et pour cela il avait créé qui il pouvait aimer, et il attendait en retour que l'être aimé lui donne son amour. Au lieu de cela, l'être aimé a décidé de s'autoréaliser. Il n'avait besoin de personne, il lui fallait être indépendant, hors de la volonté de Dieu, hors des limites qui étaient les siennes. Il n'avait besoin, lui créature libre, de personne pour se réaliser. Voilà le second aspect du péché fondamental. Se faire soi-même, ne plus être une « créature », mais un sujet indépendant et autosuffisant. L'homme a rejeté l'amour de Dieu, parce que, comme tout amour, celui-ci impliquait un engagement, un respect de la volonté, de l'amour de l'être aimé. L'homme a pris son indépendance au mépris de l'amour. Et voici toute l'histoire humaine engagée dans cette rage d'autoréalisation, sans tenir compte des autres. Et toute l'histoire biblique nous apporte la série des échecs rencontrés par ces hommes. Histoire ? Elle rend effectivement compte de ce qu'a été l'histoire humaine tout au long de nos six ou sept mille ans connus. Mythe ? Il décrit alors de façon décisive et imagée ce qu'est en effet l'être de l'homme décidé à poursuivre par lui-même sa réalisation. Réaliser qui et quoi ? Il ne le sait jamais, il sait seulement qu'il doit écarter les autres de son chemin, les vaincre et les dominer, les transformer en choses ou en serviteurs, de toute façon en vaincus, s'il veut, lui, avoir le champ libre et sa satisfaction. Et considérez la plupart des offenses faites aux autres, elles sont toutes dépendantes d'une volonté d'autodétermination pour se réaliser en dépit des autres, du prochain ou du « tous ».

Mais voici le Dieu qui, sans contraindre et sans effacer l'humain, se met à sa place pour lui pardonner cette offense et il le rejoint dans le malheur de ces échecs successifs. Dieu pardonne, et, une fois de plus, j'apprends au moment où je suis pardonné qui je suis et la gravité de cette propension de mon être à se réaliser au mépris des autres. Alors, me voici, encore lancé dans cette aventure, le vaincu apportant son pardon au vainqueur, la victime donnant son pardon au bourreau. Un *vrai* pardon. Celui qui fait surgir le miroir au visage de l'offenseur, et l'oblige à se regarder. Chacun pensera que c'est faire la part belle à la violence, au triomphe des méchants. Mais jusqu'à quand le méchant triomphera-t-il ? Tant qu'il n'est pas pardonné ! Et je ne reviendrai pas sur ce que j'ai écrit souvent sur la valeur ultime de la non-puissance, qui ne désarme pas forcément dans l'immédiat le bourreau mais qui de façon ultime gagne toujours.

• Et ceci nous fait apparaître le troisième niveau de notre offense à Dieu. L'esprit de puissance. Depuis six ou sept mille ans, l'homme est mû par l'esprit de puissance, c'est-à-dire qu'il veut être égal à Dieu. C'est déjà raconté dans la Genèse - « Vous serez comme des dieux » -, et d'une façon ou d'une autre, par toutes les voies imaginables, l'homme veut en effet être comme Dieu. Mais ceci est *toujours* en même temps l'offense à Dieu, la créature prétendant être égale au créateur, et l'offense aux autres, car cette puissance voulue ne peut se développer qu'en écrasant les autres. Plus l'homme est puissant, plus il détruit les autres. Comme si la puissance volée ne pouvait s'exprimer que par la mort imposée. Mais que Dieu pardonne *aussi* cette entreprise, ce « péché », cette violation me replace dans une situation de nouveauté telle que je n'ai plus besoin de m'affirmer, je ne souhaite plus dominer, je ne peux plus effacer l'autre, parce que je suis devenu cet autre. J'avais une soif inguérissable de *ce* pardon-là que j'ignorais, et ce pardon-là me change dans mes relations à tous les autres, je deviens capable de demander, moi, le pardon du prochain. Je ne puis être maintenant délivré que si le prochain à son tour m'accorde ce que Dieu m'a accordé, à partir d'une relation totalement nouvelle qui a été créée.

C'est dans la conscience que je prends de la véracité de ce pardon que dorénavant je puis à mon tour à la fois pardonner et demander le pardon de celui que j'ai offensé. Car la chaîne des relations humaines est si complexe que jamais le pardon ne peut être unilatéral, il n'y a jamais « moi je pardonne » (ce qui reproduit le schéma critique vu plus haut), mais obligatoirement « moi je demande pardon et je pardonne ». Je crois que c'est le sens de la phrase peut-être obscure de la prière de Jésus : « Pardonne-nous comme nous pardonnons », comme si le fait que je pardonne déterminait Dieu à me pardonner ! On a voulu lire aussi : « dans la même mesure ». Dieu me pardonne de la même façon que je pardonne. Mais ceci se heurte à la double impossibilité : je suis par moi-même incapable de pardon, nous l'avons vu plus haut, je ne peux pas être l'initiateur de la chaîne du pardon. Et de plus le pardon de Dieu ne peut être conditionné par le mien ! En revanche, si cette phrase signifie la réciprocité du chemin : Dieu me pardonne, alors je peux pardonner, et dans cette mesure même je sais que j'ai encore plus besoin du pardon de Dieu, et je lui rappelle le pardon qu'il m'a été donné d'accorder comme attestation du sérieux avec lequel j'ai commencé moi-même à pardonner. Ainsi le pardon de Dieu renoue le lien avec le Vivant, avec la Vie, il me fait vivre, comme disent les Psaumes. Il remplace ma volonté d'autosuffisance par la découverte que j'ai besoin de l'Autre (et d'abord de Dieu !) pour être moi-même. Il remplace l'esprit de puissance par une nouvelle relation de service, et de demandeur du pardon !

*

Mais alors nous découvrons ici deux vérités toutes simples au sujet du pardon : lorsqu'il pardonne, Dieu renonce à sa possibilité de faire justice, et à l'idée de rétribution. De toute façon aucune pénitence, aucune souffrance, aucune peine ne pourrait d'une part être à la mesure du péché de tout homme, d'autre part effacer ce qui a eu lieu. Ceci est fondamental : l'œuvre de Dieu est de faire que l'homme soit pleinement homme tel que Dieu l'a créé dans l'amour. Or, ceci ne peut être atteint par la punition. Celle-ci ne ramène jamais l'homme à l'état antérieur à sa faute. Tout le monde a compris dans le fameux débat sur la peine de mort que mettre à mort l'assassin ne rend pas la vie à la victime. Oui, mais, dira-t-on, il faut punir. Bien entendu, au niveau humain et pour l'ordre social, il faut punir, mais la peine, aussi, redouble ce désordre et crée des hommes plus perturbés encore, nous ne devons pas nous le cacher. La justice de Dieu ne peut en rien être comprise par analogie à ce que nous appelons « justice » (surtout dans le domaine pénal). Elle est même nécessairement l'inverse puisqu'elle rétablit l'humain dans son équilibre et sa plénitude. Dieu renonce à châtier, à punir, à redoubler le mal par un autre mal (certes infligé au coupable) ! Bien entendu, nous pensons à l'encontre à tous les textes prophétiques annonçant les fléaux, les punitions, la colère de Dieu. Exact. Mais d'une part il faut lire ces textes prophétiques de colère *en entier* ; or, ils ne restent jamais clos sur la punition, le fléau, le mal que Dieu va faire : ils s'achèvent *toujours* sur une promesse, une bénédiction, une espérance. Et la grande proclamation « tu n'es pas un Dieu qui garde sa colère à toujours ». En outre, il faut considérer ces textes prophétiques sous un autre aspect, celui que donne par exemple Amos (chapitre IV) où Dieu fait dire à Amos : je vous ai envoyé tel fléau, j'ai provoqué telle catastrophe, « et vous n'êtes pas revenus à moi ».

Autrement dit ces drames ne sont pas d'abord des punitions mais des appels : je châtie pour que vous reveniez à moi et que vous me trouviez de nouveau. Ainsi l'Éternel ne punit pas l'homme. S'il y a eu Peine, elle a été tout entière portée par Dieu même en son Fils, lequel a été fait pour nous *justice*. Et si « justice est faite », alors il ne reste plus que le Pardon. Mais un pardon qui dépasse infiniment tout ce que nous pouvons concevoir. Nous disions plus haut que, pour qu'il y ait un vrai pardon, il faut que celui qui pardonne se place dans une situation de non-puissance (de non-supériorité). Or, ceci est rigoureusement impossible à l'homme. On a depuis quelques années insisté à juste titre sur le fait que la puissance comporte en elle-même une sorte de « loi », à savoir que la puissance ne peut que croître. Sans limite prévisible. Qu'il s'agisse de la puissance politique, ou de celle de la science, ou de celle d'un humain à l'égard d'un autre, la *situation* de puissance *enclenche un processus* de croissance de puissance. Et c'est là que se situe l'impossible pardon. En réalité seule la Toute-Puissance absolue pourrait mettre un terme à cette croissance. Mais aucun système humain n'y accède.

Si bien que nous arrivons à ce paradoxe : seule la *Toute*-Puissance peut limiter sa propre puissance, peut choisir la Non-Puissance et peut accorder un véritable pardon ! Le pardon qui, nous l'avons vu, engendre une supériorité du pardonneur n'est pas le véritable pardon. Pour qu'il y ait un véritable pardon, il faut justement une grande puissance qui renonce à s'exercer. Et le poète a parfaitement vu la limite : « Si l'effort est trop grand pour la faiblesse humaine / de pardonner les maux qui nous viennent d'autrui... » Justement, le pardon suppose une grande force de celui qui pardonne pour ne pas en faire un instrument de domination. La *Faiblesse* (de la puissance !) *humaine* interdit ce pardon. De même que la toute-puissance peut seule arrêter le processus de puissance, de même elle est nécessaire pour que le pardon ait lieu ! Le pardon en effet est le résultat d'une puissance infinie, nous verrons pourquoi, et de plus suppose une force qui dépasse toute offense, mais il s'agit de la Toute-Puissance de l'Amour, car seule la Toute-Puissance de l'Amour peut *vouloir* cette limitation de la Puissance même.

Le rapport entre la Toute-Puissance et le Pardon permet de comprendre une phrase des Psaumes qui peut paraître énigmatique (Ps. **130**, 4) : « Tu pardonnes (ou bien : le pardon se trouve auprès de toi) afin que l'on te craigne. » À première vue, ceci paraît contradictoire ; mais non ! D'abord rappelons que la crainte de l'Éternel n'est pas la peur ni la terreur ! C'est la crainte du fils pour son père, un père bon. C'est la « crainte révérencielle », de respect, d'affection, *de prise de conscience de qui est celui-là.* Chouraqui dira : « Le frémissement de toi. » Dans le pardon reçu, on prend conscience de l'immense pouvoir de celui qui pardonne en vérité, et de son immense compassion (au sens étymologique). Alors, forcément il y a « crainte », quand on a compris, quand on a vécu, de *quoi* il s'agissait dans le pardon, et qui était celui qui pouvait accomplir un tel acte.

Mais cette relation n'est pas achevée : renoncement à la punition. Pardon. Crainte. Il y a là une ouverture d'un chemin nouveau que nous avons à parcourir avec l'autre, comme Dieu le parcourt avec nous. Et dans cette dernière relation ce chemin nouveau s'appelle l'Alliance. Le Pardon se conclut inévitablement dans l'alliance entre le Dieu qui renonce à sa vengeance et l'homme qui, recevant son pardon, craint Dieu. Dorénavant l'homme ne marche plus seul, y compris dans les fautes et agressions qu'il peut encore commettre contre Dieu. Il y a une relation *première* de pardon : mais il faut que nous *sachions* ce que nous avons réellement fait : c'est pourquoi il nous est souvent dit : « Je mettrai tes fautes devant tes yeux. » Seule peine. Suffisante. Nécessaire pour la prise de conscience dont nous parlions plus haut. Mais cette alliance créée par Dieu est irréductible, à cause de la fidélité de Dieu. Elle a pour point de départ l'alliance, les alliances successives fondées toutes sur le Pardon, et l'ultime alliance où Dieu devient homme pour attester à tous que dorénavant Dieu est indissolublement lié à l'homme, et que tout mal que fait l'homme est subi par Dieu même.

*

Et nous pouvons alors repenser le pardon de l'homme à l'homme. Celui qui est ainsi pardonné va trouver la véracité du pardon d'autrui dans la conscience même qu'il a de son pardon. Il apprend quelle en est la dimension, mais aussi, nous le verrons, le renouvellement, et *la suite*. Car le « suivi » du pardon est au moins aussi important que le pardon même. Celui-ci ne peut plus être, ce qu'il est trop souvent (je pense à des relations conjugales ou parentales !) et que j'ai résumé d'une façon un peu brutale « je te pardonne, et maintenant je ne veux plus te voir ». Celui qui est pardonné par Dieu sait qu'il est entré dans une alliance, et c'est à partir de là qu'il doit mener sa vie. Or, en premier lieu, à la mesure du pardon qui lui est fait, il apprend et sait dorénavant qu'il ne peut pas lui-même être un juste juge. Il est incapable d'être juste par lui-même, et donc d'être juge de l'autre. Il a été offensé, oui. Mais la seule réaction humaine à l'offense, c'est la vengeance et non pas la recherche du bien de l'offenseur, car c'est de cela qu'il s'agit dans le Pardon ! Il ne faut pas se scandaliser de la vengeance, elle est l'expression la plus directe de l'homme offensé. Et tout ce que nous avons observé depuis 1945 en face des « crimes de guerre » ou des « crimes contre l'humanité » relève de la vengeance, même quand il y a les apparences de procédure et de législation.

De même, dans cet ordre de drames, je me rappelle une pieuse organisation allemande qui, en 1947, avait recueilli beaucoup d'argent, et offrait de le donner pour que l'on pardonne les crimes de son pays. Il lui fut répondu que le pardon qui avait été donné par Dieu était gratuit, et que nous à notre tour, nous ne pouvions donner qu'un pardon gratuit. Nous ne sommes jamais de justes juges, car le seul juge a renoncé à l'être, sa justice étant exprimée par le pardon. Mais nous l'avons dit, être pardonné est une situation que nous avons à revivre constamment, et tel est le « fardeau léger », le seul prix ! Le seul prix est ceci : Dieu dans son pardon efface notre transgression Lui, il oublie, il *peut* oublier (Seigneur veuille ne plus te souvenir de mon péché) car dorénavant il ne saura plus de nous qu'une chose, c'est qu'en son Fils nous sommes pardonnés.

Et nous, nous n'avons à nous rappeler ni l'offense commise ni l'offense reçue, seulement nous ne devons pas oublier que nous sommes pardonnés : le seul prix qui nous soit demandé. N'oublie pas ce pardon, ni toi qui es l'offenseur dorénavant pardonné, ni toi qui es l'offensé qui doit te rappeler que ton offenseur est pardonné ! Et c'est pourquoi Jésus rappelle la démesure du pardon. Quand Pierre vient demander à Jésus combien de fois il doit pardonner à son frère qui pèche contre lui : « Sera-ce jusqu'à sept fois ? » Jésus lui répond : « Je ne te dis pas jusqu'à sept fois, mais soixante-dix-sept fois ! » (Mat. **18**, 21-22), signifiant par là l'incommensurabilité entre le pardon donné par Dieu et celui que nous avons à porter à notre frère, et puis la démesure du pardon, démesure qui dépasse tout ce que je pourrais faire, mais dont je ne prends pas souvent conscience ! Quoique je puisse pardonner à mon offenseur, je ne serai jamais « en règle » avec Celui que j'ai offensé, et je ne serai jamais quitte du souvenir du pardon qui m'est accordé.

*

J'ai dit plus haut l'opposition entre le pardon et l'oubli, et l'effet pervers de l'oubli ! Mais quand le pardon devient possible parce que je suis pardonné, et que le pardon prend les dimensions de celui qui m'est accordé, alors il y a, vraiment, moins oubli qu'effacement de l'offense. Et cet « oubli » (si on peut dire, plutôt : ce « non-ressouvenir ») ne peut avoir lieu en vérité qu'*après le pardon*, et non point du tout à la place d'un pardon, l'oubli par lui-même ne change rien et conduit à une cassure. Le pardon est exactement l'inverse. Car cet effacement de l'offense introduit une relation neuve, une relation qui renouvelle l'ancienne, mais qui sera dorénavant intacte et sans autre racine que ce pardon, où nul ne se souvient ni d'avoir été offensé ni d'être l'obligé. Le pardon nous libère effectivement du passé. C'est pourquoi il se situe bien au-delà de tout ce que les psychanalystes peuvent faire, il est à l'origine d'un commencement, où tout est nouveau. Me dira-t-on que le mal est seulement enfoui plus profondément, caché, mais pire encore ? Ce serait ne rien comprendre à la puissance du pardon, qui est à la mesure du sacrifice de Jésus-Christ. Encore faut-il le croire ! Mais celui qui reçoit ce pardon de la part de celui qui croit en ce Jésus-Christ qui donne sa vie pour le pardon est déjà engagé dans la voie de cette foi. Et il sait bien que ce qu'il a entendu et reçu est d'une qualité différente de tout ce qu'il avait entendu jusque-là.

Libéré du passé, c'est-à-dire non seulement du souvenir de la faute, mais encore des conséquences de cette faute, des remous qu'elle a pu provoquer, des ruptures et des jugements, des rancœurs et des rancunes, des obsessions et des insomnies... Parce qu'il s'est passé un événement qui dépasse ce que nous avons pu dire jusqu'ici. Lorsque l'offensé (qui se souvient avoir été un offenseur, mais pardonné) en vient à pardonner à son offenseur, il fait bien plus que d'accorder un vrai pardon. Voici qu'il met Dieu même en mouvement ! Mais oui ! Le second commandement, *semblable au premier*, m'ordonne d'aimer mon prochain comme moi-même. Et d'autre part, dans les crimes commis par l'homme contre l'homme, toute l'Écriture nous répète : « C'est Moi que vous avez offensé. » Moi, Dieu. Tout crime contre l'homme est crime contre Dieu, la transgression du second commandement est transgression du premier. Et voici que, lorsque l'offensé (qui se souvient d'être un « pardonné ») vient à pardonner le mal qui lui a été fait, il provoque Dieu à pardonner, puisque cette fois c'est l'homme qui a pardonné le premier, et a effacé la faute contre le second commandement, donc aussi contre le premier ! Quelle dimension décisive prend alors le pardon dans notre vie, dans notre relation, dans tout le complexe des relations humaines !

Il me reste un dernier mot à ajouter : ce pardon, qui, nous l'avons vu, est à l'origine d'une relation nouvelle (par conséquent exclut la rupture de relation, au contraire, quand on a pardonné, parce que l'on se souvient... il faut vouloir recréer la relation et introduire la dimension de l'amour, sans vainqueur ni vaincu), entraîne à sa suite une authentique réconciliation. Sans arrière-pensée, sans prix. La Réconciliation ? Justement ce que Dieu accomplit en Jésus-Christ pour tous les hommes. « Soyez réconciliés », exactement *ainsi* : par le pardon partagé. Et considérons l'ampleur de cette réconciliation : elle est une paix *accomplie* entre deux hommes. Car le pardon de Dieu, nous l'avons vu, s'accomplit dans l'Alliance. Et le pardon de l'homme a exactement la même fin. Et comme l'alliance, le pardon ouvre devant les deux un avenir, et un chemin libre. Alors que la colère et la vengeance ferment tout avenir. Mais s'il en est ainsi, celui qui pardonne doit recevoir pour lui la Béatitude : « Heureux ceux qui procurent la paix car ils seront appelés fils de Dieu. » L'œuvre majeure du Fils a bien été en effet d'établir la paix entre son Père et les hommes, et de nous réconcilier. L'acte du pardon nous fait entrer dans la Béatitude du Fils. Et ceci dépasse de très loin toutes les exhortations morales ou les considérations psychologiques. En fait, le pardon nous associe à Dieu même en vue de l'établissement du Royaume de Dieu. Mais sans aucun mérite pour cette gloire, et dans le secret, l'humilité, la joie.

Jacques Ellul

L'acte de mémoire

Armand Abecassis

L'oubli, « une forme de la mort ou de la vieillesse qui s'insinue dans la vie. Or l'homme est mémoire qui se dresse contre le temps, contre le refroidissement et contre l'indifférence ». Armand Abecassis, témoin de la pensée juive, place le pardon à la hauteur de l'impardonnable.

« Pardon, je ne recommencerai plus. » Telle est la demande formulée par l'enfant coupable devant son père. Elle contient déjà toutes les conditions du pardon ainsi que sa compréhension. Et tout d'abord la demande expressément formulée. Je ne peux pardonner si on ne me le demande pas, car c'est par là seulement que je m'assure de la conscience malheureuse du coupable. Pour qu'il y ait pardon, il faut qu'il y ait eu faute. L'enfant sait qu'il n'a pas fait ce qu'il devait faire ou qu'il a fait ce qu'il ne devait pas faire. Il a mis en question l'ordre éthique. Le remords l'envahit et il vient reconnaître devant ses parents qu'il a mal agi ; il dit : « Pardon. »

Cette attitude implique un fait accompli, un événement qui a marqué l'histoire de l'enfant ; celui-ci cherche à s'en libérer en l'assumant tout d'abord et en s'en reconnaissant l'auteur. Cette première remarque n'est pas innocente : nous pensons en effet à la reconnaissance par l'Allemagne et par l'humanité tout entière de l'impensable tourmente hitlérienne condensée dans ce mot inhumain et désespérant : Auschwitz. Les tentatives inquiétantes de minimiser qualitativement et quantitativement le génocide accompli par les nazis, l'absence de demande de pardon aux juifs, l'interminable élaboration d'une théologie chrétienne de la Choah, l'antisémitisme actuel de ceux qui sont en train de découvrir la liberté et la démocratie, la croix et le couvent plantés sur les lieux mêmes du crime accompli contre les juifs ne nous semblent pas rendre possible le pardon que ceux-ci devraient accorder aux nations. La première manière de dissoudre l'exigence de pardon consiste à montrer qu'il n'y a pas eu faute ou que celle-ci n'est pas aussi grave qu'on le pense.

D'autre part, dire « pardon, je ne recommencerai plus » c'est également dire que la faute n'est pas essentielle, immanente, naturelle à l'enfant. C'est dire que, dans la même situation de faute, celui-ci ne recommencera pas de la faire. En d'autres termes, l'acte répréhensible est le résultat de la libre décision du coupable. Si la relation des parents à l'enfant est telle que, de par sa nature même, elle provoque, de manière déterminée et nécessaire, la réaction de l'enfant, on ne peut parler de faute ni de remords, mais seulement de regret, comme on peut regretter qu'il pleuve ou qu'il fasse froid. De même, si la personnalité de l'enfant est telle que son comportement se déduit, à son insu et malgré ses illusions de liberté, de manière nécessaire, de sa nature, on ne peut pas non plus parler de faute. Les notions de pardon, de remords, de repentir, de faute et de sanction n'ont de sens que dans une vision éthique du monde fondée sur la liberté et sur la responsabilité. Demander pardon à celui que l'on a offensé, humilié, opprimé ou gazé, c'est d'une part reconnaître que le crime est un crime, c'est-à-dire accompli librement et avec préméditation, conscience, réflexion et décision. C'est affirmer d'autre part que, fruit de la liberté, il n'est pas la conséquence nécessaire de la nature des choses. Il en résulte désormais que, chaque fois que l'enfant se trouvera devant son père, dans la même situation que celle où l'acte coupable fut commis, il ne le produira plus. Il propose à son père de bien examiner ses conduites futures et d'apercevoir qu'il ne refait plus la faute. Il lui dit : « Pardon, je ne recommencerai plus. » Et cet engagement de l'enfant devant son père signifie vigilance, éveil, lutte permanente, critique et lucidité dans l'histoire.

Peut-on dire aujourd'hui que l'Allemagne en particulier, ou la Pologne, ou en général les nations européennes sont assurées de « ne plus recommencer » ? Font-elles la chasse aux causes qui ont rendu possible Auschwitz ? Sont-elles lucides sur les origines du racisme et de l'antisémitisme ? Sont-elles vigilantes à l'égard des conditions sociales, politiques et religieuses qui facilitent l'exercice de la haine et de la violence contre les juifs ? Pourquoi, pourquoi cette haine du juif pendant deux mille ans en Occident chrétien ? Le peuple juif a beaucoup à pardonner depuis trois millénaires et plus, aux Assyriens, aux Babyloniens, aux Grecs, aux Romains, aux chrétiens, et à l'Europe du XXe siècle, laïque et démocratique. Avant de se présenter comme une notion philosophique ou théologique, le pardon est une exigence historique, urgente et indubitable. Il s'exprime aujourd'hui ainsi : le peuple juif peut-il pardonner à l'Église et à l'Allemagne nazie ? Plus radicalement : doit-il leur pardonner ?

Nous venons de dire que cela suppose la reconnaissance de leur faute comme faute, comme un acte libre et calculé en premier lieu ; qu'elles se préparent à formuler leur demande, en second lieu, car c'est ainsi seulement qu'elles s'engagent à débarrasser leur politique et leur théologie de leurs racines racistes et antijuives. Ces trois conditions sont rigoureusement traduites dans l'énoncé pourtant enfantin « pardon, je ne recommencerai plus ». Mais cet engagement suffit-il ? Ne sommes-nous pas, dans le cas de l'Allemagne nazie et des complicités ou des silences qu'elle rencontra entre 1933 et 1945, dans le monde civilisé et christianisé, devant l'impardonnable ? Peut-on tout pardonner ? Doit-on tout pardonner ?

La première question est une question humaine ; elle relève des possibilités et des capacités de l'homme : peut-il pardonner ? Puis-je à jamais ne plus tenir compte des drames de l'histoire ? Puis-je agir comme si les violences des impérialismes grecs et romains, les croisades et les bûchers, l'Inquisition, les guerres de religion, les colonialismes, les champs d'extermination nazis n'avaient jamais existé ? Certes, le temps a des effets bénéfiques également ; plus on s'éloigne de ces événements proprement insupportables et indignes de l'espèce humaine, plus la vie devient supportable et même légère à porter. L'usure du temps, l'oubli, la loi de la vie même rendent bienheureux les oublieux, car il faut continuer à vivre après Auschwitz. On se rend malade à ressasser quotidiennement et à rappeler aux autres et à soi-même le crime. On finit par les ennuyer et par les empêcher de vivre. L'homme du ressentiment et de la rancune est toujours malade et il finit par irriter dangereusement son entourage. Taisez-vous, les juifs ! Oubliez la tourmente nazie !

C'est du passé, un passé très malheureux, mais dépassé. Vivez dans le présent, ouvrez-vous à l'avenir ! Renouez vos relations car il faut bien continuer à vivre ! Taisez-vous, les arabes ! Oubliez tout le passé, les Noirs ! Laissez-vous vivre ! Laissez le temps faire son œuvre ! Sur le plan juridique, d'ailleurs, l'usure du temps et l'oubli sont reconnus comme condition du renouvellement des relations intersubjectives et internationales. Après deux ou trois décennies, la prescription interdit à quiconque de continuer ses poursuites et ses sanctions. On efface tout et on recommence. Tout doit donc être pardonné, car celui qui pardonne va dans le sens de l'histoire, tandis que le rancunier bloque l'avenir parce qu'il est happé par son passé.

Prêtons attention un moment à cette argumentation qui repose sur une confusion entre ce qui est et ce qui doit être. Prêcher l'oubli et l'effacement définitif d'un événement de la mémoire sous prétexte que la loi de la vie est l'oubli, c'est prendre pour loi de sa conduite l'ordre de la nature. Ce n'est pas parce que l'histoire est ainsi orientée qu'il faut aller dans son sens. L'éthique est transcendante au réel et à l'histoire. En enseignant que Dieu créa le monde, le récit biblique ne dit-il pas d'abord que la valeur précède le réel auquel elle doit s'imposer ? Croire que Dieu organisa l'univers en sept jours, c'est penser que l'impératif moral doit réagir à ce qui est et y réaliser un projet éthique extérieur à la loi naturelle. Il s'agit ici de valeurs et de volonté morale de l'homme juste décidé à substituer à la force des choses un autre ordre, par exemple à défendre le faible contre le puissant. Être moral, c'est se préparer à lutter contre ce qui est — le rapport de forces — et non à recevoir de lui un impératif quelconque. Ce n'est donc pas parce que j'oublie que j'ai raison d'oublier. La justice, l'égalité, le droit, le respect de l'homme ne sont pas sous la dépendance du temps. Un crime reste un crime quel que soit l'affaiblissement du souvenir que l'on en garde. Ce n'est pas parce qu'on oublie l'offense qu'elle perd son caractère d'offense. Pardonner n'est donc pas oublier, et oublier n'est pas pardonner.

Au contraire, le pardon véritable implique la mémoire, et de manière double. Tout d'abord, si, chaque fois que l'offensé rencontre l'offenseur, il oublie qu'il en fut humilié, il ne peut lui pardonner puisqu'il ne se souvient plus de l'offense. Le pardon véritable est un acte positif, grâce auquel la victime se souvient du crime et décide pourtant de ne pas en tenir compte dans ses relations avec le coupable. Il faut se souvenir de la faute pour la pardonner et pour la transcender. Si on l'oublie, on ne peut la pardonner réellement.

Ensuite, la mémoire sur laquelle se fonde le pardon n'est pas seulement celle de la faute, mais également celle de la fidélité. L'oubli est un fait évident. L'évidence du souvenir est-elle moindre ? Le temps est oubli mais il est aussi mémoire et attachement au passé. Le philosophe peut-il réfléchir sans se référer à l'œuvre grecque, à l'Académie platonicienne, au lycée aristotélicien, au portique stoïcien, au Jardin d'Épicure ? Le chrétien peut-il donner sens à sa vie sans relire et étudier le chemin de la Passion, le miracle de Bethléem, le Discours sur la montagne et la résurrection du Crucifié ? Un juif peut-il rester juif sans le récit quotidien de la sortie d'Égypte ou de l'installation en Terre promise ? Le temps est aussi mémoire, lutte contre l'oubli et contre la mort. Il y a des réalités dont l'homme doit se souvenir pour vivre et pour donner sens à sa destinée.

Tels sont évidemment les événements importants de sa vie ou de la communauté dont il fait partie. Telles sont aussi et surtout les réalités invisibles qui contribuent à le rendre un peu plus homme chaque jour dans la mesure où il s'en souvient : la justice, la liberté, la responsabilité, l'égalité, l'amour. Il est commode de vivre d'instant en instant, sans souvenir et sans projet, sans regret et sans attente, sans remords et sans espérance. On se fatigue de tout, de lutter pour le bien, de résister à la tentation, et d'aimer. On se fatigue même de haïr et de réclamer le châtiment de la faute ou tout simplement le jugement du criminel. Mais c'est là une forme de la mort ou de la vieillesse qui s'insinue dans la vie. Or, l'homme est mémoire qui se dresse contre le temps, contre le refroidissement et contre l'indifférence.

Pardonner n'est pas oublier : c'est au contraire se souvenir du crime et de ceux qui sont morts de la mort inventée par l'homme, des criminels et de l'ordre éthique remis en question par eux. Et c'est pourtant, au cœur même de cette mémoire, ne pas en tenir compte dans la relation au criminel. Comment est-ce possible ? Si le pardon est un acte du sujet sur lui-même, sur sa relation au criminel et sur la faute qui marque pour toujours sa mémoire, quel est le contenu de cet acte ?

Les stoïciens annulaient l'offense par l'insensibilité de l'offensé. Auguste, chez Corneille, devait rester insensible ; par sa grandeur d'âme, par la maîtrise qu'il avait de lui-même, par sa noblesse, il n'a pas été touché par l'humiliation ni par la conspiration fomentée contre lui par ses meilleurs amis. Il s'interpelle lui-même par le nom qu'il portait autrefois - Octave - synonyme de son passé sanglant :

« Rentre en toi-même, Octave, et cesse de te plaindre.
« Quoi ! Tu veux qu'on t'épargne et n'as rien épargné[1]. »

Comme il dira plus tard à Maxime :

« Je suis maître de moi comme de l'univers.
« Je le suis, je veux l'être. Ô siècles, ô mémoire,
« Conservez à jamais ma dernière victoire[2] ! »

Mais si le crime reconnu comme crime ne touche pas profondément la victime jusqu'à marquer définitivement son être et son histoire, si l'innocent demeure extérieur, on peut tout au plus parler de sa grandeur d'âme. Mais sa clémence n'est pas pardon. Par son insensibilité en effet, il a rendu le pardon inutile. Deux millénaires d'histoire juive dans des pays où le christianisme régnait en maître sur les esprits, sur les âmes et sur les corps ont profondément marqué l'âme juive. Comment comprendre autrement la psychologie, les discours, les représentations et, il faut le dire, le mépris courant que les juifs ont à l'égard de certaines utilisations des Évangiles, de la Passion et de la Croix ? Comment donc leur demander de respecter une Croix qu'on leur présentait à reconnaître alors qu'ils étaient ligotés sur le bûcher qui les transformait en fumée et en cendres ? De fait, la conscience religieuse de la plupart des juifs occidentaux est marquée par les souffrances subies à cause de l'Église. Les plus grands maîtres juifs ont péri dans les flammes avec leur famille et leur bibliothèque : nous ne pouvons pas aujourd'hui rester indifférents quand nous apprenons ces atrocités perpétuées au nom du Dieu d'amour.

Le pardon n'a de sens, en effet, qu'à la mesure de la souffrance. Il a pour condition une relation personnelle et profonde entre le pardonneur et le pardonné, grâce à laquelle ils se communiquent

1. *Cinna*, acte V, scène 2, vers 1130-1131.
2. *Ibid.*, acte V, scène 3, vers 1696-1698.

l'un à l'autre l'étendue du désastre et l'ampleur de la souffrance. L'offenseur ne peut jamais imaginer ni connaître précisément les conséquences de son offense sur l'offensé et sur son entourage, sur son présent et sur son avenir. Il n'y a pas mort seulement par les armes ; il y a des gestes et des mots qui tuent. Seule la victime peut dire à l'assassin les significations concrètes, incontrôlables, et les traumatismes entraînés par son comportement et par ses discours dans l'histoire. Les juifs doivent de même parler de la Choah, l'écrire, la filmer, l'enseigner et en transmettre les significations de génération en génération, non par névrose, rancune ou ressentiment, mais parce qu'ils savent que la condition du pardon est la mémoire de la faute, et qu'il ne peut être efficace que par la conscience claire des conséquences inhumaines et incroyables du crime sur l'être de la victime et du coupable.

Donnons-en un exemple : on devine aisément qu'une catastrophe comme Auschwitz bouleverse complètement les relations du croyant juif à son Dieu. Certains continuent à questionner la Choah en se demandant ce qu'a bien pu faire le peuple juif pour « mériter » une telle sanction ! Si telle était la question véritable, Dieu serait le diable ! Peut-on en effet imaginer une telle « sanction » pour une faute aussi grave soit-elle, si on n'a pas une âme diabolique ? D'autre part, quelle que soit la nature de la faute commise par la victime, la disproportion entre elle et la sanction est tellement démesurée et injuste que seul le diable est capable de telles estimations, s'il existe. La question pour d'autres s'énonce différemment ; ils se demandent plus simplement ce que faisait Dieu en 1933-1945. Ils relisent les déclarations bibliques sur l'amour de Dieu pour Yisra'el et sur l'élection qu'il en fit à la sortie d'Égypte. La Choah est-elle donc l'expression de cet amour divin ? Certes, qui aime bien châtie bien à la mesure de sa déception et de son amour inconditionnel ; mais jusqu'à quelle limite ? Il faut craindre de franchir les limites de la pathologie mentale quand on laisse son psychisme dériver de la sorte, car alors la dérive devient délire. Et puis, si tel était le cas, on serait plus prudent et plus réaliste, plus intelligent et plus efficace, en quittant le judaïsme et en demandant à Dieu d'aller aimer et élire un autre peuple. À moins de penser que tout ce cauchemar signifie non le silence de Dieu, injuste et insupportable, mais son absence et son inexistence. Auschwitz serait la preuve décisive de l'absurdité radicale du monde et de la méchanceté essentielle des hommes. C'est l'Ecclésiaste qui serait ici notre maître, et non pas Moïse ou Jésus :

« Vanité des vanités, dit Qohélet,
Vanité des vanités,
Tout est vanité[3]. »

D'autres, enfin, pensent que la Choah n'est pas le silence de Dieu, qu'il existe ou non, mais le silence de l'homme. La catastrophe arrivée à ce point jamais dépassé et indépassable est la preuve de la liberté humaine, réelle, concrète, infinie et affirmée envers et contre tout, même contre Dieu. Le crime nazi est un crime pensé, délibéré, calculé, planifié et froidement exécuté ; il témoigne de la liberté humaine en chacun des points de son élaboration et de son exécution. Les Allemands et les nations sont coupables, entièrement coupables, sans aucune circonstance atténuante. Six millions de juifs ont disparu en fumée et en cendres, parce qu'ils étaient juifs. Des Arméniens disparaissent du monde parce qu'ils sont arméniens. Des Noirs souffrent de la manière la plus dégradante pour un être humain, parce qu'ils sont noirs. Des Arabes, dans les pays arabes même et en Occident, sont méprisés parce qu'ils sont arabes. Des Israéliens ne trouvent pas la paix depuis 1948 parce qu'ils sont israéliens et qu'on cherche à les jeter dans la mer.

Tel est le message incarné dans l'enfer d'Auschwitz par le peuple juif. Le monde n'a pas été éduqué à assumer la différence. L'homme est angoissé par la relation d'altérité. Libre, il peut y réagir jusqu'à effacer autrui de l'existence et un peuple de la carte. Comme le crime est vraiment un crime, il est impardonnable. Comme il est perpétré volontairement et librement, il est donc justifié et fondé dans l'âme et dans l'esprit du criminel. Celui-ci le referait s'il en avait la possibilité puisqu'il l'a librement commis et de manière réfléchie.

Mais une cité peut-elle se constituer sur ce principe de l'impardonnable ? L'histoire peut-elle se poursuivre si on ne pardonne pas ? Comment, alors, pardonner l'impardonnable ? L'histoire de la philosophie a retenu une dernière solution à cette aporie. On pourrait dire par exemple que les nazis ne savaient pas ce qu'ils faisaient. Ils étaient libres certes, mais ils se sont trompés. Ils ne

3. L'Ecclésiaste, 1, 2.

savaient pas, ils manquaient de connaissance et d'information. Ils ont sincèrement cru ce qu'on leur racontait. La Choah serait donc une épouvantable méprise. Ce fut une faute parce que ce fut une erreur, et tout le monde peut se tromper. En d'autres termes, ils sont excusables. « Mon Dieu, pardonnez-leur car ils ne savent pas ce qu'ils font. » On ne niera pas que c'est là une théorie valable pour certains Allemands engagés dans le parti nazi à partir de 1933. Mais on prendra garde à ne pas en faire une vision générale de l'univers de la faute.

Socrate, l'intellectuel, le pensait quand il disait « nul n'est méchant volontairement », réduisant ainsi la défaillance de l'acte à un défaut de raisonnement. Il ne croyait pas à la méchanceté mais à l'étourdissement du coupable et à son caractère superficiel. Il dirait peut-être aujourd'hui que le nazi était plus bête que méchant. Il en donnerait pour preuve les qualités familiales de ceux qui envoyaient dans les camps de l'enfer des familles entières en les sélectionnant pour le travail, pour la mort, pour les expériences médicales et pour la sexualité des soldats. Les nazis étaient, paraît-il, de très bons pères de famille, de très bons époux, d'excellents citoyens, et de très bons maîtres de leurs chiens et de leurs chats. Socrate ajouterait encore qu'ils ne relèvent pas de la prison mais de l'école et de l'enseignement qui leur montre comment penser justement.

Il nous faut donc connaître ces criminels et, pénétrant leur système de pensée et leur psychologie, comprendre à quel point ils se sont trompés sans s'en apercevoir en prenant l'erreur pour la vérité et donc le mal pour le bien. Le pécheur en réalité prendrait le mal pour le bien, c'est pourquoi il commet l'irréparable. Le mal est conséquence de son ignorance. S'il voyait, par son savoir, où est le bien réellement, il y courrait car il n'est pas méchant. Le méchant serait celui qui connaîtrait le mal en tant que tel, par son savoir et par sa lucidité, et qui le commettrait parce que c'est le mal. Peut-on réellement imaginer un tel homme, à moins qu'il ne soit malade ? Non ! L'homme aime le bien et veut le bien. Comment se fait-il alors qu'aimant le bien il fasse le mal ? Seule l'ignorance nous fournirait la solution de l'énigme. C'est ce que nous appelons, en philosophie, l'optimisme de l'intellectualisme socratique. Il repose sur la bonne intention de l'agent moral qui est toujours animé par le désir du bien. Le nazi, par exemple, voulait le bien de l'humanité, le bien de sa patrie, le bien de sa race, le bien de l'Occident. Il croyait sincèrement aux promesses des tortionnaires et de leurs chefs. Il faut l'excuser : il a des circonstances atténuantes.

Mais si le crime est nul et non avenu, s'il est donc excusable, il ne relève pas du pardon. Si la faute n'est pas une faute ni une méchanceté, mais une erreur, une bonne intention dans l'ignorance de son étourdissement, elle est compréhensible et donc excusable. Elle ne relève donc pas du pardonnable et de l'impardonnable. Le pardon s'adresse à la méchanceté en tant que telle, à ce qu'aucune circonstance atténuante - maladie ou ignorance - ne peut excuser. Le pardon est une catégorie pour le criminel, pour celui qui a commis un crime en tant que crime et parce qu'il est un crime. Nous découvrons ici une notion extra-juridique et peut-être extra-éthique, à moins qu'elle ne soit inscrite au fondement même de l'univers des valeurs morales.

En effet, il y a trois attitudes possibles à l'égard du mal. Le mal que nous appellerons le mal d'absurde dont personne n'est l'auteur. L'être est imparfait. Le monde est dans le risque éternel de subir ce qu'on appelle les catastrophes naturelles. Des tremblements de terre, des tempêtes, des raz de marée, des épidémies, des chaleurs excessives ou des froids soudains peuvent réduire à néant tous les projets humains. Des déviations dans les processus biologiques, indépendantes de toute volonté, condamnent des parents innocents à une vie d'esclavage par rapport à leur rejeton. La souffrance, la maladie, la mort imprévisible sont autant de maux inscrits dans l'être de la créature. Nul n'en est coupable. Les religieux ont fort à faire avec cette question du mal radical et absurde car ils affirment que Dieu a créé le monde et l'a déclaré sept fois bon, dans le premier chapitre de la Bible. Si le Créateur est déclaré aussi bon et plein d'amour par ses créatures, pourquoi les avoir taillées dans une matière à ce point imparfaite ?

De ce mal radical, l'homme ne peut qu'avoir du regret, comme on regrette qu'il pleuve ou qu'il tonne. Cependant, il peut, pêcheur en eau trouble, ajouter à ce mal d'absurde un mal de scandale. Tentable, il se laisse tenter ; être capable de mensonge, il se laisse aller à mentir ; capable de tuer, il profite des processus biologiques et de leurs lois pour faire couler le sang. En ce cas, le remords remplace le regret, et l'homme découvre sa liberté dans le mal.

Pourtant, fauter et avoir du remords, savoir que l'acte commis est répréhensible et en souffrir, c'est relever encore de l'univers éthique. C'est être immoral, et donc en puissance de repentir qui consiste à découvrir désormais sa liberté dans le bien. Il vaut mieux être immoral qu'amoral par conséquent.

Or, dans la troisième catégorie des rapports avec le mal, l'homme fait ce qu'il ne faut pas faire, mais dans l'indifférence totale à l'égard du bien ou du mal. Ce n'est pas à dire qu'il n'ait cure de ces polarités, mais il s'affirme en contradicteur systématique de la conscience éthique. Il cherche à aller au-delà du bien et du mal, à vivre dans un univers où l'humanité s'est enfin libérée de la servitude à la loi morale.

L'intellectualisme socratique ne laisse pas de place à cette troisième attitude devant le mal. Socrate ne connaît pas non plus, dans la seconde théorie, l'homme qui fait le mal en sachant que c'est mal. Il réduit celui-ci à l'ignorance. Mais nous savons que la faute par méchanceté existe ; elle s'appelle *crime*. Nous savons également que la méchanceté porte désormais un nom quand elle se fait génocide : *Auschwitz*. On ne peut imaginer, ni accepter, que ceux qui ont gazé et brûlé six millions de juifs ne savaient pas ce qu'ils faisaient ni que ce qu'ils faisaient était le crime le plus abominable que l'histoire puisse porter.

Ainsi, je sais que le crime est un crime. Je sais que je dois m'en souvenir éternellement. Je sais que le criminel était libre et réfléchi. Je lui rappellerai toujours le crime et ses conséquences sur ma vie et sur mon histoire, mais aussi sur sa propre histoire et sur celle de l'humanité. Je me trouve toujours devant l'impardonnable qui ne relève en aucune façon de l'excusable. C'est alors seulement que le pardon rencontre son objet : à littéralement parler, on ne pardonne que l'impardonnable. On pardonne parce que justement c'est impardonnable et que seul le pardon permet de relancer l'histoire et de reconstruire le monde malgré la catastrophe.

Mais alors quel est le fondement du pardon ? Celui-ci est un acte positif : ce n'est pas un oubli. Son contenu n'est point l'excuse socratique ni l'insensibilité stoïcienne. Sur quoi repose-t-il ? Pourquoi pardonnons-nous ? Il faut répondre : pour rien. Quand le crime est un crime, seul le pardon est efficace. Le pardon est en dehors de la sphère du juridique. Il relève d'un monde de la relation qui ne tombe pas sous les sens, qui ne rapporte rien à ses participants, qui est même utopique quand on le compare au monde de la réalité quotidienne ; il est, comme nous disons, métaphysique ; d'autres l'appellent religieux. Ce monde est celui que la Bible fait reposer sur le simple principe de l'amour du prochain comme soi-même et qui va au-delà de la loi et de la justice quand, bien sûr, la loi et la justice sont enfin respectées.

Il en va du pardon comme de l'amour adulte : pourquoi aimez-vous ? La Bible ordonne aux juifs : « Aimez ceux qui vous ont haïs » « Aimez vos ennemis. » Il faut leur pardonner quand ils le demandent et quand ils promettent sérieusement et activement que « plus jamais cela ne se reproduira », car le seul remède au mal est le pardon. Je pardonne au coupable parce qu'il est coupable mais je n'aime pas le coupable en lui-même ni la culpabilité : ce serait de la perversité. Je ne peux pardonner que l'impardonnable, par amour du bien. C'est la meilleure leçon que le prophète Jonas reçoit de Dieu qui l'envoie à Ninive pour appeler ses habitants au repentir et donc au pardon. Nous savons que Jonas refuse.

Ninive, la capitale assyrienne, est près de la moderne Mossoul, en Irak. L'Assyrie a fait disparaître en – 722 les dix tribus du royaume du Nord, c'est-à-dire les cinq sixièmes du peuple hébreu. Sa capitale est connue dans la Bible comme la cité du mal et de la violence absolue, du paganisme, de l'injustice et de la force aveugle[4]. Quand, en – 612, elle tomba sous les coups des Babyloniens, la joie des Judéens de Jérusalem fut à son comble. Mais l'auteur du livre de Jonas propose une autre solution que le châtiment de Ninive pour ses exactions et pour ce que l'on peut appeler, déjà, la solution finale. Il imagine une conversion de Dieu lui-même et des Hébreux : Jonas se rendra à Ninive pour demander aux Assyriens leur repentir, car Dieu est père de tous les hommes, et même des méchants.

La réaction du prophète est aisée à deviner : il n'en est pas question ! Dire aux nations leur méchanceté et leur crime afin qu'elles se repentent et qu'elles obtiennent le pardon ? Non ! Il y a des pardons impossibles. On ne peut tout pardonner. On ne doit pas tout pardonner. Il y a l'impardonnable : la disparition des dix tribus israélites du royaume de Samarie en – 722 ! Contrairement à Abraham, à Mocheh, à tous les autres prophètes qui discutaient

4. Nahum, 3, 1-7.

avec Dieu pour le faire changer d'avis, Jonas écoute l'ordre de Dieu :

> « Lève-toi ! Va à Ninive la grande ville et profère contre elle cet oracle : la méchanceté de ses habitants est montée jusqu'à moi[5] ! »

Il ne discute pas et ne dit mot : il écoute, comprend le scandale, se tait et agit pour dire à Dieu sa révolte légitime ; il va exactement à l'opposé de Ninive. Au lieu d'aller à l'est, il se dirige vers la Méditerranée, à l'ouest. Il se lève « pour fuir », dit le texte, il « descend » à Jaffa, il paie sa place, il « descend » dans le bateau alors que la méchanceté de Ninive « monte » jusqu'à Dieu. Il s'éloigne de la Terre sainte et de la « face de Dieu » parce qu'il trouve insupportable la demande divine de pardonner à la nation la plus cruelle envers Yisra'el. Bien plus, le bateau sur lequel se trouve Jonas menace de se briser à cause de la tempête. Des innocents vont se noyer. Les marins, païens certes, sont religieux et prient « chacun son Dieu » pour leur salut. Ils jettent par-dessus bord tous les objets pour sauver les hommes.

Que fait Jonas ? Il ne se sent pas solidaire d'eux. Il ne prie même pas son Dieu, « maître du ciel et de la terre ». Il « descend » même au fond du navire, se couche et « descend » dans le sommeil profond. Les nations ont aussi laissé commettre l'impardonnable par l'Assyrie, soit par leur silence soit même en y aidant un peu, satisfaites enfin de trouver un peuple qui a le courage de faire aux Hébreux ce qu'elles auraient voulu leur faire elles-mêmes. Quand la crise menace ces nations, le juif n'a rien à y faire ! Qu'il fuie, pense Jonas, et qu'il laisse la tempête les emporter. Certes, mais voilà que, parmi les nations, il y a des hommes profondément religieux, profondément moraux et profondément solidaires des Hébreux. Le capitaine du bateau, par exemple. Il réveille en effet Jonas, et lui demande de prier également son Dieu personnel. Mais la tempête ne s'arrête pas.

Les marins font alors leur enquête et ils découvrent que les dieux ont provoqué la catastrophe maritime à cause de Jonas, l'Hébreu qui n'a pas le courage de sa vocation. Jonas n'a pas honte d'être hébreu ; au contraire, il refuse que la mission du judaïsme dans le monde atteigne l'extrême limite de l'insupportable : pardonner

5. Jonas, 1, 2.

aux nazis pour avoir fait disparaître six millions de fois un homme. Les marins lui disent, eux les meilleurs parmi les hommes :

> « ''Qu'allons-nous faire pour que la mer taise sa colère contre nous ?'' » [...] Il leur répond : « ''Hissez-moi et lancez-moi à la mer, et la mer taira sa colère contre vous car je sais que c'est à cause de moi que cette grande tempête est contre vous''[6]. »

L'histoire n'avancera pas, le temps s'arrêtera, les nations iront de tempête en tempête, tant que les juifs n'accorderont pas aux nations et à leurs justes le pardon pour l'impensable, pour l'inimaginable, pour le crime, pour la méchanceté, pour l'impardonnable. Le pardon sincère libère le criminel pour une autre vie et pour une autre destinée, et il est impossible de ne pas le lui accorder. Il faut que la vie recommence et se renouvelle dans la réparation constante de ce qui fut détruit. Autrement, le criminel risque de se retourner de nouveau contre la victime incapable de pardonner, imagine-t-il, par ressentiment, par rancune ou par esprit de vengeance.

Jonas propose aux marins de l'aider à « descendre » encore plus profondément que Jaffa, le navire, la cale et le sommeil, en le jetant à l'eau. Mais les marins sont les justes des nations : ils ne maudissent pas le prophète. Au contraire, ils trouvent criminel de se débarrasser de leur Hébreu en le précipitant dans la mer. Ils rament alors pour revenir sur la terre ferme : ils veulent échapper à la catastrophe et ils désirent sauver leur Hébreu également, car il occupe le même bateau qu'eux. N'y arrivant pas, ils s'adressent eux-mêmes au Dieu de Yisra'el.

> « ''Ah ! Yhwh ! Ne nous fais pas périr à cause de cet homme et ne nous charge pas d'un sang innocent''[7]. »

Ils finissent par se débarrasser de Jonas, avec mauvaise conscience, car ils ne peuvent lutter contre Dieu lui-même qui est à l'origine de toute cette aventure. Ils sacrifient un animal, « demandent pardon » et « font des vœux ». Jonas est obstiné et désobéissant : il ne veut pas pardonner, car il trouve injuste et révoltant de pardonner aux assassins. Pourtant, Yhwh, le Dieu de Yisra'el, sauve

6. *Ibid.*, **1**, 11-12.
7. *Ibid*, **1**, 14.

les marins parce qu'ils gardent leur conscience éthique et le sentiment de leur responsabilité dans l'histoire.

Pendant ce temps, Jonas ne finit pas de « descendre » et de fuir devant l'obligation du pardon de l'impardonnable. Il arrive au fond de la mer, et « descend » encore dans le ventre du monstre marin transformé stupidement en baleine dans la culture occidentale. Nous sommes ici devant un schéma inverse de la sortie d'Égypte. Les Égyptiens, en effet, sont noyés, et Yisra'el sauvé. Au contraire, Jonas l'Hébreu est submergé par l'eau, et ce sont les justes païens qui traversent la mer calmée. Le poisson, obéissant à Yhwh, rejette Jonas qui se retrouve à son point de départ avec, de nouveau, l'ordre divin :

> « "Lève-toi ! Va à Ninive la grande ville"[8]... »

Le prophète obtempère : l'éthique est exigeante, la valeur morale ne lâche pas pour toujours l'être humain qui y a été sensible une fois, le désir du bien est plus fort que l'obligation de la justice et des droits de l'homme, et la rencontre avec ces réalités invisibles, surnaturelles et transcendantes, que sont la responsabilité, le sens de la vie, l'amour et la dignité humaine, est sans repentance. Dès que Jonas ouvre la bouche pour dire :

> « "Encore quarante jours et Ninive sera mise sens dessus dessous"[9] »,

les Ninivites se repentent et demandent pardon. C'est le roi de la capitale de la méchanceté qui prend lui-même la direction des opérations à coups de décrets : il ordonne à ses sujets pénitences, jeûnes, deuil, prières, réformes morales, justice, égalité et fraternité. Et tout s'achève alors sur le pardon divin. Le Dieu de Yisra'el pardonne aux Assyriens qui ont assassiné les cinq sixièmes du peuple hébreu ! Cette compassion de Yhwh pousse enfin Jonas à lui dire fermement ce qu'il pense de lui en tant que survivant des camps assyriens. Il a des plaintes à formuler :

> « "Ah ! Yhwh ! N'est-ce point précisément ce que je disais quand j'étais sur ma terre ? Voilà pourquoi je me suis empressé de fuir. [...] Je sais bien que tu es un Dieu bienveillant et miséricordieux, lent à la colère, plein de fidélité, et tu reviens sur ta décision ! À présent,

8. *Ibid.*, 3, 2.
9. *Ibid.*, 3, 4.

je t'en prie Yhwh, retire-moi la vie car mieux vaut ma mort que ma vie''[10]. »

Jonas sait l'originalité paradoxale de l'Absolu biblique : Yhwh. Il sait la caractéristique du projet divin dont le peuple juif a la charge : Yhwh est saint ; il punit car il est juste. Mais il est aussi et surtout miséricordieux : il pardonne l'impardonnable ! Il a créé une catégorie extra-juridique qu'il a placée au principe même de l'histoire et de la société : le pardon. Il a besoin de cette catégorie pour mener à bien son projet de paix et d'amour pour tous les hommes, parce que ceux-ci sécrètent de l'impardonnable. Quand les hommes sont capables de produire des Assyriens, des Romains, des croisés, des inquisiteurs, des Ferdinand et des Isabelle « la très catholique », des cosaques et des nazis, l'histoire ne peut se renouveler que si les victimes juives ou, plus exactement, les descendants de ces victimes leur accordent leur pardon, injuste, révoltant et inadmissible. À l'impensable et à l'indicible de la catastrophe et de la Choah, il faut répondre par la catégorie divine, indicible et impensable, du pardon.

Nous avons dit plus haut les conditions du pardon qui reste en lui-même gratuité et amour. Telle est la condition inhumaine de l'histoire humaine. Quand le criminel a réparé, jeûné, pris le deuil, prié, et s'est engagé dans la voie des réformes et de la vigilance à l'égard des racines du crime, il a droit au pardon.

Jonas refuse de toute son âme : il préfère mourir qu'être l'instrument du pardon des criminels. Que Yhwh de bonté et d'amour leur pardonne, là-haut dans le ciel, c'est son affaire ! Mais il ne le fera pas sur la terre par la bouche des juifs, ni par leur conduite. Les juifs survivants des camps et leurs enfants, joints aux enfants de ceux qui sont morts dans la tourmente anti-juive et anti-Yisra'el, ne veulent pas être complices d'une action révoltante et inadmissible jugée divine par Dieu lui-même. L'irréparable est impensable, et l'impensable est impardonnable. C'est alors Yhwh que le peuple juif remet en question par la bouche de Jonas. La colère de la victime face à l'amour de son Dieu pour le criminel : tel est le combat qui ravage l'âme du prophète.

Jonas proclame le projet de Dieu. Il quitte rapidement Ninive et s'abrite sous un toit de feuillage en attendant de voir ce qui

10. *Ibid.*, 4, 2-3.

résulte du pardon. Il espère que, selon la justice, l'histoire donne tort à Dieu et lui montre que le pardon, loin de permettre la vie, la détruit au contraire. Mais un ricin pousse soudain au-dessus de sa tête et étend sur lui son ombre. Jonas est heureux d'éviter ainsi la chaleur du soleil. Malheureusement, un ver attaque le ricin et le dessèche. Un vent violent et brûlant souffle, et le soleil se fait pesant sur la tête du prophète. La souffrance physique associée à la souffrance morale le replonge dans le désespoir et il en appelle une seconde fois à la mort. L'histoire des criminels et la mort du ricin montrent, elles deux, que le mal est radical et que la vie, en ces conditions, ne vaut pas la peine d'être vécue. Dieu questionne alors l'Hébreu du fond de son malheur :

> « "As-tu raison de te fâcher à cause du ricin ?" Jonas lui répond : "Oui, j'ai raison de me fâcher à mort"[11]. »

Comment ne pas s'attacher à Jonas ? Comment ne pas lui accorder toute la tendresse qu'il mérite ? Comment rester indifférent à sa situation ? Oui, il a raison de se révolter. Il a raison de faire remarquer à Dieu la présence du mal radical dans le monde (le ricin) et donc l'absurdité de ce monde. Il a encore raison de dire à Dieu que ce mal d'absurde est à l'origine aussi du mal de scandale, ajouté au monde par le criminel. À ce dernier, Dieu ne trouve d'autre remède que le pardon. Mais c'est trop facile ! On tue, on déporte, on opprime, on brûle, on gaze, on viole, on utilise les déportés comme cobayes, puis on regrette, on est pris de remords, on se repent, on promet de ne plus recommencer, on repart et tout reprend comme si rien ne s'était passé. Qui ne voit que c'est là non le projet de Dieu, mais celui de la stupidité absolue. C'est quand Jonas en arrive à ce point de la révolte légitime qu'il entend la parole éternelle de la Bible :

> « "Toi, tu as pitié de ce ricin pour lequel tu n'as pas peiné et que tu n'as pas fait croître : il fut le produit d'une nuit ; âgé d'une nuit, il disparut."[12] »

Dieu respecte la souffrance de Jonas pour la plante née et morte sans avoir eu le temps d'accomplir sa fonction, à cause d'un ver qui l'a rongée. La sensibilité du prophète, la finesse de son intel-

11. *Ibid.*, **4**, 9.
12. *Ibid.*, **4**, 10.

ligence, la délicatesse de sa personnalité lui font percevoir dans le ricin toute la souffrance cosmique. Il souffre, pourrait-on dire, avec le ricin et pour le ricin qui ne lui a rien coûté pourtant, et qui a eu une courte période de vie. Ne devrait-il pas, dans son sentiment d'injustice, souffrir encore plus de la mort des hommes qui sont sur terre depuis très longtemps ? Si on refuse le pardon, on arrête leur histoire. La vie est toujours préférable à la mort, surtout après la repentance des Ninivites conduite par leur roi lui-même. Dieu est Dieu précisément parce qu'il dicte une loi de vie et de conversion de l'homme au bien. Dieu ne veut pas la mort de l'assassin mais sa repentance et donc son pardon accordé par la victime pour qu'il puisse ressusciter et revenir dans la patrie humaine après son forfait.

La communauté exposée à des forces persécutrices et cruelles a le droit - comme Jonas - de se révolter contre ce principe de l'histoire. Elle ne peut oublier ses oppressions, ses déportations, ses expulsions et ses exterminations. Mais pardonner n'est pas oublier. Elle ne peut comprendre pourquoi elle est exposée à ces souffrances et refuse de les expliquer et de leur trouver une raison. Mais personne ne lui demande d'expliquer la Choah et d'excuser les nazis.

Pardonner n'est pas excuser. L'horreur nazie est un crime ; c'est le comble de la méchanceté, de la faute réfléchie et organisée. Personne ne peut reprocher à la communauté juive de considérer la Choah comme un crime et donc comme impardonnable. Il faut, en dernier lieu, traverser l'ultime épreuve et comprendre qu'on ne peut pardonner que l'impardonnable, et qu'il s'agit de pardonner le crime parce que c'est un crime. La communauté juive peut-elle comprendre et imaginer que le Dieu qui l'a chargée d'une mission au sein des peuples est le même que celui qui, aujourd'hui, lui demande de pardonner à ses bourreaux ? Et gratuitement, par amour ?

Il faut lui donner le temps. Cinquante années ne suffisent pas. Elle se souvient aussi que son Dieu d'amour est un Dieu de justice et de la loi. Elle ne voit pas quand ni où les nations demandent pardon, prient et font la chasse au racisme et à l'antisémitisme, ces choses les plus abjectes qu'une conscience et qu'un cœur humain puissent produire. Bien au contraire, la communauté juive ne peut et ne doit pas encore pardonner devant la recrudescence du racisme et de l'antisémitisme explicités aujourd'hui par la plume, par l'image et par les discours officiels des rois de Ninive. Il se trouve que parfois ces rois sont religieux également : cela donne le carmel à Auschwitz et la béatification et la canonisation de certains hommes et de certaines femmes qu'on aurait dû laisser dans l'ombre pour la paix universelle et pour le respect et la fraternité entre les juifs et les chrétiens.

Grand est l'enseignement de la liturgie juive qui oblige à lire le livre de Jonas à la quatrième des cinq prières du jour de Kippour. C'est après avoir demandé pardon à Dieu pendant trois longues prières de la journée que le croyant juif, le jour de Kippour, lit ce livre pour apprendre à pardonner à son tour l'impardonnable. Que le jour de Kippour soit la commémoration suprême de toutes les fêtes juives, même du jour du Chabbat, signifie que le pardon est condition fondamentale du calendrier et donc de l'histoire. Que le jour de Kippour soit encore le temps du face à face avec Dieu signifie que le pardon est la médiation première avec l'Absolu. Il est en effet l'acte d'amour qui permet à autrui de reprendre sa responsabilité et sa dignité dans l'histoire. Il est affirmation d'autrui comme un être capable toujours de reconquérir son image divine. Il est reconnaissance d'autrui comme liberté toujours vierge d'entrer dans l'alliance avec le bien. Il est vie et résurrection.

Armand Abecassis

3. *Impasses et passages*

Il y a un endroit où les morales, aussi bavardes ou cohérentes soient-elles, se brisent ou se taisent. Cette frontière, ce sont les situations d'existence où la question se pose, brutalement, simplement : des situations où le pardon fait sens, ou problème. Des situations où l'on ne sait pas ce qu'on ferait, où l'on se découvre autre que ce que l'on croit. Voici quatre témoignages. La rencontre entre une Arménienne et un Turc, l'appel d'un grand pianiste argentin torturé, le récit d'un fils de la Résistance, la conversation entre des enfants de parents séparés.

Le différend

Entretien avec Haldun Bayri et Anahide Ter Minassian

Demande de reconnaissance, mémoire nécessaire d'une part, effacement du passé, amnésie d'autre part. S'il est impossible à tout peuple de pardonner et de demander pardon, Arméniens et Turcs peuvent-ils laisser surgir une autre parole, difficile réconciliation pour « briser la fatalité du sang » ? Un dialogue éthique qui constitue un événement.

Haldun Bayri. - Je n'ai rien de prêt dans ma tête.

Anahide Ter Minassian. - Moi non plus ; je ne sais pas ce qui sortira de ce dialogue.

Olivier Abel. - *Je vous propose de travailler en deux temps, ou entre deux pôles : parler d'abord le plus librement possible du « différend » lui-même, tel qu'il se présente aujourd'hui, soixante-quinze ans après les événements, pour la jeune génération turque et pour celle des Arméniens qui vivent cette mémoire comme un exil.*
Ce que je vous demanderai ici c'est de ne vous censurer ni dans vos sentiments éventuellement antagonistes, ni par rapport à vos communautés respectives, au cas au contraire où vous vous risqueriez au-delà des positions « officielles ». Il me semble que cette liberté d'explorer le dicible fait partie de la règle du jeu.
Puis, dans un deuxième temps, je vous propose de revenir sur le débat éthique à propos du pardon, de ses règles et de ses conditions : y a-t-il des culpabilités collectives, héréditaires ? Peut-il y avoir un pardon (et une demande de pardon) collectif ? Est-il possible d'énoncer le différend, c'est-à-dire de l'énoncer en termes qui soient « audibles » par tous, qui ne fassent pas «tort » aux uns et aux autres ? Quel rapport la mémoire

du « tort » entretient-elle avec l'identité, et le refus de pardonner ou de demander pardon est-il un refus de modifier cette identité ? Etc.
Il s'agit ici de trouver l'espace d'un débat éthique loyal, où l'on ne refuse pas au partenaire des arguments que l'on utilise soi-même. En ce sens, un vrai débat éthique est toujours aussi un peu une fiction, un appel à l'imagination : je vous demanderai de suspendre autant que possible la question de savoir quel est votre rôle dans la distribution historique réelle. Il faudrait tenter de parler comme des citoyens du monde.

A.T.M. - Si on y arrive. Mais y arrivera-t-on ?

O.A. - Essayons. Par rapport à la véhémence de ce différend aujourd'hui, ne peut-on dire que cette véhémence peut aussi conduire demain à de nouvelles tragédies, et que nous sommes ainsi placés en situation de responsabilité ? Et pour jeter de l'huile sur le feu, peut-on dire que le différend arméno-turc sur la question du génocide et des massacres est aussi, aujourd'hui, en dernière analyse, un différend entre chrétienté et islam ?

A.T.M. - Le problème du génocide, qui est aussi le problème de la relation avec les Turcs, obsède aujourd'hui toutes les communautés arméniennes. Aussi bien les communautés de la diaspora que celle de l'Arménie soviétique, puisque, le 23 août 1990, en proclamant la souveraineté de l'Arménie, les dirigeants de cette République ont inscrit dans cette proclamation une référence précise au génocide, et se sont engagés à poursuivre la lutte pour sa reconnaissance.
Quant à la diaspora, elle est formée de communautés fort différentes les unes des autres, car installées depuis soixante-dix ans dans des pays divers tant par les régimes économiques et politiques que par les contextes culturels. Il suffit de citer le Proche-Orient, le monde soviétique, les pays de l'Europe occidentale, l'Argentine, l'Australie ou les États-Unis, pour comprendre qu'il existe des sensibilités différentes dans les communautés arméniennes. Mais dans ce pluralisme des sensibilités on constate un point commun : la mémoire du génocide. C'est autour de la revendication de la « reconnaissance du génocide » par la Turquie et par les instances internationales que se réalise le consensus : un consensus bien évidemment dirigé contre la Turquie.
Sur cette base-là, que dire de la dimension religieuse de l'affron-

tement ? Tous les Arméniens savent que les massacres et les déportations, entre disons 1915 et 1922, avaient des causes politiques : la Première Guerre mondiale, le développement du mouvement national turc, l'obsession sécuritaire du gouvernement ottoman, etc. Le résultat en est que l'Arménie historique, c'est-à-dire une bonne partie de l'Est anatolien, est actuellement vide de population arménienne, sauf d'un nombre inconnu de descendants des survivants turquifiés ou kurdifiés mais qui ont perdu toute identité arménienne : le résultat politique, c'est d'abord un problème de démographie nationale.

Néanmoins la perception la plus courante que les Arméniens ont de ce passé, c'est celle d'un calvaire : ils l'appellent le « Golgotha arménien ». Ils l'ont vécu et ils l'interprètent comme une persécution religieuse. Pourquoi ? Parce que, en dehors des motifs politiques, les victimes étaient chrétiennes, fidèles de l'Église arménienne apostolique pour la plupart, mais aussi protestantes ou catholiques, et les « bourreaux », les « persécuteurs » étaient musulmans, et même souvent des kurdes manipulés par le pouvoir « jeune turc ».

Et cette perception religieuse d'événements politiques, on la retrouve aujourd'hui au sujet de l'exode - des départs forcés et de la grande retraite - des chrétiens du Proche-Orient. La déportation arménienne inaugure et préfigure les exils à venir : les communautés chrétiennes d'Orient vieilles de deux mille ans ne sont-elles pas depuis quelques décennies peu à peu rejetées à la mer ?

H.B. - Historiquement, à l'époque ottomane, on sent périodiquement la pression de l'islam, la pression des oulémas sur la gestion de l'État ottoman. Mais en 1915, la décadence, la décomposition de l'Empire est tellement avancée que les motifs des conflits sont d'abord nationalistes ; même si des haines religieuses ont pu être utilisées par l'État.

Quant à la perception de ce passé aujourd'hui, c'est l'effacement. De manière générale d'ailleurs, la création de l'État national a effacé beaucoup de choses, en ce qui concerne la réalité du passé ottoman, et en ce qui concerne la diversité réelle des populations dans la Turquie d'aujourd'hui. Il s'agissait d'homogénéiser la population, de produire une nation. Comme la France jacobine, l'État kémaliste a construit une histoire officielle, reproduite par les écoles. Et il ne faut pas oublier qu'un Turc d'aujourd'hui, à cause

de la réforme linguistique de 1928, ne sait pas lire la tombe de son grand-père !
Au début des années 80, à la différence de ce qui s'est produit en Europe, les attentats de l'Asala, mis en page par les médias turcs, n'ont pas tellement servi à faire surgir ce passé enfoui, mais à resserrer les liens de la nation, et à justifier l'État militaire. Et c'est ce que j'éprouve souvent, comme Turc : on ne parvient pas à faire sortir en Turquie les vraies questions et les vrais débats, parce que la population est maintenue dans le sentiment d'un complot international contre la Turquie.
Ainsi, au-delà d'un petit groupe d'intellectuels qui s'intéresse à l'histoire et l'interroge autrement, le peuple turc n'a aucune mémoire de ce passé, et n'a même aucune place pour une mémoire de cela.

A.T.M. - La situation est assez claire. D'un côté, il y a un peuple qui demande justice, et qui clame, dans une vision assez idéalisée des relations internationales, que celles-ci ne sauraient être établies sur des bases saines tant que cet événement qui les obsède - ce droit à la mémoire - ne sera pas reconnu ! De l'autre, il y a une ignorance totale de la réalité du passé, un effacement de la mémoire dû à une véritable « démémorisation » entreprise par l'État kémaliste.

H.B. - C'est une constatation générale : un effacement qui était peut-être vital alors, pour la construction d'une nation qui était, sinon, rayée de la carte, mais dont nous portons aujourd'hui le traumatisme.

O.A. - En cherchant un interlocuteur turc pour ce débat, j'ai eu les plus grandes difficultés : même si cérébralement mes interlocuteurs successifs voulaient bien examiner cette question, et s'ils y étaient aptes, aucun n'était prêt à le faire. Comme si l'effacement était encore « actif », agissant. Et il m'a semblé que c'était une affaire de génération. Comme si votre génération, pour laquelle ce passé est effacé, avait inversé la démarche ; peut-être parce que votre génération se réveille sans mémoire, et ayant souffert de tous ces effacements.

H.B. - Je ne sais pas. Mais pour ma part je ne peux pas, je ne veux pas discuter en reprenant les vieux rôles d'un débat officiel où je ne me reconnais pas : vous avez fait ceci, nous avons fait cela, etc. C'est un discours que je ne peux pas tenir.

O.A. - *Anahide, ce que vous avez dit me laisse aussi une question qui touche au pardon : si le génocide et la mémoire du génocide structurent le lien social qui fait de la diaspora arménienne une communauté, à la limite, le pardon n'est-il pas perçu comme une menace de dissolution pour ce lien ?*

A.T.M. - En tout cas, dès que l'on touche à cette question, on a affaire à quelque chose qui dépasse la simple joute des thèses politiques ; encore que déjà le terme de « thèse », qui supporte la comparaison et la discussion avec d'autres thèses, soit souvent mal admis par les Arméniens. Pour eux leur discours est en adéquation avec la vérité.

Mais quand des enfants d'Arméniens nés à Paris, de parents eux-mêmes nés à Paris, parlent du génocide, sans nier l'influence d'une pédagogie qui peut aller jusqu'à la propagande pratiquée dans certains milieux scolaires, religieux ou politiques, cela tient à la façon dont les familles ont transmis une certaine chose qui ne se réduit pas à la mémoire de l'événement. Quand on perd un être cher, il faut, nous disent les psychanalystes, que le « travail du deuil se fasse », faute de quoi on est guetté par la folie.

Dans le cas d'un meurtre collectif, ce qu'il y a de terrifiant c'est que le travail du deuil ne peut pas se faire : il est devenu impossible. Ainsi, les Arméniens n'ont pas pu « enterrer » leurs morts, et cela dans les deux sens du terme. D'abord très concrètement. Une scène revient comme un leitmotiv dans tous les récits de déportation. Parce qu'il faut marcher, avancer, on est dans l'obligation d'abandonner le moribond ou le mort. On ne peut pas enterrer sa mère, sa sœur, son père. Leurs corps restent sans sépulture ou sont dévorés par les bêtes de proie.

Cette « déshumanisation » a laissé un grand sentiment de culpabilité chez tous les survivants.

Et puis le travail du deuil ne s'est pas fait, parce que ceux qui ont vécu ces événements ne les ont pas acceptés, n'ont pas accepté de les avoir vécus. C'est cela qui a été transmis, l'inacceptable. C'est autour de cela que s'est construite l'identité arménienne, surtout dans la diaspora. « Cela », plus que la mémoire historique des événements ! D'ailleurs, les Arméniens ne connaissent pas plus leur histoire que les Turcs ! D'autant que, depuis soixante-dix ans, l'histoire des Arméniens est sous haute surveillance tant en Turquie qu'en URSS, où se trouvent la plupart des archives et des témoignages archéologiques. Ce sont ces modes de transmission d'une mémoire familiale qui expliquent qu'un jeune Arménien de Los Angeles pourra évoquer son histoire en termes d'« écorché ». Comme on l'a dit, la reconnaissance du génocide serait « une sépulture pour les morts » (Henri Verneuil). Le travail du deuil pourrait alors commencer. La délivrance, après l'horreur, pourrait se faire.

H.B. - Je voudrais dire que, du côté de ceux, Turcs ou autres, qui vivent aujourd'hui en Turquie, on éprouve très fort aussi, toute proportion gardée, quelque chose comme un deuil. Un exemple : quand on pense à Istanbul, à ce qu'était cette ville (avec ses communautés arménienne, grecque, juive, et toutes les autres, issues du monde ottoman) vraiment cosmopolite, où les langues et les cultures se mélangeaient, et quand on regarde aujourd'hui une Istanbul où des populations anatoliennes encore diverses viennent s'acculturer, s'homogénéiser, on comprend ce que l'on a perdu. On pourrait dire que toutes ces populations se sont « turquifiées » mais il ne s'agit même pas vraiment de cela, sinon cette manière vaguement turque de déguiser une homogénéisation mondiale. On comprend donc que l'on a perdu quelque chose, mais on ne peut pas savoir quoi, on ne peut pas le mesurer.

O.A. - Ce qui me frappe dans ce que vous avez dit l'un et l'autre, c'est le sentiment que l'identité arménienne est organisée autour d'une mémoire du génocide (mémoire identitaire et non mémoire historique), et le sentiment que l'identité turque est plutôt fondée sur une amnésie.

H.B. - En effet, et la contre-preuve de cela, c'est précisément le retour de l'islam, qui essaye de reconquérir l'école contre le laïcisme de l'histoire et de l'idéologie kémalistes, et qui marque une recherche de tradition. Il s'agit de puiser dans une mémoire renouvelée de quoi affronter le présent du monde et son avenir (les bouleversements techniques, etc). Évidemment, là aussi il y a un ennemi, qui est l'Occident.

A.T.M. - Ce rejet de l'Occident est d'autant plus compréhensible que la construction de la « nation » turque par le kémalisme, après 1923, s'est faite sur un programme d'occidentalisation, alors que le seul véritable point commun de tous les « Turcs » de Turquie, dans la mesure où les minorités non musulmanes — les Grecs, les Arméniens, les Assyro-Chaldéens, les Juifs — furent presque toutes laissées, ou rejetées, hors des « frontières nationales », est l'islam.

O.A. - Ne pourrait-on pas imaginer une réconciliation des Arméniens et des Turcs sur le dos des Occidentaux ? Je ne dis pas cela à la légère : on peut dire qu'il y a une responsabilité des Occidentaux dans la chose qui nous occupe. Même s'il n'y a pas un vécu individuel derrière.
Car les nations européennes, dans leur rapport à l'Empire ottoman, ont allumé et attisé, mais aussi temporisé et manipulé, des foyers de nationalisme (grec, bulgare, arménien, arabe, etc.), et finalement aussi le nationalisme turc. Ce fut un biais usuel de la colonisation. Et le génocide ne devient une stratégie possible qu'à l'âge des États-nations, qui gèrent les populations. Enfin, dans toute cette histoire, les chrétiens orientaux ont pu se sentir utilisés puis abandonnés.

A.T.M. - En tout cas, c'est un thème qui revient souvent sous la plume des auteurs arméniens, le lâchage de l'Occident. Et les épisodes les plus douloureux à la fin de la guerre, de 1918 à 1923, douloureux pour toutes les communautés et pas seulement pour les Arméniens, s'expliquent amplement par la conduite des Français et des Anglais, qui se sont joués des peuples. Mais je ne crois pas que cela suffise à disculper l'État turc.

O.A. - Je ne dis pas cela, mais il me semble que si l'on ouvre ce dossier du « génocide », nous devons en voir toutes les implications et en prendre notre part de responsabilité. Au moins pour empêcher les génocides de demain, il nous faut remettre sur le métier notre concept de « nation » et, si il n'est pas définitivement compromis, en faire une critique sévère.

H.B. - On peut donner l'exemple d'Israël, dont la légitimité repose sur un désastre absurde, injuste, mais qui efface aujourd'hui, au nom de la survie même de la nation, les crimes non moins réels qu'Israël commet ; comme s'ils n'avaient aucune réalité.
Mais je voudrais que l'on cesse momentanément de chercher le partage des responsabilités, car l'énumération des dettes, même si elles sont de poids inégal, est infinie et nous enferme dans un dialogue de sourds.

O.A. - *Entendu ! Je poserai une question purement éthique : si l'on insiste vivement, avec E. Lévinas par exemple, sur le fait que nul n'a le droit de pardonner à la place de la victime, il reste une question typique de la tradition chrétienne, mais qui est quand même aussi une vraie question : qui peut dire « je suis la victime, je peux juger et condamner ; je peux donc pardonner » ?*

A.T.M. - Ce que je peux dire c'est que pour ma part je ne me sens pas autorisée à pardonner, et d'ailleurs pardonner quoi ? Quelque part il me semble que seul « Dieu », si on doit l'appeler ainsi, pourrait pardonner. De toute façon, les victimes, elles, sont mortes. Je ne sais pas ce que signifie pardonner pour un être humain : je sais ce qu'est l'oubli, l'atténuation du ressentiment, et ceci n'a de sens que pour les vivants.
Et puis, cette idée que nous sommes tous injustes, tous coupables quelque part, cette théologie selon laquelle nous pouvons et devons pardonner parce que, à notre tour, nous serons pardonnés par Dieu, parce que nos fautes ont été rachetées sur la Croix, pouvons-nous la généraliser au-delà de l'éthique chrétienne ?

O.A. - *En tant que question posée, il me semble que oui : en islam par exemple, Allah est le Miséricordieux, et c'est pourquoi ses témoins sont soustraits au cercle de la vengeance. Et au-delà de toute dépendance théologique, on peut concevoir le pardon comme un acte éthique d'autonomie : « Moi je brise le cercle de la vengeance ; je ne me vengerai pas. » Mais je sais que la réponse à cette question est difficile, peut-être impossible.*

H.B. - Je voudrais raconter quelque chose que j'ai éprouvé, un jour, en voyant le film d'Elia Kazan, *America*, où l'on voit brûler une église arménienne. Il y avait une jeune fille arménienne à côté de moi ; je ne la connaissais pas, mais j'étais sûr qu'elle était arménienne. Il me semble qu'elle s'est mise à pleurer. Et à ce moment-là j'ai été très touché, pas seulement par la scène du film que je voyais, mais par cette fille.
Je ne pensais pas du tout au pardon, mais j'ai senti que j'étais moi aussi pure victime, obligé d'endosser les gestes, la violence des Turcs que je voyais sur l'écran, et en même temps horrifié, ne voulant en rien y être, et n'y étant pour rien.
Et cela, c'était trop lourd. C'était tellement lourd que j'avais besoin

d'être pardonné et que j'étais déjà pardonné, justement parce que c'était trop lourd à porter. Il n'y avait pas d'interlocuteur pour moi, et personne ne m'accusait ; la fille qui était à côté de moi simplement portait la même douleur, à sa façon. Je ne sentais pas qu'elle était arménienne et moi turc, mais que nous portions ensemble quelque chose.
Bien sûr, un Turc pourrait sortir sa défense habituelle ; mais si l'on regarde vraiment ce film, si on subit ces images et qu'on y croit, alors on est pareils devant l'image.

O.A. - Vos deux réponses nous renvoient à une deuxième question, qui tient tête à la première (à propos de ce qu'est une victime). Hannah Arendt remarque, dans un texte qui s'intitule « La culpabilité organisée », que la technique totalitaire du nazisme final a été de tenter d'effacer toute différence entre les vrais criminels, les autres, et même les victimes. Ce gommage de la différence criminelle s'est fait soit au nom du discours chrétien (on est tous coupables), soit au nom du discours nationaliste (le peuple allemand est collectivement responsable de ce qui s'est passé).

A.T.M. - Pour ma part, je ne crois pas qu'il y ait, qu'il puisse y avoir de culpabilité collective, totale, générale. Historienne, je sais qu'il y a eu des musulmans, turcs, arabes, kurdes, qui furent extrêmement compatissants, et qui contribuèrent à sauver de nombreuses vies arméniennes, malgré le contexte de « Djihad » dans lequel les opérations se déroulaient. Mais il faut reconnaître aussi qu'une partie des populations locales a participé aux massacres et dépouillé les déportés.

O.A. - Et du côté de la société turque, pourrait-elle accepter d'ouvrir ce genre de dossier, et d'établir une sorte d'échelle des responsabilités, entre les « jeunes Turcs », le mouvement national turc en général, la société civile, etc. ? Et accepterait-elle de le faire non pas comme une manœuvre dilatoire pour rejeter la faute sur les « jeunes Turcs », mais vraiment, pour rendre à chacun ce qui lui est dû, sa sépulture, là encore ?

H.B. - Sous cette forme-là, je ne crois pas qu'un tel débat soit aujourd'hui possible. Et comme je le disais plus haut, je ne suis pas sûr que cette énumération des responsabilités soit le bon chemin pour soulever les vraies questions.

O.A. - *Pourtant, il faudrait bien que se fasse en Turquie quelque chose comme une remémoration, une anamnèse du passé véritable, différencié. Mais posons la question d'une autre façon. E. Lévinas affirme tragiquement que la culpabilité se transmet à la génération suivante. Si j'ai versé le sang de l'étranger, ses enfants pourront réclamer le sang de mes enfants. Mais les générations suivantes ne sont-elles pas pour nous des « étrangers » ? Avons-nous des droits sur elles ? Bref la culpabilité est-elle un héritage inaliénable, une hérédité ?*
Cette question est lourde, parce que de fait il y a des victimes à la deuxième génération : les conséquences d'un tel désastre, sur la vie, sur l'identité de chacun, sont interminables.
Il faut donc d'un côté se méfier des culpabilités collectives et héréditaires (car il doit être possible de désigner les responsables), et de l'autre prendre garde à ne pas trop atomiser, individualiser la responsabilité (car il y a des victimes collectives et lointaines).

A.T.M. - Lors du réveil du mouvement national arménien en Arménie soviétique, déclenché par la question du Haut-Karabagh, il fut publié, en août 1988, un texte que l'on peut considérer comme l'ébauche du programme de ce mouvement. J'ai été très frappée d'y trouver la réflexion suivante : nul peuple n'a un ennemi héréditaire ou un ami héréditaire. Ce qui est ainsi énoncé, en termes naïfs et voilés, c'est la nécessité d'une réconciliation entre les Arméniens et les Turcs. Et empêcher que le sang ne recommence à couler. Il y a en Arménie un courant qui souhaite la réconciliation avec les Turcs. Pour briser la fatalité du sang et faire que ces peuples puissent vivre en bon voisinage. Pour construire un État arménien souverain, et ouvert à d'autres alliances que celles du monde russe et soviétique. Je ne crois pas que cette recherche de rapprochement obéisse à des motifs éthiques, mais à des motifs réalistes, tenant compte des intérêts immédiats ou à long terme de l'Arménie.

H.B. - Il faut faire confiance à ce genre de forces. C'est par exemple ce qui s'est passé entre la Turquie et la Bulgarie, où les populations turques étaient victimes d'une bulgarisation forcée, ou d'une persécution ouverte pour ceux qui s'y refusaient. On a été à la veille de la guerre, dans une situation qui paraissait irréversible. C'était il y a trois ans. Et maintenant tout a changé, on a vu que les transferts de populations ne résolvaient rien, et les relations sont excellentes.

Il faut donc voir que les États, qu'aucune contrainte apparemment n'aurait pu faire bouger de leurs positions, peuvent développer soudain des rapports tout à fait nouveaux. C'est sur cette base que quelque chose peut très bien se passer entre l'État turc et celui d'Arménie, et qui peut aller beaucoup plus loin que ce que les intellectuels peuvent imaginer, qui reste toujours individuel.
C'est un chemin possible en tout cas, alors que l'accès immédiat à la culpabilité collective est impossible. D'une part à cause des générations qui nous séparent des faits. D'autre part parce que, à l'époque elle-même, la chose a été vécue comme « Djihad », ou comme raison d'État, c'est-à-dire comme droit de tuer sans complexe et sans culpabilité.

O.A. - J'ai une dernière question, qui s'adresse à tous les deux, diversement. De même que l'on a dit qu'un peuple ne pouvait pas, comme peuple, pardonner (qui pardonnerait, au nom de qui, et à qui ?), je crois qu'on ne peut pas obliger un peuple à reconnaître comme cela une culpabilité...

H.B. - Il ne le fera jamais, en tout cas.

A.T.M. - Il ne le fera jamais, mais les Allemands l'ont fait : dans des circonstances politiques il est vrai particulières, mais tout de même, il y a cet exemple.

O.A. - Ne s'agit-il pas plutôt, à l'échelle des États, de paroles qui cherchent à réunir les conditions d'une réconciliation politique ? C'est de cette manière-là que Jankélévitch voit les choses, à juste titre à mon avis, en disant : on ne nous a jamais demandé pardon.

A.T.M. - Du moins cette reconnaissance toute formelle est-elle déjà quelque chose !

O.A. - C'est justement là ma question : un État ne pourra jamais énoncer une telle parole, tant que la société qu'il représente portera ce rapport amnésique, traumatique à son propre passé. Ne faut-il pas que se lève peu à peu, de cette société, la voix multiple d'une remémoration de son passé, dans sa pluralité historique réelle ? Ne faut-il pas que les choses se présentent autrement, dans les rapports entre les Arméniens et les Turcs, que le choc entre une mémoire et une amnésie à fonction identitaire ?

Mais il y aurait à cela deux conditions : d'une part que les Arméniens cessent d'accuser, ou le fassent en sourdine, pour que dans le silence une autre parole puisse se frayer un chemin au sein de la société turque. D'autre part cela supposerait que la société turque puisse laisser être cette parole. Au fond, la société turque a un besoin extrême de cette remémoration. Mais peut-elle l'accepter ? Peut-elle casser le silence ?

H.B. - Les deux conditions sont liées. L'une ne pourra pas se réaliser sans l'autre. Mais comment commencer ? Tant que la société turque sera maintenue sous la menace d'une sorte d'accusation internationale, elle restera mobilisable comme un seul homme par l'État militaire et sécuritaire.
En ce sens, l'espoir est peut-être du côté des mouvements islamiques, qui modifient en profondeur la perception que la société turque a d'elle-même.

A.T.M. - Mais que peuvent faire les Arméniens, condamnés à porter comme un fardeau leur passé ? Un passé pétrifié sur lequel ils ne peuvent pas se taire. Un passé avec lequel ils entretiennent des relations difficiles. « 1915 », un événement qui a failli entraîner l'anéantissement de la nation arménienne, est aussi l'événement fondateur de la diaspora. À ce titre il est doublement constitutif de l'identité arménienne.

H.B. - Voici donc au contraire réunies les conditions d'un dialogue de sourds, non pas entre nous bien sûr, mais à l'échelle de nos sociétés. Les conditions d'un dialogue impossible. Et cela peut durer très longtemps. Quand un Turc voit un film comme *Midnight Express*, il ne peut pas s'empêcher de se sentir victime d'une sorte de racisme, de préjugé global. Justement parce que nous avons souffert de nos prisons, que nous en connaissons la réalité, nous avons le droit de rejeter ce regard imaginaire. Ce qu'un Turc ne peut accepter, c'est que, lorsqu'il vit à Paris, dès qu'il dit son origine, on lui répond : *Midnight Express* ou « génocide arménien ». C'est comme une étoile jaune. C'est trop, pour quelqu'un.

Propos recueillis par Olivier Abel

« Rien ne sera réparé »

Milan Kundera

« Oui, j'y voyais clair soudain : la plupart des êtres s'adonnent au mirage d'une double croyance : ils croient à la pérennité de la mémoire (des hommes, des choses, des actes, des notions) et à la possibilité de réparer (des actes, des erreurs, des péchés, des torts). L'une est aussi fausse que l'autre. La vérité se situe juste à l'opposé : tout sera oublié et rien ne sera réparé. Le rôle de la réparation (par la vengeance et le pardon) sera tenu par l'oubli. Personne ne réparera les torts commis, mais tous les torts seront oubliés. »

In *La Plaisanterie.*

« Tu es des milliers »

Entretien avec Miguel Angel Estrella

Malgré la torture, la souffrance et les sévices subis au quotidien dans une geôle argentine, surgit l'espoir, le refus de la haine. Plus tard, tout au bout du souvenir, le pianiste argentin Miguel Angel Estrella raconte ce pardon comme un besoin vital pour son art, et comme l'âme de son combat pour la justice.

En 1977, Miguel Angel Estrella, le pianiste argentin déjà connu dans plusieurs continents, était enlevé en Uruguay, torturé, tenu au secret pendant deux mois, puis incarcéré dans la prison militaire Libertad près de Montevideo. Il n'avait appartenu à aucun mouvement politique, mais ses activités d'animation culturelle dans les milieux populaires étaient considérées comme « subversives ». Son incarcération souleva une émotion très grande dans de nombreux pays. Musiciens, personnalités politiques et organismes humanitaires menèrent une longue campagne jusqu'au jour de février 1980 où il fut enfin libéré. Il put recommencer à jouer, et partage depuis lors son temps entre ses tournées de concert dans le monde et le développement d'activités culturelles dans les régions défavorisées d'Amérique latine. Il a créé Musique-Espérance[1] dont l'objectif est de mettre la musique au service des droits de l'homme, de la paix et de la jeunesse.

1. Fédération française Musique-Espérance, cité des Arts, 18, rue de l'Hôtel-de-Ville, 75004 Paris. Tél. 42.77.52.07.
Fédération internationale Musique-Espérance, Secrétariat international : Les Érables, 5, chemin de la Bastero, 69350 La Mulatière. Tél. 78.51.83.53.

L'interview a eu lieu dans le train entre Metz et Paris. La veille au soir, Miguel Angel Estrella avait joué Liszt et Chopin à l'auditorium de l'Arsenal à Metz. Il avait aussi joué pour les détenus de la prison de Sarreguemines.
Le pardon, c'est quoi, pour un ancien torturé ? Miguel Angel Estrella donne souvent l'impression de s'évader du sujet. Mais le pardon, acquis, devient étranger. La logique du pardon, c'est de disparaître. Le pardon est absent pour qui a pardonné.
Dix ans après l'horreur, Miguel a fait ici pour cet interview l'effort de retrouver les traces de tout cela. Il est vrai, en retrouvant ses mains, Miguel a pu retrouver sa musique, et se retrouver lui-même. Il n'évoque jamais de perte irréparable.
Mais la torture qu'il a subie n'était autre que celle que subissait son pays, parce qu'il s'était lui-même identifié aux sans-voix de ce peuple d'Argentine, et la torture ne lui avait été infligée qu'à cause de cela. Il y a cohérence entre cette solidarité et son arrestation, la torture et le reste. Sa solidarité pour les siens l'a conduit en prison. C'est une autre solidarité qui l'en a sorti. C'est pourquoi lutte, répression, pardon et nouveaux combats partagés ont chez lui dimension politique et sociale autant que spirituelle. Non pas superposition, mais adéquation.
Il faut pardonner, dit-il, mais il ajoute qu'il faut impérativement une mémoire des sociétés et des groupes, là où se sont produites des atteintes graves aux êtres humains, à leur dignité et à leur intégrité.

Miguel Angel Estrella - Pendant les séances de torture surtout, il m'était très difficile, quand je priais le Notre Père, de dire avec conviction l'avant-dernière phrase « pardonne-nous comme nous pardonnons aussi à ceux qui nous ont offensés ». Il m'arrivait parfois de sauter cette phrase, parce que je sentais que je ne pouvais pas la dire honnêtement, tellement la violence physique me faisait mal. Je n'étais pas alors en mesure de pardonner à ces gens-là.
Pourtant, dans la dernière séance de torture, quand ils ont menacé de me couper les mains, je leur ai dit que je n'avais pas envie de mourir, et que j'avais encore beaucoup de choses à faire dans la vie - d'abord de finir d'élever mes enfants - mais que j'étais prêt à leur pardonner s'ils me coupaient les mains et s'ils me tuaient, et qu'ils devaient savoir que de toute manière ils se trompaient.

Ma mise au secret a duré deux mois. Au bout de deux mois, j'ai reçu la visite de l'ambassadeur d'Angleterre dans la prison. C'est lui qui m'a appris qu'une campagne menée par des musiciens du monde entier avait été lancée, alors un immense espoir est né et cet espoir m'a permis de mieux pardonner. J'étais entouré de militaires qui faisaient preuve d'une sauvagerie poussée à l'extrême, mais il y avait l'autre côté, l'amour de mes collègues et l'intervention d'organisations comme l'Unesco ou Amnesty International, ou l'ACAT, ou la Cimade[2]. Tout cela a beaucoup compté pour que mes prières deviennent normales et que je ne me laisse pas aller à l'amertume d'une souffrance personnelle. Je sentais que j'étais des milliers de personnes. Je sentais que j'étais des milliers de personnes parce que des milliers de musiciens et d'amis connus et inconnus allaient un jour me sortir de cet enfer. Cela rend évidemment le pardon beaucoup plus facile.

Les militaires me disaient : « Tu n'es pas un bon chrétien, sinon tu serais riche, tu aurais beaucoup de pouvoir, tu ne vivrais pas de façon austère, en consacrant ton temps à la merde de la société, les ouvriers et les paysans. C'est pourquoi nous allons détruire en toi toute capacité de jouer et de sourire, et tu ne seras plus l'homme que tu es. »

Je n'ai jamais vu le visage de ces gens-là. J'avais une cagoule avec du coton sur les yeux, et j'étais pieds et poings liés, mais derrière ma cagoule je me souviens que je souriais, parce que je me disais : « Pour qui se prennent-ils, ces gens-là ? Ils croient qu'ils vont être plus forts que l'amour ? » Et j'étais sûr quelque part que l'amour allait être plus fort que la haine.

Je priais quelquefois par des hurlements, alors cela les agaçait et ils devenaient très violents. Je sentais la présence... non pas de Dieu mais de lui à travers les gens que j'aimais beaucoup et qui habitaient mon cœur. Ils me disaient : « Tu es seul. » Mais j'entendais une voix qui me disait : « Tu es des milliers. Tu n'es pas seul. »

Dans les premiers mois après ma libération, je pleurais beaucoup parce que je ne pouvais pas ne pas penser dans mon témoignage aux milliers de personnes qui étaient restées en prison en Argentine et en Uruguay.

2. Organismes de défense des droits de l'homme.

Dora Valayer - *Et après, n'as-tu rien tenté contre ces tortionnaires ?*

Je savais les noms de mes tortionnaires. Mais j'ai renoncé à mener des actions personnelles. Tu sais, pour refaire une vie de musicien, il faut beaucoup de joie, et je suis incapable de tenir bon devant les frustrations administratives. Les tribunaux, les avocats, cela use beaucoup. Si je ne commence pas mes matinées par des préludes et fugues de Bach ou des études de Chopin ou de la musique populaire de chez moi, je n'ai pas la joie nécessaire pour faire tout ce que je dois faire. Et il me fallait beaucoup de joie pour redevenir un pianiste, pour élever mes enfants, pour monter Musique-Espérance.

Il me fallait donner des témoignages sur ce que j'avais vu et vécu et n'oublier aucun de mes camarades de prison, mais, sur le plan personnel, je ne devais pas user mon esprit. Je sentais aussi que cela pouvait réveiller une haine, et je ne voulais pas, je ne voulais pas aborder un truc qui touchait à ma chair et à mon esprit.

Pardonner, alors, c'est oublier ?

Sur le plan personnel, je peux oublier des blessures et des passages très amers de mon existence, non seulement la mort qui m'a arraché l'amour de ma vie, mais le reste, et les jalousies de collègues. Tout cela, c'est comme un oxyde dans l'âme, c'est très mauvais quand on veut développer le meilleur de soi-même, dans notre sensibilité, dans notre cœur et dans notre intelligence aussi.

Pardonner les indifférences, ou les humiliations, ou les jalousies, c'est un signe de sagesse et d'efficacité dans la vie. Il faut arriver à s'en débarrasser.

Après les deux mois que j'ai vécus au secret, je me suis trouvé dans une prison militaire où j'ai pu parler pour la première fois avec d'autres détenus. Bien sûr, je parlais beaucoup des séances de torture. Tout mon corps en était encore imprégné. Mes camarades m'ont très vite dit : « Miguel, fais attention. Si tu tombes dans l'autocompassion, tu ne pourras pas t'en sortir. Bon, tu racontes, tu vides ton sac, et c'est fini. »

Pour les choses personnelles, il faut pouvoir vider son sac et être écouté. Mais si on y pense trop, évidemment, on n'a pas la joie dont on a besoin pour vivre tous les jours et sortir le meilleur de soi-même. Moi, cela m'empêcherait de faire mon travail. Non seulement mon travail musical quotidien, mais aussi d'orienter mon énergie pour imaginer des choses pour la coopération Nord-Sud, pour les rapports Est-Sud, pour que de plus en plus de jeunes enfants aient la possibilité de jouer du violon, du piano, de la flûte, et que les musiques régionales soient reconnues aussi bien à l'Est qu'à l'Ouest, au Sud ou au Nord.

Une partie de mon pardon, c'est tout ce que je peux faire maintenant dans une société qui me permet d'avancer pour réussir les objectifs d'une musique au service des droits de l'homme.

Pendant les séances de torture, je disais : « Seigneur, si tu m'aides à m'en sortir, je veux faire avec la musique quelque chose contre l'intolérance, le racisme, contre la sauvagerie de la torture. » Alors intérieurement, j'ai entendu une voix - non pas la voix du Seigneur, mais une voix - qui me disait : « Pourquoi le faire *contre* ? Fais-le *pour.* » C'est comme ça qu'est née l'idée d'une Musique pour l'Espérance. Alors évidemment, depuis dix ans, dans ma vie quotidienne, je ne fais que bâtir cet édifice, et je ne peux pas être habité par la haine. Pour moi, le pardon est une chose naturelle.

Tu parles d'oubli pour ce que tu as subi personnellement, mais ce que tu as subi avait aussi un caractère collectif. As-tu oublié cela aussi ?

Non. Tu sais, ce n'est pas la même chose, le pardon qu'on peut accorder personnellement sur une histoire qui est bien finie, et celui qui peut concerner un pays, un État.

Ce n'est pas la même chose quand un gouvernement peut prononcer des lois d'amnistie comme on l'a fait en Argentine. Les militaires restent très forts puisqu'ils ont pu arracher à des démocraties des lois d'« oubli » de tout ce qui est arrivé.

Pour nous qui lisons l'histoire en profondeur, nous savons bien qu'une société ne peut pas reprendre son dynamisme, ne peut pas retrouver sa faculté créatrice pour rendre possibles des conditions d'une meilleure qualité de vie et d'une société plus fraternelle si on traîne des choses qui n'ont pas été réglées. Il n'est pas acceptable que ces militaires, qui ont beaucoup obtenu en réponse à leurs revendications, demandent que ceux d'entre eux qui sont encore en prison soient libérés et que la guerre... sale qu'ils ont menée contre ce qu'ils appellent la subversion soit revendiquée comme un acte de patriotisme. On n'a jamais entendu une seule voix de la hiérarchie militaire argentine dire : « Nous nous sommes trompés. Nous sommes allés trop loin. Pardonnez-nous, c'était une erreur. » Jamais. Comment peut-on pardonner à ceux qui... qui ne demandent pas pardon et conservent toute leur arrogance ?

Les militaires ont fait un mal très profond en Argentine. Ils ont réussi à transformer la société argentine en une société *qui a peur*. Quand j'y suis retourné en 1984, je me suis trouvé devant une société dont je ne reconnaissais pas les réflexes. Il y avait d'un côté le réflexe de la spéculation à cause de la dévaluation constante. Et d'autre part, c'était une société pleine de non-dits. J'ai compris que le matraquage fait par les médias de la dictature avait touché très profondément le cœur et l'esprit des Argentins : quand on prononçait les mots « droits de l'homme », les gens interprétaient : « subversion », « argent sale », « Moscou »... Quand on disait « droits de l'homme », même les gens de ma famille qui me connaissent bien détournaient leur regard. C'était comme un mot maudit. Mais c'était inconscient, je crois qu'ils ne réalisaient pas qu'ils réagissaient par rapport à une publicité féroce. Tout cela, c'est la responsabilité des militaires et de tous ceux qui les ont soutenus, des intellectuels, de ceux qui se sont alliés à eux parce que cela payait bien et que cela leur permettait d'exercer un certain pouvoir.

Ce qui concerne un groupe humain, ou une société, ou une race, ce qui peut concerner un génocide, on ne peut pas l'oublier, on n'a pas le droit d'oublier. La paix ne peut être que le produit de la justice. Quelle référence éthique peuvent avoir des êtres humains si les nazis qui ont exterminé des millions de juifs vivent tranquillement ? Ou le massacre des Arméniens ? Il n'est pas bon d'oublier tout cela. Il faut, sans haine, arriver à le régler.

Il faut une *mémoire* des sociétés. Cela fait partie des racines d'une communauté humaine, et les racines, plus elles sont profondes et authentiques, et plus l'être humain peut voler haut.

Un bon remède, c'est de crever l'abcès et d'arriver à casser les non-dits.

En Argentine, pour calmer leur conscience, les gens disaient : « On n'a rien vu, on ne pouvait pas imaginer les atrocités qui se passaient chez nous. » Pourtant tout le monde, ou presque tout le monde, savait. Mais les gens avaient peur. Il fallait pouvoir dire : « Je le savais, mais j'étais lâche. » Ou : « J'avais trop peur, pardonnez-moi. » C'est normal d'avoir peur devant une dictature, c'est naturel. Si on dit : « Je savais, j'étais là, mais j'avais peur », il faut le comprendre, et l'accepter, et le pardonner, bien sûr. Mais si on continue de nier ces problèmes, on ne pourra jamais surmonter cette culpabilité de fond qu'il y a dans une société ou un groupe humain.

Il faut que l'ensemble de la société connaisse les raisons qui ont pu pousser les forces du mal.

Quand une faute est reconnue et avouée, on est beaucoup plus enclin à pardonner. Ce qui est grave, c'est la superbe de gens intouchables qui disent : « Nous avons accompli des actes louables et patriotiques. » Les militaires devraient dire : « Bon, écoutez, nous avons tué, nous avons séquestré, nous avons torturé. C'est très mal. Jugez-nous. » Mais ils ne le font pas. Alors comment une société peut-elle pardonner ? Cela ne peut qu'engendrer encore plus de peur, parce que les gens savent, dans leur inconscient collectif, qu'il ne faut surtout pas déranger les militaires, parce qu'ils pourraient reprendre le pouvoir et recommencer leurs crimes, avec les disparitions et les séquestrations. Quand il y a eu une faute collective, tu vis, jour après jour, avec cette inquiétude. Tu vis, tu es à l'image de cette inquiétude.

La mémoire est-elle une chance de la démocratie ?

Il ne faut pas oublier tout ce que traîne une société comme la société argentine, et en général la société de tout pays dépendant qui n'a jamais exercé la démocratie. C'est comme la Roumanie, c'est comme la Pologne, c'est comme l'Allemagne de l'Est. C'est très difficile de monter une démocratie du jour au lendemain. Et nous sommes encore menacés en Amérique latine.

La misère est aussi un ennemi mortel de la démocratie. Si les gens, dans des pays - quand même aussi riches que les nôtres - sont obligés de voler, de prendre les supermarchés d'assaut pour manger, ce n'est pas une situation sociale qui permette la paix et la construction de la démocratie.

La communauté européenne a amputé les budgets de coopération destinés au Sud pour aider l'Est. C'est très bien d'aider l'Est, mais on devrait trouver de l'argent pour ne pas amputer la coopération avec le Sud. Parce que ce sont des pays très importants pour la stabilité de la planète, et, tant qu'il y aura la faim dans cette partie du globe, les conflits seront de plus en plus brûlants.
La marginalisation ou la misère ne sont pas des malédictions. Si tu vas en Lozère faire de la musique avec les musiciens locaux, tu revendiques quelque chose de leur culture qui les rend beaucoup plus proches de toi. De même quand nous allons jouer en Argentine dans des petits villages perdus où nous rencontrons la confiance des paysans pour aborder les problèmes du développement intégré de ces communautés. C'est leur foi qui leur dicte l'énergie dont ils ont besoin pour travailler à une meilleure qualité de leur vie. Nous nous mettons à jouer pendant des heures avec eux, et nous partageons leur musique à eux. Nous y puisons la confiance nécessaire pour nous dire les uns aux autres : « Voilà, nous sommes frères. On a fait de la musique ensemble. » Il faut nous placer aussi loin du paternalisme auquel sont enclins les plus favorisés que du parasitisme, pour les autres. Ce sont des paroles de paysans, c'est ce qui déclenche une aventure utile, dans un dialogue réel entre paysans, musiciens et professionnels de toutes sortes.

Est-ce que c'est comme une découverte d'identité ?

Bien sûr. C'est comme si, tout d'un coup, tu parlais le même langage. Tu sais, faire de la musique ensemble, c'est comme l'amour, cela ressemble beaucoup. On est intégrés, on est complices, et on est plusieurs à le dire en même temps. C'est un élément très fort que les intellectuels ont quelquefois du mal à comprendre.
C'est à partir de là que la créativité personnelle et communautaire peut se développer. Et là où il y a une communauté qui crée son avenir, qui participe à son destin, il n'y a plus de place pour l'amertume et pour la haine.

Tu veux dire que la peur s'est estompée, que le pardon collectif devient créatif ?

Je le crois. Tu sais, je vois un énorme changement chez certains

paysans avec qui nous travaillons en Amérique du Sud. Au début, leur attitude était complètement parasitaire. Ils vivaient avec la main tendue. Il y a eu des séances de musique et des séances de paroles, le cheminement était très difficile. Je les ai traités de lâches. Ils m'ont traité de paternaliste, et ces moments de vérité ont déclenché une participation profonde. Ils ont apporté leurs briques pour construire pour une autre vie, une vie digne où la main tendue, ce n'est plus la peine, et c'est contraire à la dignité. Alors l'imagination de ces gens-là, quand ils ont compris qu'ils étaient aimés ! Que nous allions dépasser notre paternalisme pour avoir avec eux des rapports presque égalitaires... (presque !) Cela les a complètement transformés, transformés dans leur identité culturelle et dans leur identité de race, ils sont maintenant beaucoup plus libres.
Il y a aussi une chose très extraordinaire chez les musiciens, c'est que nous avons un langage qui est la musique. Cela m'a permis de libérer de façon inconsciente beaucoup de choses. Très souvent, quand je jouais, au cours de deux premières années après ma libération, il y avait beaucoup de larmes dans mes yeux. J'ai beaucoup vidé mon sac par la musique. Quelquefois, j'entendais des gémissements dans certaines phrases de Beethoven, les gémissements d'une fille qui était torturée à côté de moi. Ils voulaient, par solidarité avec elle, m'obliger à donner des informations pour qu'ils cessent de la torturer ou de la violer, et j'entendais les gémissements de Rachel dans la dix-septième sonate de Beethoven. Après, je n'y ai plus pensé. Maintenant, pour moi, tout cela est réglé. J'ai aussi eu la chance de pouvoir rencontrer Rachel, de parler longuement avec elle, et de constater que ses idéaux étaient restés intacts.
Hier, j'étais à la prison de Sarreguemines. J'ai joué pour des gens qui n'avaient jamais assisté à un concert. Un Algérien était très ému. Il est venu vers moi après le concert et il m'a dit : « J'ai senti tes tripes, et j'ai pu mettre des mots à cette musique étrangère. J'ai pu mettre mes mots à moi. »
Après, j'ai joué du Maurice Ravel, et un gars m'a dit : « Tu vois, j'ai vu là la misère du monde. Oui, toute cette misère du tiers monde dont tu nous as parlé, du Sahel, d'ailleurs, je l'ai vue, je l'ai vue. »

Propos recueillis par Dora Valayer

Entretien avec Miguel Angel Estrella

Au prix du silence

René Louis

1944. Le grand Léonard est « mort pour la France ». Il est de fausses et énigmatiques citations sur les épitaphes qui hantent tout une vie. La vérité baigne dans un fond de délation notoire, celle du maire. La veuve le sait qui se taira à la Libération lors du tribunal populaire. Silence auprès des enfants, et plus... Ici, le pardon s'inscrit tel un acte civique, comme le reposoir indispensable à l'ordre public.

Tous les dimanches après la grand-messe, nous nous rendions en famille sur la tombe de mon père. Mon frère marchait en tête, en vertu de son droit d'aînesse et de son appartenance, comme s'il en eut douté, au sexe fort. Venaient ensuite la mère de mon père, grand-mère Estelle, que nous hébergions, et ma sœur, maman avec moi fermant la marche. Elle me tenait la main, la pressait fermement lorsqu'il nous fallait traverser la route nationale pour emprunter le chemin de pierraille qui menait au cimetière. Puis c'était le dédale des monuments funéraires et des croix déjetées. Nous nous arrêtions au pied d'une tombe fleurie avec soin. Nous nous signions, nous nous recueillions un moment : « Léonard Louis - 1908-1944 - Mort pour la France. » À la lecture de l'épitaphe, j'éprouvais toujours de la gêne. Malgré ces lettres gravées dans le marbre. Malgré le jugement du tribunal qui m'instituait pupille de la nation, ainsi que mes frère et sœur. Malgré... Malgré... Tant de malgré...

Et pourtant.

Devant nous, ses enfants, maman ne tarissait pas d'éloges à l'égard de mon père. Quel brave compagnon avait-il été ! Et bel homme, et bon, et courageux, et intelligent, et entreprenant, et intrépide, et d'une patience à toute épreuve... Fallait-il qu'elle lui eût reconnu sur-le-champ toutes les qualités pour qu'elle acceptât sa main, elle qui, jeune fille, avait refusé de bien meilleurs partis : médecins, ingénieurs, notaires... Il avait un entrain, une façon de voir les choses, une intelligence de la vie qui l'élevaient au-dessus des prétendants qu'on lui infligeait d'ordinaire. Que de projets n'avaient-ils pas conçus ensemble ! Comme ils s'étaient bien entendus pour gérer l'exploitation agricole ! Ce n'est pas lui qui eût manqué ses Pâques ni blasphémé à tout bout de champ. Et il accordait, sans y toucher, tant d'attention aux petits, aux humbles, aux enfants... Aux siens surtout. Ainsi, j'étais né plus mort que vif. Mes deux grand-mères la consolaient de leur mieux. Il fallait qu'elle se résigne à me perdre. C'était compter sans la volonté de mon père. Avec cette foi qui déplace les montagnes, il avait décidé que je vivrais. En dépit des modes et de la liste des prénoms consacrés par la tradition familiale, sans attendre il m'avait fait inscrire sous celui de René dans le registre d'état civil... Oui, nous avions eu pour père le meilleur des hommes. Irremplaçable.

Je ne sais pas si je me le rappelle. Je suis né le 19 novembre 1943, il a disparu à peine dix mois plus tard. Ne me reste de lui qu'une image dont je ne suis pas sûr qu'elle ne soit pas reconstruite. De sa haute stature, il se penche les yeux rieurs sur mon berceau, il me dit : « N'est-ce pas que nous nous connaissons tous les deux ? » Et j'en suis tout aise. Mais peut-être n'est-ce là que le souvenir d'un récit mille fois rapporté par ma mère, qui n'y changeait pas un iota... De cinq ans plus âgé que moi, mon frère lui-même ne se rappelle que vaguement les réponses aux questions dont il harcelait mon père. « Et si *qu'*on mettait devant la charrue une voiture ou un camion à la place des chevaux ? - Cela s'appelle un tracteur. J'en achèterai un gros lorsque la guerre sera terminée. » Dans son langage enfançon, mon frère revenait à la charge : « Et quand est-ce qu'elle sera finie, la guerre ? - Quand il n'y aura plus un seul Allemand en France », lui répondait mon père avec sa patience accoutumée. « Et quand est-ce qu'il y aura plus d'Allemands en France ? - Lorsque nous les en aurons chassés. - Et comment *qu'*on les en chassera ? » Le sujet pouvait devenir dangereux : l'ennemi, allemand ou français, était partout. Ma mère intervenait : « Ne lui réponds pas. Il te fait tourner en bourrique ! - Il faut bien satisfaire la curiosité des enfants. - Mais l'armistice a été signé en 1940. - ... Par Pétain ! » murmurait mon père en se détournant.

Je ne sais quels effets ses propos suscitaient chez mes frère et sœur, jamais nous n'en devisions entre nous ; mais, en nous parlant de lui de la sorte, avec tant d'affection vraie, tant de chaleur, ma mère ne me rendait mon père que plus présent. À un point tel que longtemps dans mes rêves il continua de frapper un beau soir à la porte. « Comme tu as grandi ! » Il me soulevait de terre en me prenant sous les aisselles. Il m'embrassait et je sentais contre ma joue les poils râpeux de sa barbe. Il expliquait pourquoi il avait mis si longtemps à revenir. Les combats libérateurs l'avaient conduit, d'escarmouche en escarmouche, jusqu'en Prusse-Orientale, qu'il connaissait bien pour y avoir été prisonnier de guerre de 1940 à 1942. Là, il avait rejoint l'Armée rouge, mais voilà : il avait été retenu par les Soviétiques, qui l'avaient suspecté, à la faveur d'un semblant d'homonymie, d'avoir pris part à la guerre d'Espagne, du côté des républicains, tendance anarchiste. Un malentendu qui aurait pu aller fort loin. Il avait fui, il avait dû en clandestin traverser à pied la Pologne et l'Allemagne, s'embaucher comme commis de ferme pour gagner son pain. Il avait marché, marché... Mais, maintenant, c'en était fini, il était là. Il ne repartirait plus. Jamais.

J'avais beau imaginer, à partir de cas analogues, les scénarios les plus héroïques - et les plus rocambolesques -, rien n'y faisait. De bonnes âmes compatissantes prenaient toujours un malin plaisir à remuer le fer dans la plaie. « Ma pauv' dame ! Faut-il que vous soyez poursuivie par la guigne ! Trois enfants à élever toute seule... » À les entendre, mon père n'aurait pas dû ; non : pas dû. - Pas dû *quoi ?* Ce qui me révoltait, c'est que personne ne rétablissait ce qui *devait* être pour moi la vérité. Les gens qui ne partageaient pas l'opinion de ces bons apôtres se taisaient, changeaient brusquement de conversation ou s'en allaient, aussi irrités par leurs interlocuteurs que mécontents d'eux-mêmes. C'était le cas, surtout, des personnes qui avaient approché mon père un peu intimement : ma tante sa sœur, ses conscrits, la ribambelle de ses cousines et de leurs amies qui l'adulaient, la longue théorie des vieux du village... Sans oublier ma grande-mère Estelle, dont (de toute manière) le témoignage ne m'eût été de rien. Jamais je ne lui avais entendu dire quoi que ce soit qui pût nuire à personne. Et, c'est bien simple, une fois morts, elle béatifiait les siens, après les avoir entourés de prévenances de leur vivant. « Léonard. Notre Léonard... » Invoquer son nom, ne rien faire qu'invoquer son nom la dispensait de tout commentaire. On avait beau la forcer dans ses derniers retranchements : inutile. Quant à ma mère, elle faisait front de son silence. Mais je la connaissais assez pour savoir qu'elle se contenait et que, d'être ainsi plainte, il lui venait de la colère et du chagrin. Pourquoi n'en laissait-elle rien paraître ?

Il n'était pas jusqu'à l'ancien instituteur qui n'eût pris le parti de se taire. Il prenait prétexte de son manque de place dans l'appentis jouxtant sa maison située à l'autre extrémité du village pour remiser ses fagots dans notre grange, dont il n'occupait, en tout et pour tout, qu'une surface de deux ou trois mètres carrés. Comme ma mère ne voulait pas lui faire payer de loyer pour si peu, il nous pourvoyait avec une belle assiduité de force pots de miel tirés de ses ruches. Il venait avec sa charrette à bras. Je l'aidais à charger ou à décharger son bois pour lui faire rendre gorge de ce qu'il savait. « Pourquoi mon père est-il mort ? » Il ne me répondait pas. Je ne tirais de son monologue que des souvenirs d'enseignant, coulés mot pour mot, une fois pour toutes, dans le béton de sa mémoire : « Ton père : une tête ! Le premier du canton au certificat d'études ; il s'intéressait à tout, vraiment à tout, il voulait tout savoir, et j'étais obligé d'aller le jeudi à la bibliothèque municipale de la ville pour lui fournir les renseignements qu'il m'avait demandés. Grâce à lui, j'en ai plus appris qu'à l'école normale... N'eût été l'exploitation à reprendre, il aurait pu aller loin, très loin... Quel dommage ! »

Qu'est-ce que cela prouvait ? Je voulais des faits d'une autre sorte, à tout le moins des indices. Ce qui me frappait, dans leur dire à tous, c'était son caractère figé. Chacun à sa manière tenait sa partie dans le même chœur, qui devenait rengaine. Une leçon bien apprise. Une thèse à laquelle on se cramponnait - pour cacher quoi ? Quelle indignité ? On ne nous faisait pourtant pas grise mine au village. Comme j'étais, sous la férule maternelle, fort poli et très sage (trop), et que je pouvais soutenir une conversation avec les grandes personnes, je me fais rétrospectivement l'effet d'avoir été un petit monstre de vertu à donner en exemple. Mes camarades de classe cependant m'aimaient bien. Malheur à qui, nouveau venu au pays, eût touché à l'un de mes cheveux ! Ils me préservaient des contacts trop rudes. Ils me rendaient mes billes perdues.

Ils me choyaient. Pourquoi ? Les gens me traitaient avec une sorte de déférence tout en étant heureux de me voir passer sous leurs fenêtres. J'étais le petit dernier du « grand Léonard ». Une référence. Même et surtout (qui l'eût cru ?) chez les communistes des environs.

On pouvait leur reprocher d'être de fieffés soiffards, d'avoir des ardoises chez tous les commerçants, d'être de simples ouvriers ou Dieu sait quoi encore. Bien qu'ils retinssent également leur langue, leurs propos du moins détonnaient. Ni eux ni leurs femmes ne plaignaient doucereusement ma mère. Ils lui parlaient comme si elle avait été des leurs, tout en lui marquant un infini respect. Surprenant, non ? Ma mère était très catholique. Qui pis est, nous possédions des terres. Mon père avait employé du personnel agricole... Circonstances ô combien aggravantes : il avait été *patron*. Pensez... *Patron !* Mais les communistes ne semblaient pas lui en tenir rigueur. Au contraire, ou presque. Pourquoi ? Ma mère était de surcroît absolument apolitique. À la maison, elle ne se privait pas de jauger les hommes. Elle n'avait que faire des idées ou des programmes. De Gaulle ? Il ramenait tout à sa personne. Au nom de la France, il n'avait que mépris pour les Français. Thorez ? Crevant de suffisance dans son costume trois-pièces depuis qu'il avait été ministre puis vice-président du Conseil... Alors, « Maurice », comme ils disaient dévotieusement ! Gardez-le pour vous, votre « Maurice » !

Et pourquoi donc, à la Saint-Martin, tous les ans au 11 novembre, monsieur Simon Lévi, le marchand de bestiaux, payait de cinq à six fois plus que le prix convenu la location des prairies où il engraissait ses bêtes avant de les revendre ? Chez les campagnards, les maquignons, c'est peu dire, n'étaient pas en odeur de sainteté. Quant aux juifs... Comme les paysans les mesuraient à leur aune, ils étaient forcément âpres au gain, avares. À croire que, même chez ceux qui avaient fait preuve de leur courage face à l'Occupant, le pétainisme avait sournoisement renforcé un antisémitisme irréfléchi, venu du fond des âges. Mais, sur certains points, ma mère n'avait que faire des idées reçues. Aussi avait-elle loué à monsieur Simon Lévi. Lorsqu'elle lui disait que, non, il lui donnait trop, qu'il avait dû se tromper dans ses calculs, il avait l'élégance d'alléguer qu'il poussait dans nos prés de la bonne herbe en abondance, qu'ils étaient bien situés, que l'année avait été excellente, et je ne sais quoi encore. Je sentais que personne n'était dupe. « Quel brave homme, ce monsieur Lévi. Il se souvient. » Je me demandais ce que cachait ce langage.

Car rien n'y faisait. En moi persistait, plus que de la gêne, un sentiment de honte. Combien j'aurais préféré qu'en épitaphe sur la tombe figurât la mention : « Mort au champ d'honneur » ! Dans mon esprit, il ne pouvait y avoir de guerre qu'à la façon des précédentes. « Messieurs les Anglais, tirez les premiers. » Mon grand-père maternel, qui avait « fait » Verdun, racontait la sienne. On se battait entre soldats. On s'estimait malgré tout. Même si elle était sanglante, c'était une lutte à la loyale, il existait une règle du jeu, de quoi les adversaires étaient convenus, du moins avant que les Allemands n'eussent utilisé les gaz, en 1917, à Ypres. Pour ma part, je ne concevais pas qu'on pût asservir l'ennemi rendu à la vie civile sans son assentiment. Or, mon père avait accepté de transporter du matériel pour les nazis. Indéniable était le fait. Alors, pourquoi « Mort pour la France » ? Si tout se brouillait dans ma pauvre cervelle, je camouflais tant bien que mal mon désarroi. Il faut voir qui était ma mère. Nous la craignions autant que nous l'aimions. Il y avait ainsi des questions qu'on ne posait pas, des ordres qu'on ne discutait pas, des vérités qui restaient intangibles. Nous devions nous en remettre de confiance, strictement, à tout ce qu'elle disait. On ne pouvait rien lui cacher ; elle suivait en vous le cheminement de vos pensées les plus secrètes : rien de plus terrible pour un gosse. Elle était toute à tous et à chacun de ses enfants comme s'il avait été l'unique. Autant de liens qui, en m'enserrant, gênaient ma quête de vérité. N'était-ce pas dans le libre qu'était le vrai ?

Une autre question me hantait. Il n'était pas un seul foyer alentour qui n'eût exposé une photo souvenir d'au moins l'un de ses morts, surtout s'il avait été fauché dans la fleur de l'âge dans des circonstances tragiques. Pour les uns, c'était un portrait accroché au mur ; pour les autres, un cadre sur la crédence du buffet ou sur la commode. Rien de tel chez nous. Certes, puisque c'en était la coutume, et chez ceux qui ne croyaient ni à Dieu ni à Diable rien de plus qu'une superstition, il y avait un crucifix dans les chambres, mais c'était bien tout. Ma mère, elle le proclamait bien fort, n'aimais ni les colifichets ni les bibelots. Encore moins eût-elle porté des bijoux depuis son veuvage. Sa défiance allait jusqu'à englober les images pieuses et les médailles. Si on lui avait donné à lire l'ouvrage de Calvin contre les reliques, il aurait très certainement reçu sa muette approbation. Mais, occasionnellement, au cours de veillées comme celle de Noël, il lui arrivait de déposer sur la table de la salle à manger un coffret tiré de la commode de sa chambre, à laquelle il ne nous serait jamais venu à l'esprit que nous puissions avoir accès. Ma mère, alors, en prélevait un à un les objets. Chacun d'entre eux avait son histoire. Elle tenait telle montre en or, dont manquait la grande aiguille, de tel de ses trisaïeuls. Sa grand-tante et marraine lui avait offert ces cinq napoléons pour son baptême.

Elle détaillait ainsi, en commentant leur apparition dans la famille et les avatars par lesquels ils étaient passés, les bagues, les gourmettes, les boucles d'oreille, les bracelets, les breloques, les broches, les colliers, les chapelets, qu'elle prenait grand soin de remettre dans leurs écrins respectifs. Venait le tour des photographies. Mariages, fêtes de famille... Tous ces gens qui avaient été jeunes un jour ou qui étaient morts. Était-elle ridicule, celle-ci, avec son « bibi » couvert de plumes, de fruits et de fleurs ! Et celui-là, tout guindé dans son col cassé comme s'il avait avalé un balai ! Ma sœur puînée avait grand-peine à réprimer quelque incoercible fou rire, que, quant à moi, je jugeais déplacé, à tout le moins mal venu. Je sentais que le moment était proche où, sait-on jamais ? j'aurais enfin à connaître les circonstances qui avaient entouré la mort de mon père. Peut-être oserais-je poser les questions qu'il fallait.

Ma mère ouvrait une enveloppe de papier kraft. Oh ! elle renfermait fort peu de choses, cette enveloppe... Tout au plus des preuves qui anéantissaient mes rêves les plus fous. On aurait eu vite fait d'en dresser l'inventaire. Un portefeuille, d'abord. Ma mère l'ouvrait délicatement. Il contenait un *Ausweis* (laissez-passer) dont l'encre avait pâli, une petite photo de groupe où nous figurions tous, moi y compris dans les bras maternels, et même quelques billets de banque qui n'avaient plus cours. Mon père étant fumeur, ma mère nous montrait sa blague, encore à demi remplie, d'un tabac qui sentait le foin sec, et le papier à cigarettes Job dans son léger étui de carton losangé bleu. Elle dépliait, pensive, le papier de soie dans lequel était entortillée l'alliance de mon père. Mais, curieusement, elle n'allait pas jusqu'au fond du coffret. Elle excipait de l'heure tardive et de notre prétendue fatigue.

De même que jamais, par peur de commettre quelque sacrilège, nous n'aurions eu l'idée de toucher à l'un des objets de la piété conjugale, de même jamais je n'eus l'audace par la suite, même devenu largement adulte, de demander à ma mère ce que dissimulait la partie inférieure du coffret. Le temps avait fait son œuvre. Il m'avait appris que rien n'est simple, surtout dans les périodes troublées, et j'avais fini par faire confiance à mon père, quelle que fût la nature de la décision qu'il avait prise. Quand ma mère sentit venir la mort, elle en parla avec sérénité et détachement. Pour elle, ce n'était ni plus ni moins qu'une formalité. Elle ne nous fit rien promettre, pas plus qu'elle n'appelât le prêtre. Elle s'en fut. Compte tenu des années de guerre, elle avait totalisé sept ans de vie conjugale pour quarante ans de veuvage. Il était convenu que j'hériterais de la maison, et il me revint d'y faire la part du vide. Avec une belle prévoyance, ma mère s'était débarrassée de ce qu'elle pensait ne nous être d'aucune utilité.

Le tiroir à secret de la commode était lui-même fort dégarni. Je n'eus pas à trier le courrier : ma mère l'avait réparti en paquets solidement ficelés, étiquetés chacun à notre adresse. Comme je m'en aperçus plus tard, en dépouillant ma propre correspondance, elle avait fait disparaître tout ce qui était susceptible de nous rappeler de mauvais souvenirs : des bulletins scolaires parfois médiocres aux lettres d'insoumission à ses oukases... Lorsque j'en vins au coffret, il m'en coûta, je l'avoue. L'ouvrir, c'était enfreindre un interdit. Là encore, cependant, ma mère avait prévenu la difficulté et les affaires du partage. Elle avait réparti en lots les bijoux et autres objets, et ce, en fonction de ce qu'elle estimait être leur valeur marchande aussi bien que la portée affective que leur conférait chacun de ses enfants.

Le plus important à mes yeux restait à faire. Je soulevai le carton qui faisait du coffret une boîte à double fond. J'y découvris les lettres que mes parents avaient échangées. Je remis à plus tard le soin de les lire. Plus intéressant, eu égard à ce que j'avais cherché jadis : un avertissement de la Kommandantur. Il ressortait de cette admonestation, rédigée mi-partie en allemand, mi-partie en français, que mon père avait refusé de vendre des céréales à l'armée allemande. Y était joint un mot du maire en personne, dont je reconnus la signature qui étalait avec vanité ses multiples parafes. Le document ne prêtait à aucune équivoque. Ce monsieur dont je tairai le nom prenait acte de l'« insubordination » de mon père aux « autorités légales ». Il n'augurait pas de l'avenir. En bref, d'une façon à peine voilée, il menaçait mon père. Bien qu'il fût chargé de famille, ce dernier était tout désigné pour la prochaine réquisition.

Que n'avais-je compris plus tôt les paroles sibyllines que le dernier carré des conscrits de mon père avaient échangées entre eux lorsqu'ils étaient venus rendre un ultime hommage à ma mère sur son lit de mort ! J'entrepris donc ce qu'il serait présomptueux d'appeler une enquête. Pièce par pièce, je reconstruirais un puzzle qui remontait à plus de quarante ans. Le maire s'était éteint depuis une vingtaine d'années à l'âge de quatre-ving-dix ans. Sa descendance avait essaimé au loin ; on avait par la suite élu d'autres maires qui, eu égard à sa compétence de gestionnaire, soutenaient la comparaison ; la population elle-même avait changé, avec la disparition de la petite paysannerie et la fermeture des fours à chaux, de sorte que le souvenir de cet homme pesait de moins en moins dans la conscience collective. Une telle conjoncture me paraissait propre à délier les langues les plus rebelles. Était-il cependant si facile de faire condamner un homme par des gens qui pour la plupart l'avaient élu et dont quelques-uns avaient même fait partie de son conseil municipal ? Loin de moi l'idée de leur faire rendre des comptes. Je ne voulais pas non plus obtenir d'eux un désaveu qui les touchât dans leur personne. Comment faire pour que ma démarche ne fût pas ressentie comme une accusation ? Je mis au point une stratégie toute en circonlocutions et en palabres. Sachant que je savais, et je leur donnerais à entendre que j'en savais encore davantage, les camarades de mon père desserreraient enfin les dents.

Une maison après l'autre, j'accomplis la tournée des anciens du village qui s'étaient manifestés à la mort de ma mère. Non seulement ils m'ouvrirent leur porte comme s'ils m'attendaient, c'est-à-dire largement, mais ils se montrèrent étonnamment prolixes. Ils firent voler en éclats (à malin malin et demi) mon naïf dispositif rhétorique. En hommes, rompus à deviner le propos sous le propos, à subodorer le non-dit dans la conversation la plus anodine, ils déjouèrent d'entrée les préliminaires. Oui, le maire, si c'est cela que je voulais savoir, avait requis mon père avec ses équipages pour convoyer du matériel français à destination de l'Allemagne. Un véritable supplice pour un homme qui ainsi participait, à son corps défendant, non plus seulement à une coupe réglée, mais à une razzia des richesses nationales. Alertés, les maquisards avaient délégué l'un des leurs pour inciter mon père à les rejoindre dans la forêt toute proche. Si le grand Léonard était quand même parti ? Il avait feint d'obtempérer, de peur qu'on n'usât sur nous de représailles. Instruite par le maire, la Gestapo ne s'en serait pas privée. Et puis mon père en savait trop sur la Résistance, qu'il approvisionnait. Trop sur les clandestins, qu'ils fussent juifs ou tziganes. Peut-être aussi avait-il craint de parler sous la torture. Ses intentions, en tout cas, étaient on ne saurait plus claires. Au bout d'une centaine de kilomètres, après avoir abandonné ses équipages chez des parents qu'il avait du côté de Nancy, il avait rebroussé chemin. Comme il pensait, ainsi qu'on me le confirma plus tard, qu'il avait mieux à faire que de se cacher en attendant la débâcle allemande, il avait rejoint un groupe de résistants. Avec eux il avait trouvé la mort. Les Allemands avait ligoté à un arbre l'éclusier qui avait assisté, impuissant, au massacre.

Comment se fit-il qu'à la Libération le maire non seulement en réchappât, mais qu'ensuite on le réélût jusqu'à sa mort ? Tous mes interlocuteurs tinrent à se justifier sur ce point, qui en effet posait question. Avant le débarquement allié en Normandie, l'immense majorité des Français pensait que la politique de collaboration, instaurée par le régime de Vichy, était un moindre mal. Le maire aussi, naturellement. Mais cela, on ne pouvait guère le lui reprocher. N'était pas Jean Moulin le premier venu. Bien peu, au village, auraient souhaité, entre l'armistice et la Libération, qu'il se démît de sa charge. Trop contents que quelqu'un à leur place fît la sale besogne... Une chose néanmoins était de traîner les pieds sous la coupe, une autre d'être aux ordres, voire d'enchérir sur Hitler et ses comparses. Plus nombreux qu'on ne le pensait, m'assurait-on (mais j'en doutais), avaient été les Français, sans même parler des cheminots, virtuoses du sabotage, qui avaient en quelque sorte acquis une citoyenneté duelle : la « respectabilité » pétainiste affichée au grand jour et celle de l'ombre, l'écoute en catimini de la radio de Londres, quand ce n'était pas, carrément, le « terrorisme » antinazi. Certaines époques requéraient des hommes doubles. Tel n'était certes pas le cas du maire.

Il avait été un collaborateur notoire. J'aurais dû m'en douter lorsque, devant moi tout gosse, on y allait d'allusions à fleur de lèvres, sitôt ravalées. Si on l'avait maintenu aussi longtemps dans ses fonctions après que les Allemands eurent été réduits à merci, ce n'est pas qu'on eût approuvé son comportement, pour cela non : c'est en raison de sa surface sociale et du temps qu'il pouvait consacrer aux affaires de la commune, puisque, administrateur de sociétés, il vivait de ses jetons de présence, de ses rentes et peut-être de revenus moins avouables... À la Libération, il s'était constitué une sorte de tribunal populaire qui exigeait son exécution immédiate. Marie, née Vigour, ma mère en l'occurrence, fut appelée à se prononcer la toute première, parce qu'elle était la plus touchée. Gaullistes et communistes l'y poussaient. Et d'autres, qui étaient du jour au lendemain devenus les vestales d'une légitimité nationale recouvrée. Ma mère avait, comme on dit, du caractère ; elle se montra inflexible ; elle parvint à les persuader d'éteindre l'affaire. Le premier magistrat de la commune eut la vie sauve.

Quelles conséquences avait eues la détermination de Marie ? Mes interlocuteurs passaient une main méditative sur leur front chauve. Abattre le maire, c'eût été, comme au jeu de quilles une fois qu'on a lancé la boule, prendre en enfilade d'autres personnes, et d'autres, et d'autres encore... À n'en plus finir. Que lit-on déjà dans les pages roses du *Petit Larousse*, toi qui as fait des études ? Oui : *Abyssus abyssum invocat*, ou quelque chose d'approchant. Qui sait où cela vous aurait entraîné ? Nul doute que la religion avait dicté à ma mère sa conduite. « Pardonnez-nous nos offenses comme nous pardonnons à ceux qui nous ont offensés » : on disait cela lorsqu'on récitait le *Notre Père*. Sans parler du « Tu ne tueras point » des Dix Commandements... C'était toutefois oublier que la « femme du grand Léonard » était loin d'être une grenouille de bénitier. Son pardon était aussi un acte civique. De plus, il convenait de mesurer chez elle le peu de cas qu'elle faisait des modes, des vogues, de l'instantané, bref ! de tout ce qui passe, de tout ce qui s'oublie. Elle pensait les circonstances et pesait ses résolutions sous l'angle de la durée, en en éprouvant à l'avance tous les prolongements possibles. Comme les grands joueurs d'échecs, elle anticipait, et de très loin.

Les amis de mon père ne laissaient pas de soulever une autre question, qui revenait dans leur bouche à la façon d'un lancinant leitmotiv. Pourquoi avoir tant attendu avant de parler ? Pourquoi s'étaient-ils tenus dans ce mutisme farouche, au risque de ternir à jamais la mémoire d'un père chez ses propres enfants ? Car enfin, le grand Léonard, il fallait l'avoir connu pour savoir quel homme il était... Que ne vous avaient-ils informés, et peu importe que ce fût contre la volonté maternelle, de la manière dont tous ces événements s'étaient déroulés ! Comme cela avait-il dû être difficile à vivre, pour les enfants que nous étions, que d'avoir eu un père suspecté d'avoir été du côté des nazis, à une époque où, la défaite allemande étant toute proche encore, c'était à qui avait opposé une fin de non-recevoir aux exigences de l'Occupant ! Quelle honte que de ne pouvoir déclarer aux petits copains avoir fait dans la famille, pour le moins, de la résistance passive, puisque c'était le maître mot des maréchalistes et leur excuse à la Libération ! Ils ne lui en tenaient pas grief, au contraire ils ne l'en admiraient que plus, au regard de la grandeur de l'acte, mais ma mère, qui n'avait écouté que sa conscience, les avait emmurés vifs dans son propre pardon. Ils avaient subi cet injustifiable déni, cette obstination dans le silence qui les rendaient autant dire complices d'un crime abject. Il en allait de leur honneur. Quelle image m'auraient-ils donnée d'eux-mêmes sans cette mise au point tardive ?

Je les rassurai. Enfants, nous n'avions pas eu à connaître l'opprobre. Ma grand-mère Estelle était morte dans l'ignorance, ou en n'ayant des faits tels qu'ils s'étaient effectivement produits qu'une représentation très approximative. Elle avait la foi du charbonnier. Dieu lui avait donné un fils. Il le lui avait repris. Ses desseins restaient impénétrables. Elle tempérait son chagrin en méditant le livre de Job. Et elle était par nature fataliste. Mes frère et sœur eux-mêmes ne s'étaient jamais posé de questions. Leur avait suffi ce qu'on leur disait. Ils avaient ajouté foi en ma mère. Je ne porterais même pas à leur connaissance le résultat de mes investigations. C'eût été remuer les cendres d'un passé dont ils ne se souciaient plus, le croyant arrêté pour toujours. La mort de ma mère, je m'en apercevais et le comprenais fort bien, délivrait mes interlocuteurs d'un pacte tacite, d'un insurmontable serment, et, malgré ma peine, j'étais heureux de les en voir soulagés. Soulagés qu'enfin la vérité fût rétablie.

M'apparurent alors toutes les ambiguïtés du pardon, qui est chose étrange, autant injustifiée qu'incompréhensible. En un mot, imméritée. Ma mère avait cadenassé les bouches. Elle avait insulté à la vérité la plus élémentaire. Elle avait semé le doute dans mon esprit et dans beaucoup d'autres sur la bravoure et la probité du seul homme qui eût compté pour elle. Sans égards pour ceux-là mêmes qui étaient de son camp, pour ses amis véritables, elle avait usé d'un droit de grâce régalien, qui se substituait à l'incommensurable bonté divine. Et de quel droit ? Rien de plus normal que de pardonner à ceux qu'on aime. Elle m'avait accordé cette faveur en effaçant les dissensions qui à un moment donné de mon existence nous opposaient l'un à l'autre. N'entrait-il pas cependant un orgueil démesuré dans un pardon absolument gratuit ? « Tu m'as tout pris ; ma vie, tu l'as détruite ; mais je n'ai que faire de ta bassesse car je suis magnanime ; te haïr, ce serait me mettre au même niveau que toi ; te donner la mort me salirait... » Plus forte est l'offense, plus grand est le pardon, qui n'est alors, comme d'un gant retourné, que le revers de la vengeance. Une mesure de rétorsion, en somme, avec chantage au sentiment, mais en plus raffiné, en plus pervers...

Cela ne cadrait pas avec ce que je savais de nos deux protagonistes. Jamais le maire ne manifesta un seul geste de bonté à notre égard. Jamais, au grand jamais, il ne condescendit à nous accorder quoi que ce fût. Même lorsque ma mère attendit, trois années durant, qu'on lui versât sa modeste pension de veuve civile de guerre, il ne fut qu'indifférence. Comme s'il avait estimé qu'il n'avait pas à être pardonné. Pis : qu'être pardonné l'aurait mis en face d'une faute qu'il ne reconnaissait pas ou ne voulait pas reconnaître. *Vae victis !* « Malheur aux vaincus ! » Terribles paroles. Sa haine venait de loin. Mais, de lui-même ou de mon père, qui était le vainqueur ? Qui était le vaincu ? Par-delà la mort, la partie de bras de fer qu'avaient engagée les deux hommes continuait, l'honneur, la compassion, la justice contre l'abjection, l'absence d'humanité, l'injustice. Peut-être même se poursuivrait-elle toujours, dans le temps immobile de l'éternité. Cependant que ma mère pardonnait, pardonnait, pardonnait...

Sans souci de retour ou de récompense ni au ciel ni sur la terre. Un pardon pur.

René Louis

« Histoire qu'ils comprennent... »

Entretien avec Michèle Visentini

Quand les enfants de parents divorcés prennent la parole. D'abord articulé autour de problèmes familiaux, le mot s'habille peu à peu de leurs expériences, de leurs indignations, de leur humanité. Rejetant l'indifférence, l'humiliation, le pardon exige le dialogue. Quatre enfants de douze, treize ans, d'une petite ville de province, à bâtons rompus...

Michèle Visentini. - *Le pardon, ça vous dit quelque chose ?*
(... Silence... « Non ! »)

Sébastien. - C'est quoi ?

M.V. - Eh bien ! justement ! Vous pouvez réfléchir...
(Silence...)

Sébastien. - Tu veux dire : « Est-ce qu'on les pardonne de s'être séparés ? »

Joachim. - Moi, je suis très bien comme je suis...

Sébastien. - Moi je préfère qu'ils soient séparés, quand ils étaient ensemble... hum... !

Joachim. - Quand j'étais petit, quand j'avais six ans, j'ai beaucoup souffert de ne pas voir mon père plus d'une fois par an, ça c'était dur et même à une époque je ne voulais plus le voir, puis je l'ai revu parce qu'il voulait me voir... Je me suis décidé, maintenant je le vois souvent et c'est super... Je ne regrette pas.

M.V. - Est-ce parce que ton père a fait le premier pas que tu as pu lui pardonner et le retrouver ?

Joachim. - Je ne me rappelle pas bien... Mais c'est possible qu'à l'époque j'aie senti que j'avais un compte à régler avec mon père... Mais je ne crois pas. Je comprenais très bien ce qu'avaient fait mes parents. C'était très bien... Mais je ne sais pas...

M.V. - Parce que tes parents t'avaient expliqué, il y avait eu parole...

Joachim. - Oui, oui... Pas de mensonge ni rien... C'était très clair.

M.V. - Peut-être n'y avait-il rien à pardonner ? Tu n'as pas été trompé... Il n'y a pas eu « faute » ?

Joachim. - Non... Il n'y a pas eu de faute, mes parents n'ont pas voulu vivre ensemble.

Marine. - Moi, j'ai jamais tellement aimé mon père parce que j'ai vécu trop longtemps avec ma mère. J'avais pas du tout les mêmes goûts que lui et quand j'allais en vacances chez lui, c'était le calvaire. Il me racontait plein d'histoires sur ma mère, qu'elle avait fait plein de bêtises, qu'il était brimé et si jamais je pouvais lui pardonner, ce serait après qu'il m'ait expliqué tout ça... La réalité surtout...

M.V. - Le pardon veut donc dire quelque chose pour toi. Tu n'as pas pardonné ?

Marine. - Non...

M.V. - Est-ce que tu ne peux pas pardonner parce que tu te sens trompée, à l'inverse de Joachim... Tu penses que ton père te mentait ?

Marine. - Oui. Ma mère, par contre, disait la vérité.

Béatrice. - Moi, mon père ne me ment pas, mais il ne me parle pas. Il n'y a pas de dialogue entre nous. Je lui ai demandé de me parler, de m'expliquer certaines choses mais il m'évite... Il faut tout le temps le rappeler à l'ordre ! *(Rire.)* C'est embêtant, surtout qu'avec ma mère ça va très bien. Avant, il y a deux ans, on parlait bien, mais depuis qu'il s'est marié, je ne sais pas... Il ne me parle pas... Le pardon ce serait envers mon père...

M.V. - Est-ce de l'indifférence ?

Béatrice. - Non... Ce n'est pas du tout de l'indifférence. C'est de la peur... Peur d'être en face de la réalité, de trucs pas faciles... Moi j'aimerais en parler... Je ne sais pas ce qui se passe dans sa tête, mais il ne veut pas.

M.V. - Quand tu étais petite, y avait-il dialogue ?

Béatrice. - Quand j'étais petite, je ne le voyais pas parce qu'il était avec une autre femme avec qui il avait eu ma petite sœur, il y avait des problèmes, alors jusqu'à cinq, six ans je ne l'ai pas beaucoup vu...

M.V. - Comme Joachim, tes parents ont choisi de ne pas vivre ensemble...

Béatrice. - Oui, il n'y a pas eu de séparation, à partir de six ans ça se passait très bien avec mon père, on parlait, on s'entendait bien. Je n'ai jamais énormément souffert qu'ils ne soient pas ensemble, c'est surtout maintenant que ça se ressent.

M.V. - Ce qui te fait souffrir et que tu ne pardonnes pas, c'est le manque de dialogue... de parole...

Sébastien. - Moi, maintenant je leur ai pardonné complètement, mais c'est vrai qu'à une époque ils se sont beaucoup séparés, remis ensemble et à nouveau séparés, et ça m'était un peu difficile. Maintenant je leur ai pardonné. C'est bien mieux comme ça... Je suis heureux avec mon père et avec ma mère, et de toute façon j'ai plein de copains dont les parents vivent ensemble et c'est pas vraiment... jojo... J'ai complètement pardonné mais, à huit ans, j'acceptais mal des parents séparés, surtout qu'en plus ils n'étaient pas vraiment séparés.

M.V. - C'est ça que tu ne supportais pas... Pas la séparation mais cette ambiguïté ?

Sébastien. - Oui... Parce qu'ils n'étaient pas séparés entièrement, maintenant qu'ils le sont, c'est très clair, c'est très bien... Et puis c'est vrai que je peux facilement parler de ces trucs avec mes parents... Sans problème... Avant, mon père ne me parlait pas bien de tout ça, mais je lui pardonnais quand même parce que ma mère m'a expliqué qu'avec son propre père il avait eu des rapports pas toujours simples et que c'était dur pour lui d'avoir de bons rapports tout de suite avec son enfant.

M.V. - Et aujourd'hui ? Qu'est-ce pour vous que le pardon ? Peut-on pardonner à l'indifférence ?

Béatrice. - Non.

Joachim. - Je n'en sais rien, mes parents n'ont jamais été indifférents, mais s'ils l'avaient été, je ne leur pardonnerais jamais. Je trouve ça horrible. Quand on fait un enfant on assume, on ne peut pas être indifférent.

Sébastien. - Je suis d'accord avec lui, mais ils n'ont pas été indifférents.

Marine. - Je pense aussi que c'est vrai...

M.V. - Peut-on pardonner à l'humiliation ?

Joachim. - Non plus, c'est quelque chose de terrible, je n'ai jamais vécu ça avec mes parents mais je me suis fait racketter, je me suis fait humilier. On ne peut pas pardonner.

Béatrice. - Je n'ai pas vécu ça et je ne sais pas du tout ce que ça serait.

Sébastien. - Non, je ne crois pas qu'on peut pardonner.

Marine. - Ça veut dire quoi ?

Joachim. - Ce serait te mettre dans une situation où tu te sentirais très inférieure, où tu perdrais l'estime de toi-même.

Béatrice. - Ce serait encore pire de pardonner l'humiliation. Ce serait s'abaisser encore un peu plus.

M.V. - Qu'est-ce que ça veut dire, « se pardonner à soi-même ? »

Sébastien. - Rien

Joachim. - Je suis impardonnable *(rires)*, moi pour me pardonner j'essayerais de me faire mal.

Sébastien. - Te pardonner de quoi ?

Joachim. - Je ne sais pas, mais s'il fallait que je me pardonne de quelque chose, je me ferais mal, c'est le principe même de la drogue, c'est l'autodestruction.

Béatrice. - Si c'est faire une méchanceté à quelqu'un...

Sébastien. - Eh bien je ne pardonne pas... Enfin ça dépend à qui. Quelle méchanceté.

M.V. - Est-ce que se pardonner à soi-même peut avoir un rapport avec la tolérance, l'acceptation de l'autre ? On se pardonne à soi-même, donc on peut pardonner aux autres?

Sébastien. - Mais se pardonner de quoi ?

Béatrice. - Quand je fais quelque chose de pas bien, je ne me pardonne pas. Je trouve qu'on ne peut pas se pardonner soi-même, c'est aux autres à vous pardonner.

Sébastien. - Oui, voilà...

Joachim. - Si j'ai fait quelque chose de pas bien je suis impardonnable.

Béatrice. - Si quelqu'un me pardonne... Là, je peux me pardonner...

Sébastien. - Oui, moi aussi.

M.V. - Si quelqu'un te pardonne, ne te sens-tu pas une dette envers cette personne ?

Béatrice. - ... Une dette... Si...

Sébastien. - Ben si... Mais je serai pardonné ! S'il me pardonne, je serai gentil avec lui, sympa... S'il me pardonne, au moins je serai pardonné...

Joachim. - Moi, si je fais du mal à quelqu'un et que j'ai vraiment l'impression d'avoir été un con, je me sentirai mal, et je penserai vraiment beaucoup de mal de moi. Ce serait dur de me pardonner.

M.V. - Il y a donc nécessité d'un « autre » qui pardonne ?

Béatrice. - Quand on a fait quelque chose de complètement débile, on ne peut pas se pardonner soi-même, se pardonner complètement. Il y a des trucs qui sont là, que je ne me pardonnerai jamais... On les assume...
(Protestations des autres.)

Sébastien. - J'ai fait des conneries mais j'en suis plutôt fier !

Joachim. - Et je n'ai rien à me pardonner puisque je suis très content de ce que j'ai fait !

Béatrice. - Oui, d'accord... Mais y en a d'autres...

Sébastien. - Bon, c'est vrai... J'ai pu faire des choses dont je me sentais impardonnable, mais je me suis pardonné.

Béatrice. - Moi je pense que, quand on est impardonnable, c'est quand intérieurement on a fait du mal à quelqu'un et là on n'est pas pardonnable, quand c'est à une autre personne il faut que ça vienne d'elle le pardon.

M.V. - Si vous ne vous pardonnez pas, est-ce que vous vous sentez coupables ?

Sébastien. - Une fois, j'ai fait un peu de mal à quelqu'un en prononçant certaines paroles, mais après je suis allé m'excuser, il m'a pardonné.

Béatrice. - Non, je ne me sens pas coupable, j'ai du regret, du remords, mais ça s'efface... Ça disparaîtra sans doute jamais parce qu'on se dit : « Ça non, on n'aurait pas dû le faire. »

M.V. - Se pardonner, ça permet de sortir de ses blessures intérieures ?

Béatrice. - Ça permet d'avancer, c'est vrai quand on se pardonne... Mais moi j'avance aussi avec mes blessures.

Joachim. - C'est une expérience d'avoir fait du mal à quelqu'un. Il faut essayer de ne pas recommencer.

M.V. - Pardonner, est-ce oublier, comprendre, ou excuser ?

Sébastien. - Pour moi, c'est excuser...

Béatrice. - Excuser et comprendre...

Sébastien. - Oui, excuser et comprendre.

Joachim. - Comprendre et excuser, surtout ne pas oublier, c'est le pire. C'est une deuxième erreur à ne pas faire.

Marine. - Comprendre et apprendre... à ne plus refaire, que ça serve d'expérience.

Béatrice. - Oui, surtout ne pas oublier... Si on se sent pardonné, faut pas non plus vivre avec ça dans sa tête, sinon... on fait une erreur envers soi-même.

Sébastien. - Effectivement, comme disait Marine, faut surtout pas oublier, ça sert d'expérience pour après.

Marine. - En premier, c'est comprendre...

Béatrice. - Oui, quand on comprend on se met à la place de la personne. Quand on comprend, on pardonne. Si on ne peut pas comprendre, on ne peut pas pardonner, c'est inimaginable.

M.V. - C'est la situation dans laquelle tu te trouves avec ton père ? Tu ne comprends pas, donc tu ne peux pas pardonner ?

Béatrice. - Ben non, je peux pas pardonner...

Marine. - Je crois que je ne pourrai jamais pardonner parce qu'il ne s'excuse pas... Il ne raconte pas la vérité.

M.V. - Si tu pouvais comprendre pourquoi ton père est ainsi et accepter ce qu'il est, pourrais-tu pardonner ?

Marine. - Non... Pour moi, j'ai déjà pardonné, mais il continue à se tenir hautain. Je cherche toujours à lui pardonner, je cherche à lui dire... Je m'approche, je lui dis que ça lui ferait rien de s'excuser, de m'expliquer... Mais il faut toujours que...

Béatrice. - Pour comprendre il faut pouvoir parler... Si on ne peut pas...

Marine. - Je me suis souvent disputé avec lui parce qu'il avait toujours raison... Il me montrait des preuves. Il croit que je suis toujours une petite fille ignorante de tout... de son père...

Joachim. - C'est de l'humiliation... Essayer de mettre à bas, de mettre inférieur...

Marine. - Oui, moi j'aime être égale avec quelqu'un, je ne me sens pas alors humiliée, ni écrasée. Comme maman m'a raconté la vérité je sais ce qu'il ne peut pas dire.

M.V. - Tu ne te sens pas reconnue par ton père comme une interlocutrice valable, compétente... comme sa fille ?

Marine. - Oui, il est tellement loin de moi avec sa façon de me tenir à distance que je ne peux pas vraiment être sa fille. Je ne me sens pas sa fille, surtout que je ne l'ai pas tellement connu !

M.V. - Y a-t-il un lien entre pardon et liberté, ou autonomie ?

Joachim. - Il n'y a pas très longtemps je me suis dit : « J'aimerais vivre chez mon père » et je suis sûr que ma mère le prendrait très bien, enfin, je veux dire, elle ne me ferait pas subir la difficulté que ça aurait, que subitement je me tire ! Mais en même temps je ne veux pas, je n'ai pas envie d'aller dans une grande ville.

M.V. - Ce qui est important c'est que tu dises : « J'aimerais aller vivre avec mon père et je sais qu'il n'y aurait pas de problème. » Tu te sens libre...

Joachim. - Ma mère en tout cas le prendrait bien, ça lui ferait peut-être même plaisir parce qu'elle a pu, des fois, se sentir mal quand j'étais petit parce que je leur en voulais peut-être un peu quand même par rapport à ce que je souffrais de ne pas voir mon père. Alors elle a pu se sentir mal de ça et si je pars vivre chez mon père, elle se sentira bien, je pense, même si je ne leur en ai pas voulu de quoi que ce soit qui concerne ça.

Sébastien. - Ben moi, je suis parfaitement autonome, parce que de toute façon quand mes parents se sont séparés, ma mère m'a dit que je pouvais aller voir mon père quand je voulais et donc j'y vais quand je veux. Je leur ai complètement pardonné, j'ai compris et j'ai appris des choses aussi.

M.V. - Y a-t-il un lien entre pardon et amour ?

Béatrice. - Oui, pardonner, ça peut être aussi aimer...

Sébastien. - Oui parce que... j'aimais bien mon père, mais j'aimais mieux ma mère et maintenant que je leur ai pardonné à tous les deux, j'aime beaucoup mon père aussi.

Béatrice. - Quand on n'aime pas, on ne peut pas pardonner...

Sébastien. - De toute façon, ça ne sert à rien !

Joachim. - Si...

Béatrice. - Oui, mais tu pardonnes en en ayant rien à faire !

Joachim. - J'en ai pas rien à faire ! Je pardonne en tant que c'est un être humain.
(Protestations...)

Béatrice. - Oui... Mais je réfléchis à ce qu'il est en train de dire... C'est intéressant. C'est vrai... Il a raison aussi. Faut pardonner en tant qu'être humain, mais ça me gêne ce qu'il est en train de dire !

Marine. - Justement, quand on pardonne, ça veut dire qu'on aime aussi, alors c'est difficile quand tu ne l'aimes pas.

Sébastien. - Oui, mais si tu comprends... Même si tu ne l'aimes pas. Si tu comprends les choses qui l'ont poussé à faire quelque chose pour laquelle tu ne l'aimes pas, tu peux lui pardonner à peu près...

Béatrice. - Oui, on peut lui pardonner mais ça ne viendra pas du cœur... C'est important le pardon pour celui qui est pardonné mais c'est important aussi pour celui qui pardonne et ça n'aura pas la même importance si j'aime ou si j'aime pas.

Joachim. - Moi le pardon d'être humain ce serait un pardon avec l'âme, autrement il y a le pardon à un ami ou à un parent qui serait avec le cœur... Le pardon avec l'âme justement ne concerne pas vraiment la personne qui pardonne, mais surtout celle qui est pardonnée, et c'est important aussi.

M.V. - Tu distingues le pardon qui est une prise de conscience et le pardon avec le cœur ?

Joachim. - Oui... avec la tête...

Béatrice. - Oui c'est ça peut-être, un pardon avec la tête...

Joachim. - Un pardon plus spontané qui arrange tout ou un pardon qui met de côté, qui rejette le problème... Le pardon humain, c'est le pardon parce qu'on sent que si on ne pardonnait pas, ça ferait beaucoup de mal à la personne, et faire du mal à un être humain n'est pas bien.

Marine. - Oui, il vaut mieux le faire. Mon père juste après le divorce a passé une année à l'hôpital parce qu'il buvait. J'étais petite mais j'ai pardonné, j'ai vu en lui l'être humain qui était triste.

Sébastien. - Oui par exemple, si on comprenait que cet être humain n'a pas vraiment le choix... qu'il a été entraîné...

M.V. - Il y a « pardon avec l'âme » parce qu'on ne peut pas ne pas pardonner à un être humain ?

Joachim. - Si... on peut... Dans des cas vraiment très graves, il y a des êtres humains impardonnables...

Tous. - Ah oui...

M.V. - Qu'est-ce qui est impardonnable ?

Tous. - Le Pen est impardonnable.

Marine. - La folie...

Joachim. - Oui, un peu Le Pen. L'entraînement à une folie par exemple... Ceux qui entraînent d'autres gens...

Marine. - C'est la folie !

Joachim. - C'est la destruction, de la destruction à un haut degré, et ça c'est impardonnable...

Sébastien. - Oui, des gens qui ont entraîné des masses de gens dans la folie comme Hitler, les dictateurs...

M.V. - Ce sont des gens impardonnables, vous ne voyez plus l'humain en eux ?

Joachim. - Ce sont des gens fous qui se sont donné du pouvoir sur les autres, qui les ont écrasés...

(Approbations des autres...)

Béatrice. - Si Dieu existe, si l'enfer existe, j'espère qu'ils vont passer l'éternité en enfer et qu'ils vont énormément souffrir.

Sébastien. - Pas moi... Moi j'essayerais...

Béatrice. - Ah non, je les torturerais.

Sébastien. - Pas moi, au contraire, j'essayerais de leur faire comprendre, de les faire se pardonner...

Marine. - Oui, mais quand on est fou au point de se tuer pour ne pas se pardonner justement, c'est... On ne peut pas... On ne peut pas pardonner, c'est trop dur...

Sébastien. - Oui, c'est vrai aussi...

Joachim. - Des gens qui sont impardonnables, on ne peut pas leur pardonner, mais de là à les faire brûler en enfer... Je pense que brûler pendant plusieurs années ça doit être vraiment atroce... *(Rires.)* Moi je leur tirerais des coups de poing, histoire qu'ils comprennent, ou je prendrais les gens à qui ils ont fait du mal et je leur dirais : « Vous leur refaites ce qu'ils vous ont fait. »

Béatrice. - C'est encore pire que ce que je disais !

Joachim. - Oh non ! Brûler pendant l'éternité, c'est quand même dur, tu sais !

Béatrice. - Mais si tu rajoutes toutes les souffrances bout à bout, ça fait l'éternité... Écoute !

Marine. - Tous les juifs qu'il a...

Sébastien. - Oui, c'est vrai, si toutes les personnes à qui Hitler a fait du mal venaient... Ça ferait plus qu'une éternité...

Joachim. - Non ! Ça ne peut pas faire plus qu'une éternité !

Béatrice. - Oui, évidemment, il y a mathématique et mathématique !...

Joachim. - C'est logique...

Sébastien. - C'est intéressant de nous interroger mais un peu hypocrite... Parce qu'il y a des problèmes encore plus graves, des enfants qui vraiment...

Joachim/Béatrice. - Moi j'aimerais pas être à la place de Marine !

Marine. - Oui, mais je ne le vis pas mal !

Propos recueillis par Michèle Visentini

4. *Postface*

Tables du pardon

Olivier Abel

Géographie des dilemmes et parcours bibliographique.

Une parole qui rompt le silence. - Le pardon, comme la promesse, est d'abord un acte de discours. De ce point de vue ce n'est pas un processus psychique complexe, c'est une simple parole, mais qui fait ce qu'elle dit. Et en tant qu'acte de discours, le pardon est une « rupture ». Deux exemples.

Dans le passage d'une société « totalitaire » à la « démocratie », la parole qui demande ou qui donne le pardon n'est pas une parole d'effacement, mais au contraire une parole qui rompt avec la loi du silence, du refoulement des plaintes ; une parole qui fait mémoire, pour délivrer du passé.

Ou bien dans le témoignage d'Ève Thomas sur l'inceste : il ne s'agit pas d'oublier, mais d'obtenir et de faire cette levée du silence qui était la loi terrible des proches[1].

Cette parole de rupture, qui brise la continuation du passé dans le présent, précisément parce qu'elle dit ce qui s'est passé, quelle est-elle, que dit-elle ?

Formuler le tort. - La parole du pardon donné est d'abord une

1. Ève Thomas, *Le Viol du silence*, Paris, Le Livre de poche, 1988.

parole qui tente d'exprimer le tort subi ; c'est aussi un silence qui permet à l'autre d'énoncer la faute commise, de revenir sur elle. La psychanalyste Mary Balmary remarque ce processus horrible par lequel l'incapacité à formuler les offenses subies peut se transformer en culpabilité et en tendance à commettre les mêmes actes :

> « La culpabilité névrotique apparaît alors, à mon sens, d'autant plus difficile à dénouer qu'elle est celle que nous éprouvons non, tout d'abord, consciemment, pour les offenses que nous avons faites, mais pour celles que, inconsciemment, nous avons subies. Ayant subi sans pouvoir attribuer l'offense à son auteur, nous avons porté cette offense qui nous était faite comme si nous en étions les auteurs.
> « C'est alors, pour nous décharger de cette fausse culpabilité, que nous finissons par commettre les mêmes actes. Le Lévitique dit : nous nous vengeons. Mais bien souvent sans comprendre pourquoi, faisant le mal que nous ne voulons pas. [...] Ainsi celui qui humilie a été humilié, le voleur a été volé, le violeur, violé, le menteur, trompé... Remettrons-nous les dettes à ceux qui nous doivent sans avoir connaissance de cette dette ? Certainement pas. Et bien souvent, nous ne pouvons savoir ce qui nous est arrivé qu'au moment où nous nous apprêtons à le refaire[2]. »

Dans ce cas, ce sont justement ceux qui ont le plus souffert et souffrent le plus, les plus humiliés, etc. qui doivent en plus faire ce travail terrible de formulation du tort. Ce sont eux qui ont le plus à pardonner, faute de quoi ils deviendront à leur tour coupables !

Autre paradoxe : La Rochefoucauld écrivait qu'« on déteste ceux à qui on a fait du mal ». Au tort commis s'ajoutent ainsi les torts dus au fait que nous ne voulons plus « avoir affaire » avec ceux que nous avons lésés. En ce sens, le mal fait toujours un peu plus de « bruit » que de mal, mais ce bruit fait lui-même du mal ! Peut-on pardonner, à ceux à qui nous avons fait du mal, la haine que nous leur portons ? Ou bien le pardon que l'on demande consiste-t-il simplement à assurer à l'autre qu'on ne le hait pas au-delà du mal qu'on lui a fait ?

Pouvons-nous exprimer le tort que nous avons commis ? En tout cas ce travail de formulation du tort pose un problème : comment trouver un langage qui puisse en même temps exprimer le tort subi

2. Mary Balmary, *Le Sacrifice interdit*, Paris, Grasset, 1986, p. 64-65.

(est-il même possible d'exprimer complètement un tort ?) et être compris, entendu, repris par celui qui l'a commis ? Un langage qui puisse énoncer le tort commis et être entendu par celui qui l'a subi ? N'y a-t-il pas une disproportion irréductible, une hétérogénéité de langage irrémédiable ? N'est-on pas condamné au « différend » ?

Raconter, est-ce pardonner ? - Pourtant, Walter Benjamin suggère qu'il y a un langage possible de la formulation du tort et du pardon, le langage de la narration. La narration serait le langage de la cicatrisation, le travail d'une remémoration jusqu'à l'« oubli » :

> « Ainsi se forme la question : la narration n'est-elle pas le meilleur climat et la meilleure condition d'une guérison ? Et si toute maladie était guérissable, en se laissant aller suffisamment loin - jusqu'à son embouchure -, en se laissant couler dans le flot de la narration ? Si on considère la douleur comme un barrage, qui résiste à ce flot de la narration, on voit clairement qu'il sera brisé là où le courant de celle-ci sera assez fort pour balayer tout ce qu'il rencontrera sur son chemin, jusqu'à la mer de l'heureux oubli[3]. »

Même si l'« oubli » désigne précisément l'inracontable, n'est-ce pas cependant la trop facile « racontabilité » du pardon qui argumente en sa défaveur aujourd'hui[4].

On pourrait raconter l'histoire de la littérature comme l'histoire de la représentation du pardon[5]. Les scènes épiques ou romanesques de réconciliation ou de reconnaissance finale, par échange ou non de rôles, comme le montre Hegel[6], alterneraient avec les conflits insurmontables des situations tragiques, où les personnages ne peuvent pas sortir de leurs engagements, comme le montre Steiner[7]. Mais sur les marges de la représentation, d'un texte qui

3. Walter Benjamin, « Erzählung und Heilung », in *Denkbilder, Gesammelte Schriften* I-2, Frankfurt/Main Suhrkamp, 1974, p. 691.
4. Sur différents grands textes, littéraires ou philosophiques, où il est question du pardon, depuis l'Antiquité jusqu'à aujourd'hui, voir les Actes du colloque sur *Le Pardon*, édités par Michel Perrin, Paris, Beauchesne, 1987.
5. E. Auerbach raconte la littérature comme représentation de la réalité (in *Mimésis*, Paris, Gallimard, coll. TEL), ou D. de Rougemont comme représentation de l'amour impossible, de l'inceste (in *Les Mythes de l'amour*, Paris, Gallimard, coll. Idées).
6. G.W.F. Hegel, *La Phénoménologie de l'esprit*, Paris, Aubier, t. II, chap. VI, section A-a (le monde éthique, la loi humaine et la loi divine, l'homme et la femme), et section C-c (la belle âme, le mal et son pardon).
7. Georges Steiner, *Les Antigones*, Paris, Gallimard, 1986.

tente de défaire et de refaire sans cesse l'irréversible, resterait toujours quelque chose d'inachevable, d'intraitable.

Les conditions d'énonciation. - Pour revenir enfin sur le pardon comme acte de discours, si le pardon est une de ces paroles ayant force « illocutoire » d'exécution (où dire c'est faire), il n'y a pas de vertu magique enclose dans les syllabes du pardon, demandé ou accordé. Ce dernier dépend de conditions d'énonciations hors desquelles il est sans force[8] : « qui » pardonne, et à « qui », quel en est le « langage autorisé », dans quelles circonstances, etc. ?

Aussi méthodique que soit cette enquête sur les conditions du pardon, il ne faudra pas oublier le fond de la question, qu'exprime bien la révolte de Boris Vian : « Je conteste qu'une chose aussi inutile que la souffrance puisse donner des droits quels qu'ils soient, à qui que ce soit, sur quoi que ce soit[9]. »

Les conditions du pardon

Peut-on pardonner à celui qui n'avoue pas sa faute ? - Peut-on pardonner à celui qui ne se considère pas comme coupable, qui ne se repent de rien ? Et éventuellement, qu'arrive-t-il à celui qui demande pardon et à qui l'autre refuse de pardonner ? Qu'arrive-t-il à celui qui voudrait pardonner et dont l'offenseur méprise le pardon ?

Dans ce que nous lisions plus haut de Mary Balmary, il semblait que le pardon accompagne la formulation du tort par la victime, quelle que soit la posture du coupable :

> « Tant d'offenses pourtant ne pourront jamais être éclairées par le reproche ; celles dont nous n'avons pas conscience ; celles dont les auteurs sont hors de notre portée lorsque nous découvrons nos blessures, parce qu'ils sont trop lointains, disparus, morts[10]... »

Trop souvent la reconnaissance du tort par le coupable est impos-

8. Voir la critique sociologique de ces conditions langagières dans Pierre Bourdieu, *Ce que parler veut dire*, Paris, Fayard, 1982, p. 103 sq.
9. Boris Vian, *L'Arrache-Cœur*, Paris, Le Livre de poche, 1982, p. 91.
10. Mary Balmary, *op. cit.*, p.66.

sible, et cette reconnaissance peut être remplacée par le « transfert » sur un être vivant présent, compréhensif, réceptif, de ce qui a été le fait de gens absents. Il faut (mais il suffit de) quelqu'un pour entendre l'expression du tort.

Le pardon serait ici indépendant de l'aveu, et l'on peut penser à cette phrase de Nietzsche, qu'il présente comme la réfutation de ce christianisme qui pardonne en exigeant qu'on le sache : « Si je t'aime, est-ce que cela te regarde ! »

Cela pose un problème. Le poète Francine Cockenpot, qui a été défigurée par un agresseur nocturne inconnu et impuni, a rédigé un livre de poèmes (sur les conséquences du tort, sur la spirale de la méfiance et de la haine dans les banlieues, etc.) pour exprimer son pardon[11]. Dans un entretien télévisé, auquel participait Georges Steiner, et où elle redisait ce pardon, elle s'est attiré du philosophe la repartie suivante : « Quelle arrogance ! » Le tragique de cet entretien réside dans le fait que les deux attitudes en présence ne peuvent se juger, se comparer, se mesurer l'une à l'autre : elles sont incommensurables. Chacune répond à une angoisse différente, chacune propose une dignité.

Pour le moraliste Vladimir Jankélévitch, auteur notamment de plusieurs ouvrages sur le pardon, il n'y a pas de pardon sans aveu, sans demande de pardon (cela ne va pas sans une légère contradiction avec ce qu'il exige ailleurs du pardon : que celui qui pardonne pardonne pour rien, sans viser à être « reconnu » ni à amender le coupable). Il parle du pardon après Auschwitz :

> « Le pardon ! Mais nous ont-ils jamais demandé pardon ? C'est la détresse et la déréliction du coupable qui seules donneraient un sens et une raison d'être au pardon. Quand le coupable est gras, bien nourri, prospère, enrichi par le "miracle économique", le pardon est une sinistre plaisanterie. »
> « Le pardon ? Mais il était préfiguré, pendant l'occupation elle-même, dans le consentement à la défaite et l'abandonnement maladif au néant, et il s'est inscrit aussitôt après la guerre dans le réarmement des malfaiteurs, dans la réhabilitation des malfaiteurs, dans l'inavouable complaisance à l'idéologie des malfaiteurs. Aujourd'hui le pardon est un fait depuis longtemps accompli à la faveur de l'indifférence, de l'amnésie morale, de la superficialité générale[12]. »

11. Francine Cockenpot, *L'Agresseur*, Paris, Seuil, 1986.
12. Vladimir Jankélévitch, *L'Imprescriptible*, Paris, Seuil, 1986, p. 50 et 48.

Le pardon devient une farce lorsqu'on le destine à des coupables irrepentis. À ce compte-là d'ailleurs le crime et l'horreur n'appartiennent pas au passé, mais au présent le plus menaçant, aussi anciens soient-ils.

À l'inverse, il faut remarquer ce paradoxe, qu'après l'aveu le coupable n'est plus exactement « coupable » comme auparavant, alors que vu de l'extérieur il le devient. C'est le pardon qui peut « relever » ce décalage, parce qu'il porte, du côté de la victime, la même différence.

Dans cette optique, le pardon n'est un événement, une parole qui transforme les êtres que parce qu'il s'énonce simultanément à un aveu, à une confession[13]. Ce sont l'endroit et l'envers d'un même geste, par lequel avant et après rien n'est pareil, le coupable et la victime s'étant mutuellement délivrés du passé.

Faut-il que celui qui énonce le pardon ait été l'« offensé » ? - Sur cette seconde condition, le philosophe Emmanuel Lévinas s'exprime ainsi :

> « La grandeur de ce qu'on appelle Ancien Testament consiste à demeurer sensible au sang versé, à ne pouvoir refuser cette justice qui crie vengeance, à éprouver de l'horreur pour le pardon accordé par procuration alors qu'à la seule victime appartient le droit de pardonner[14]. »

À la première personne je peux pardonner ce qui m'a été fait, et j'ai cette liberté parce que, d'une certaine manière, « je suis responsable des persécutions que je subis. Mais seulement moi ! Mes ''proches'' ou mon peuple sont déjà les autres, et pour eux, je réclame justice[15] ».

Cela pose néanmoins un délicat problème : il est parfois impossible de trouver quelqu'un qui puisse dire de lui-même « en l'occurrence je suis seule victime, et c'est donc à moi que revient de prendre l'initiative en matière de châtiment ou de pardon ». Cette condition irréductible est donc parfois une condition impossible.

Dans de telles situations, c'est au contraire le sentiment sou-

13. Sur cette dialectique complexe, voir l'histoire des « difficultés de la confession, XIII-XVIIIe siècles », dans Jean Delumeau, *L'Aveu et le Pardon*, Paris, Fayard, 1990.
14. Emmanuel Lévinas, *Quatre Lectures talmudiques*, Paris, éd. de Minuit, 1968, p. 58.
15. Emmanuel Lévinas, *Éthique et Infini*, Paris, Fayard, 1982, p. 95.

dain d'une douleur partagée, qui fait le chemin du pardon. C'est ce que nous verrons, à propos du rapport du pardon avec la justice, en rencontrant la question d'une justice totale, qui pèse chacun, chaque singularité : qui peut « jeter la première pierre » ? Même si l'on cherche à marquer les différences infinies qui séparent chacune d'elles, les responsabilités et les souffrances sont toujours partagées.

Pour compliquer encore, remarquons des situations, malheureusement banales, fréquentes, où l'on souffre de la difficulté à pardonner un malheur arrivé non pas à soi mais à un proche par la faute d'un tiers. Par exemple les proches (famille, amis...) des accidentés de la route, ou ceux des victimes d'erreurs médicales. Une mère peut-elle pardonner pour ses enfants écrasés par un chauffard qui a pris la fuite ? On peut avoir besoin de pardonner, parce qu'on souffre, mais en a-t-on le droit, en a-t-on le pouvoir ? Et si on ne pardonne pas, à qui pourra-t-on faire « payer » cette douleur ?

Cette difficulté peut se doubler de celle qu'il y a à pardonner d'autres agressions, qui proviennent non pas d'un autrui quelque part identifiable, mais de « tiers » indifférents, anonymes, inaccessibles au reproche, inconscients du tort qu'ils font ou qu'ils ont fait.

Peut-on se pardonner à soi-même ? - Un troisième problème des conditions du pardon réside dans la possibilité ou non de se pardonner à soi-même. Attachée à montrer la condition nécessairement fragile et pluraliste (à plusieurs) des affaires humaines, Hannah Arendt affirme que :

> « Nul ne peut se pardonner à soi-même, nul ne se sent lié par une promesse qu'il n'a faite qu'à soi ; pardon et promesse dans la solitude et l'isolement demeurent irréels et ne peuvent avoir d'autres sens qu'un rôle que l'on joue pour soi[16]. »

On pourrait expliquer cela par le fait que le pardon est une parole, c'est-à-dire un acte de communication, qui n'a de sens que dans le contexte d'une interlocution, hors duquel il s'agit d'une répétition générale, mais qu'on ne pourra peut-être plus répéter le jour où la situation réelle se présentera.

16. Hannah Arendt, *La Condition de l'homme moderne*, Paris, Calmann-Lévy, Agora, 1988, p. 303.

Mais Hannah Arendt, quant à elle, donne à cela une raison curieuse. C'est que l'amour ou le respect qui inspire le pardon exerce...

> « ... un pouvoir de révélation sans égal de même qu'une perception inégalée pour voir se dévoiler le ''qui'' : c'est que précisément il se désintéresse [...] de ce que peut être la personne, de ses qualités et défauts comme de ses succès, manquements ou transgressions[17] ».

Pour elle, donc, si l'on ne peut se pardonner à soi-même, c'est parce que l'on est incapable de se percevoir soi-même autrement : nous sommes enfermés dans la représentation de nous-mêmes, et nous pardonner nous-mêmes redouble seulement cette représentation.

Emmanuel Lévinas toutefois semble penser tout autre chose dans sa lecture du traité Yoma qui commence par citer la Michna : « ... Les fautes de l'homme envers Dieu sont pardonnées par le Jour du Pardon ; les fautes envers autrui ne lui sont pas pardonnées par le Jour du Pardon si, au préalable, il n'a pas apaisé autrui... » Il commente :

> « Le Jour du Pardon permet d'obtenir le pardon pour les fautes commises envers Dieu. Rien de magique dans tout cela cependant : il ne suffit pas que l'aube du Yom Kippour se lève pour que ces fautes soient pardonnées. [...] Le Jour du Pardon n'apporte pas le pardon par sa vertu propre - le pardon ne se sépare précisément pas de contrition ni de pénitence, d'abstinence et de jeûnes, d'engagements pour le Mieux [..] »
>
> « Mesurons l'énormité de ce que nous venons d'apprendre. Mes fautes à l'égard de Dieu se pardonnent sans que je dépende de sa bonne volonté ! Dieu est en un sens l'autre par excellence, l'autre en tant qu'autre, l'absolument autre - et cependant mon arrangement avec ce Dieu-là ne dépend que de moi. L'instrument du pardon est entre mes mains. Par contre, le prochain, mon frère, l'homme, infiniment moins autre que l'absolument autre, est, en un certain sens, plus autre que Dieu : pour obtenir son pardon le Jour du Kippour, je dois au préalable obtenir qu'il s'apaise. Et s'il s'y refuse ? Dès qu'on est deux, tout est danger. L'autre peut refuser le pardon et me laisser à tout jamais impardonné [...] »
>
> « Peut-être que les maux qui doivent se guérir à l'intérieur de l'âme

---

17. Hannah Arendt, *ibid.*, p. 308.

sans le secours d'autrui sont précisément les maux les plus profonds. [...] Qu'un mal exige une réparation de soi par soi, cela mesure la profondeur de la lésion[18]. »

Pour donner une illustration tragique à cette question du pardon à soi-même, le suicide est souvent l'issue d'une douleur « inguérissable ». D'une maladie à la mort, comme dit Sören Kierkegaard[19]. Ce qui est coupable parfois dans un suicide, c'est une manière de tuer l'autre en soi, une manière de ne pas aimer soi-même comme un « prochain ». Mais comment reprocher à quelqu'un son impuissance à se pardonner, à se percevoir lui-même autrement ?

Apparaît alors pour les proches, qui n'ont pas su ou pas pu aider le suicidant, la difficulté à se pardonner à eux-mêmes. C'est une spirale terrible, l'absence de l'autre interdisant la formulation d'un éventuel tort, et transformant celui-ci en une dette infinie.

La mémoire et l'oubli

Pardonner, n'est-ce pas oublier ? - Avec le temps, tout s'efface. Le pardon ne serait-il qu'une manière de faire de nécessité vertu ? Serait-il une horloge du métabolisme ou du comportement ? Serait-il une sorte de stratégie biologique des organismes, destinée à éliminer l'accumulation excessive d'informations, ou les informations nuisibles ?

Dans son ouvrage sur le pardon, Vladimir Jankélévitch montre le décalage temporel de la rancune, en la comparant à un tir dont l'objectif serait en mouvement, et dont la visée ne tiendrait pas compte de ce mouvement : un tir vers une place vide !

> « Le rancunier, fixant l'offenseur dans son essence immuable, incorrigible et définitive d'homme coupable, s'en prend lui aussi à une place vide. Tout le désespoir du ressentiment tient dans cette impuissance : le ressentiment ne sait même pas à qui en vouloir ; celui qu'il accuse a cessé d'exister ! Tout est ainsi entraîné dans le mouvement général du devenir : l'époque, qui évolue irréversiblement, l'offenseur, qui n'est plus le même, mais un autre, et finalement l'offensé en per-

---

18. Emmanuel Lévinas, *Quatre Lectures talmudiques, op. cit.*, p. 35-38.
19. Voir A.-M. Lhote, *La Notion de pardon chez Kierkegaard, ou Kierkegaard lecteur de l'épître aux Romains*, Paris, Vrin, 1983.

sonne - tous avancent bon gré mal gré, mais inégalement vite, sur la route du temps[20]. »

Mais, dit-il, cette usure temporelle est une caricature du pardon.

« Ne vous hâtez donc pas trop de vous réjouir des vertus consolatrices du temps : car au bout du compte c'est la mort qui aura le dernier mot. [...] Le temps qui décolore toutes les couleurs et ternit l'éclat des émotions, le temps amortit la joie comme il console la peine, le temps endort la gratitude comme il désarme la rancune, l'un et l'autre indistinctement ; il sèche nos larmes, mais il éteint aussi la flamme de la passion : l'amour se perd dans les sables. [...] Le temps ainsi conçu impliquerait une sorte de fatale entropie. [...] Peut-on prêcher le pardon au nom de la mort[21] ? »

Le pardon n'est pas ce « laisser-aller », ce « laisser-tomber » de la frivolité qui se débarrasse du problème sur le temps.

« Le frivole dit bonsoir et bonne nuit à ses soucis ; il s'écrie : au diable l'offense et la rancune ! [...] Hélas ! laisser tomber et envoyer promener et tourner la page, ce n'est pas avoir des relations avec quelqu'un, c'est plutôt rompre tous rapports : le prochain est, avec les soucis et les vieux cauchemars, jeté par-dessus bord. [...] ''Comment s'en débarrasser'' n'est pas un problème moral[22]. »

Nietzsche aussi critique ce pardon oublieux. Au début de *Ainsi parlait Zarathoustra* il fait dire à un sage : « Celui qui n'est pas réconcilié dort mal » ; et Zarathoustra s'écrie soudain qu'il comprend ce que l'on cherchait dans la vertu, « un bon sommeil et des vertus couronnées de pavots »[23]. Le pardon serait ici une vertu « nihiliste », le symptôme d'une volonté de mort.

Pardonner, n'est-ce pas éterniser le ressentiment ? - Pourtant, dans la deuxième dissertation de sa *Généalogie de la morale*, Nietzsche fait un vibrant éloge de l'oubli, qui n'est pas seulement une entropie, une inertie, mais une faculté active d'effacement, telle que : « Nul bonheur, nulle sérénité, nulle espérance, nulle fierté, nulle jouissance de l'instant présent ne pourraient exister sans faculté d'oubli[24]. »

---

20. Vladimir Jankélévitch, *Le Pardon*, Paris, Aubier, 1957, p. 28.
21. *Ibid.*, p. 40 et 41.
22. *Ibid.*, p. 135.
23. Friedrich Nietzsche, *Ainsi parlait Zarathoustra*, 1re partie, « Des chaires de vertu ».
24. Friedrich Nietzsche, *La Généalogie de la morale*, Paris, Gallimard-Idées, p. 76.

Nietzsche va jusqu'à définir la mémoire comme l'échec de l'oubli ! Dans le commentaire que Gilles Deleuze en fait, il écrit que l'oubli est cette faculté qui permet de séparer la conscience, comme capacité à réagir à de nouvelles sensations, de l'inconscient, comme système de réactions à des traces de sensations antérieures.

> « Supposons une défaillance de la faculté d'oubli : la cire de la conscience est comme durcie, l'excitation tend à se confondre avec sa trace dans l'inconscient, et inversement, la réaction aux traces monte dans la conscience et l'envahit. [...] Le ressentiment est une réaction qui, à la fois, devient sensible et cesse d'être agie. Formule qui définit la maladie en général[25]. »

L'incapacité à oublier, qui définit le ressentiment comme maladie, engendre une impuissance à admirer, à respecter, à aimer :

> « La mémoire des traces est haineuse par elle-même. [...] Nous devons nous méfier de ceux qui s'accusent devant ce qui est bon ou beau, prétendant ne pas comprendre, ne pas être dignes : leur modestie fait peur. Quelle haine du beau se cache dans leur déclaration d'infériorité. [...] Nous devinons ce que veut la créature du ressentiment : elle veut que les autres soient méchants, elle a besoin que les autres soient méchants pour se sentir bonne[26]. »

C'est le but horrible de la torture que d'obtenir de la victime qu'elle s'identifie à la seule trace d'une douleur, de faire de cette trace une obsession. La torture engendre ainsi une mémoire malade, incapable de se souvenir comme d'oublier : elle peut engendrer de graves troubles d'identité, par incapacité à retrouver un autre passé que cette trace, et par incapacité à s'identifier autrement, à faire autre chose. D'où la question posée à Miguel Angel Estrella, s'il est possible avec le temps de se délivrer d'une torture passée, et s'il y a un rapport entre la capacité à pardonner et la capacité à résister à la torture.

Ainsi considéré, le texte de Deleuze pourrait être un éloge du pardon comme oubli. Or le pardon est ici plutôt analysé chez Nietzsche comme un retournement du ressentiment contre soi, une intériorisation du ressentiment : le ressentiment ne dit plus « c'est ta faute », mais « c'est ma faute ». Le pardon devient alors une sorte

25. Gilles Deleuze, *Nietzsche et la philosophie*, Paris, PUF, 1962, p. 130 et 131.
26. *Ibid.*, p. 134 et 136.

d'éternisation du ressentiment. Une dette impayable. On ne pourra jamais oublier que l'on a été pardonné. Il faudra faire sans cesse mémoire du pardon. Ce qu'exprime Céline avec rage : « Rien n'est gratuit en ce bas monde. Tout s'expie, le bien comme le mal, se paie tôt ou tard. Le bien c'est beaucoup plus cher forcément[27]. »

Le présent du pardon. - Le pardon est-il un oubli morbide, une amnésie, ou bien est-il une mémoire malade, un ressentiment infini ? Entre les deux critiques précédentes du pardon celui-ci se révèle plus complexe qu'un pur oubli ou qu'un ressentiment déguisé.

Mais entre les deux écueils la voie du pardon est étroite et pour ainsi dire impossible : quelle pourrait être cette parole assez extraordinaire pour discerner l'oubli vital de l'amnésie facile, pour transformer cette amnésie douloureuse en mémoire vivante, et pour effacer la mémoire malade et obsédée du ressentiment ? Quelle pourrait être cette parole surprenante par laquelle soudain mon passé, de membre mort qu'il était, m'est rendu ; et par laquelle tout entier à nouveau j'appartiens au présent !

Cette double question montre bien la parenté du pardon avec la cure psychanalytique (comme on le voit dans le texte de Julia Kristeva). Le pardon serait une mémoire, mais une mémoire différente. Une mémoire qui n'est plus l'interminable récit du passé, ou plus exactement l'interminable garantie d'une identité ; mais la mémoire d'une promesse, d'un « désormais tout sera autrement », le rêve par lequel un jour on se réveille et tout est lavé, tout est là.

L'irréversibilité et le pardon. - Disons-le autrement. Le pardon ne prétend pas nier l'irréversible ; mais on peut montrer comment il le combat. Voici un très grand texte de Hannah Arendt à ce sujet :

> « Contre l'irréversibilité et l'imprévisibilité du processus déclenché par l'action le remède ne vient pas d'une autre faculté éventuellement supérieure, c'est l'une des virtualités de l'action elle-même. La rédemption possible de la situation d'irréversibilité - dans laquelle on ne peut défaire ce que l'on a fait, alors que l'on ne savait pas, que l'on ne pouvait pas savoir ce que l'on faisait - c'est la faculté de pardonner. Contre l'imprévisibilité, contre la chaotique incertitude de l'avenir,

27. Louis-Ferdinand Céline, *Semmelweiss*, éd. Gallimard, 1990, p. 10.

> le remède se trouve dans la faculté de faire et de tenir des promesses. Ces deux facultés vont de pair : celle du pardon sert à supprimer les actes du passé, dont les « fautes » sont suspendues comme l'épée de Damoclès au-dessus de chaque génération nouvelle ; l'autre, qui consiste à se lier par des promesses, sert à disposer, dans cet océan d'incertitude qu'est l'avenir par définition, des îlots de sécurité sans lesquels aucune continuité, sans même parler de durée, ne serait possible dans les relations des hommes entre eux.
> « Si nous n'étions pardonnés, délivrés des conséquences de ce que nous avons fait, notre capacité d'agir serait comme enfermée dans un acte unique dont nous ne pourrions jamais nous relever ; nous resterions à jamais victimes de ces conséquences, pareils à l'apprenti sorcier qui, faute de formule magique, ne pouvait briser le charme[28]. »

On pourrait même, avec Walter Benjamin, aller jusqu'à chercher dans le pardon cet acte ensemble tragique et magique qui intervient dans le passé, qui tente de le modifier. Non pas en faisant que ce qui s'est produit ne s'est pas produit, mais en révélant, enfouis dans le passé, un présent et un futur perdus qui étaient sa promesse et qui ont été oubliés ou écrasés. Le pouvoir de pardonner est alors, comme le dit Hannah Arendt, ce qui révèle dans l'action une faculté de faire des miracles, d'ouvrir des possibles qui semblaient morts. Le travail du pardon va au-delà du travail du deuil.

Le pardon et la justice

Le pardon s'oppose-t-il à la justice ? - Dans son *Histoire de la Révolution française*, Jules Michelet introduit la révolution comme une lutte entre le principe de « justice » et le principe de « grâce ». Le christianisme, dit-il, est la religion de la grâce ; cela allait très bien tant que le christianisme n'était pas au pouvoir, mais dès qu'il a dû fonder et légitimer un empire, tout s'est embrouillé, car la justice n'avait plus d'assise :

> « L'arbitraire, qui fait le fond de cette théologie, se retrouvera partout, avec une fidélité désespérante, dans les institutions politiques, dans celles même où l'homme avait cru bâtir un asile à la Justice. La monarchie divine, la monarchie humaine gouvernent pour leurs

28. Hannah Arendt, *La Condition de l'homme moderne*, *op. cit.*, p. 301.

élus. Où donc se réfugiera l'homme ? La Grâce seule règne au ciel, et la faveur ici-bas. [...] La Révolution n'est autre chose que la réaction tardive de la Justice contre le gouvernement de la faveur et la religion de la Grâce[29]. »

C'est également ce sur quoi insiste Emmanuel Kant dans sa critique de la religion pure, où il cherche à penser une religion purement éthique :

> « On peut ramener toutes les religions à deux : celle qui recherche les faveurs (religion de simple culte), et la religion morale, c'est-à-dire de la bonne conduite [...] »
> « D'ordinaire, l'homme s'adresse parmi tous les attributs moraux de Dieu, c'est-à-dire la sainteté, la grâce et la justice, directement au second pour éluder la condition qu'il redoute, d'avoir à se conformer à ce qu'exige le premier. Il est pénible d'être un bon serviteur, il s'ensuit que l'homme préférerait être un favori[30]. »

À la suite de Kant, le théologien Dietrich Bonhoeffer (exécuté par les nazis en 1945 pour complot contre Hitler) écrivait :

> « La grâce à bon marché, c'est la grâce considérée comme une marchandise à liquider, le pardon au rabais [...] la grâce servant de magasin intarissable à l'Église. [...] Dans cette Église le monde trouve, à bon marché, un voile pour couvrir ses péchés, péchés dont il ne se repent pas et dont, à plus forte raison, il ne désire pas se libérer[31]. »

De son côté, enfin, Nietzsche explique ainsi les rapports de la justice et de la grâce :

> « La justice qui a commencé par dire : "tout peut être payé, tout doit être payé" est une justice qui finit par fermer les yeux et par laisser courir celui qui est insolvable - elle finit, comme toute chose excellente dans ce monde, par se détruire elle-même. Cette autodestruction de la justice, on sait de quel beau nom elle se pare - elle s'appelle la grâce. Elle demeure le privilège des plus puissants, mieux encore, leur "au-delà" de la justice[32]. »

Cette opposition du pardon à la justice permet de pointer de

---

29. Jules Michelet, *Histoire de la Révolution française*, Paris, La Pléiade, 1979, t. I Introduction, p. 30.
30. Emmanuel Kant, *La Religion dans les limites de la simple raison*, Paris, Vrin, 1965, p. 75 et 260.
31. Dietrich Bonhoeffer, *Le Prix de la grâce*, Neuchâtel, Delachaux et Niestlé, 1962, p. 11.
32. Friedrich Nietzsche, *La Généalogie de la morale, op. cit*, p. 101.

nombreux problèmes[33]. Sur chacun d'entre eux, par excès et par défaut, le pardon désigne les lisières de la justice, et réciproquement. Il est même possible que le pardon, en tant que problème, fonctionne comme une tête chercheuse du droit, découvrant les excès et les singularités que la loi ne comprend pas.

Peut-il y avoir justice totale pour chacun ? - On peut d'abord penser la rétribution du bien et du mal dans « cette » vie. Les biens sont alors les signes extérieurs d'une bénédiction, d'une bonne conduite. D'où la vénération de la richesse, les amis de Job qui se détournent de lui dans sa misère, la crainte d'être contaminé par la malédiction. D'où ce qui brise toute solidarité dans l'adversité, et ce scandale absurde, que souvent les justes sont malheureux et les méchants prospères.

Il faut alors penser, soit que l'on est puni solidairement, pour les ancêtres ou pour les fautes des contemporains : il y a une culpabilité collective, qui est peut-être une des formes fondamentales de « légitimation » du lien social. Soit qu'il y a une « autre » vie, où tout sera jugé pour chacun, dans sa singularité absolue : le thème de l'au-delà apparaît en même temps que celui de la mort individuelle, avec une extrême intériorisation, individualisation, de la culpabilité et de la révolte. Parce que la loi de la rétribution laisse toujours un « reste », c'est le sentiment d'injustice qui a engendré le sentiment individuel. Pourquoi moi ?

La théologie de la grâce (avec un certain judaïsme, un certain christianisme, le protestantisme, etc.) se présente alors comme une solution à cette alternative[34]. C'est une tentative pour sortir de cette vision « pénale » du monde, en proposant un discours qui, sans y répondre vraiment, soit à la hauteur du scandale et de l'absurde. Seule la grâce, le pardon total, peut affronter l'absurde, l'infini excès des souffrances sur toute méchanceté. Quant à établir le juste et châtier le mal, le jugement dernier n'appartient à personne.

33. Voir aussi, dans un commentaire de Rousseau, ce que J. Derrida appelle l'« économie de la pitié » : l'opposition de la voix de la pitié et de l'écriture de la loi ; dans J. Derrida, *De la grammatologie*, Paris, éd. de Minuit, 1967, p. 243 sq.

34. Voir la revue *Évangile aujourd'hui* (n° 77 sur le pardon), avec des articles de H.J. Stiker (sur don et pardon), de P. Jacquemont (sur pardon et création), de A. Dumas (sur pardon et politique). Voir également de P. Ricœur, *Le Conflit des interprétations*, Paris, 1969, Seuil, notamment « culpabilité, éthique et religion », p. 416 sq.

L'intention de faire le mal. - Mais cette dernière position n'entraîne-t-elle pas une dissolution de la justice, comme nous avons vu plus haut ? Car la méchanceté existe, l'intention inexcusable de faire le mal, de faire souffrir, d'humilier. Et comment punir cette méchanceté, à la hauteur de ce qu'elle fait (voir la fin de la conversation des enfants) ? Dans un congrès sur la torture à Bâle en octobre 1990, la théologienne France Quéré disait :

> « Quand on punirait un bourreau en lui infligeant les souffrances qu'il a infligées [...] ce tortionnaire n'aurait pas cent corps pour souffrir les cent martyres qu'il a faits. La punition n'irait pas assez loin. Elle serait inaccomplie et confesserait son impuissance devant le crime. »

Et Vladimir Jankélévitch pousse ce paradoxe jusqu'au bout :

> « Le pardon est là précisément pour pardonner ce que nulle excuse ne saurait excuser : car il n'y a pas de faute si grave qu'on ne puisse, en dernier recours, la pardonner. [...] S'il y a des crimes tellement monstrueux que le criminel de ces crimes ne peut même pas les expier, il reste toujours la ressource de les pardonner, le pardon étant fait précisément pour les cas désespérés ou incurables[35]. »

Dans ce texte, Jankélévitch désigne en même temps le risque de frivolité terrible du pardon comme solution de facilité, et ce qui interdit cette frivolité : le pardon n'excuse rien. L'excuse serait de dire : « Le criminel ne savait pas ce qu'il faisait. » Si c'est le cas vraiment, on entre dans la dialectique des circonstances atténuantes, dans la dialectique des excuses, et il n'y a pas besoin de pardon. Le pardon, lui, est face à la méchanceté pure : intentionnelle. Il considère le criminel comme responsable, libre d'avoir fait ce qu'il a fait (voir le texte d'Armand Abecassis).

Agir n'est pas obéir aux choses, reproduire les conditions et les formes d'un appareil de reproduction. Ce n'est même pas augmenter la reproduction. C'est commencer autre chose, innover, délivrer la possibilité d'un autre monde. Dans la mesure où l'action qui fait le mal en est pleinement responsable, le pardon y répond de la même manière. Hannah Arendt exprime cela ainsi :

> « Par opposition à la vengeance, qui est la réaction naturelle, réaction à laquelle on peut s'attendre et que l'on peut même calculer en rai-

35. Vladimir Jankélévitch, *Le Pardon, op.cit.*, p. 203.

son de l'irréversibilité du processus de l'action, on ne peut jamais prévoir l'acte de pardonner. C'est la seule réaction qui agisse de manière inattendue et conserve ainsi, tout en étant une réaction, quelque chose du caractère original de l'action. En d'autres termes, le pardon est la seule réaction qui ne se borne pas à ré-agir mais qui agisse de manière nouvelle et inattendue, non conditionnée par l'acte qui l'a provoqué, et qui par conséquent libère des conséquences de l'acte à la fois celui qui pardonne et celui qui est pardonné[36]. »

Emmanuel Lévinas écrit qu'il faut distinguer entre ceux qui « ne savent pas ce qu'ils font » et ceux qui auraient dû savoir ce qu'ils faisaient. C'est ce qui fait qu'une offense entre intellectuels est la pire des offenses[37] ! La lucidité dans le mal est la figure de l'impardonnable.

Mais cela marque bien qu'il y a, comme le Livre du Deutéronome le prévoit, une sorte de « pardon légal » pour la première faute : l'inconscience du fautif, son « inintentionnalité » montrant les limites du « nul n'est censé ignorer la loi », et plus fortement ici celles du « nul n'est censé ignorer les conséquences de ses actes ».

Ce dilemme est aujourd'hui extrême, car d'une part il n'y a pas d'action qui ne soit environnée d'un « nuage d'inconscience, d'inconnaissance » (voir le texte de Stanislas Breton), et d'autre part nous sommes dans un temps où les conséquences de notre « agir instrumental », avec les conséquences lourdes de nos techniques, sont tellement vastes que nous devons, au-delà de nos intentions morales, nous considérer comme responsables des conséquences planétaires de nos modes de vie[38]. Cela complique largement les rapports du pardon et de l'irréversible proposés par Hannah Arendt.

Tout le monde est-il coupable ? - Ce problème apparaît avec le refus légitime de considérer le pardon comme une affaire personnelle et privée, quand la justice seule concernerait la distribution sociale et planétaire des biens et des peines. Dans cette optique l'humiliation et la misère sociales, dues à un ordre injuste mais imputables à personne nommément, échapperaient au pardon, c'est-à-dire aussi à toute recherche de responsabilité éthique (au-

36. Hannah Arendt, *La Condition de l'homme moderne, op. cit.*, p. 203.
37. Emmanuel Lévinas, *Quatre Lectures talmudiques, op. cit.*, p. 56 et 52.
38. Voir Hans Jonas, *Le Principe responsabilité*, Paris, éd. du Cerf, 1990.

delà de la responsabilité pénale). Il en est de même en ce qui concerne les crimes collectifs.

Voici à ce sujet un dialogue terrible rapporté par Hannah Arendt :

> « Question : A-t-on tué des gens dans le camp ? Réponse : Oui. Q. : Les a-t-on asphyxiés au gaz ? R. : Oui. Q. : Les a-t-on enterrés vivants ? R. : C'est arrivé quelquefois [..] Q. : Avez-vous aidé personnellement à tuer ces gens ? R. : Pas du tout, j'étais seulement trésorier du camp. Q. : Quels effets vous faisaient ces agissements ? R. : C'était dur au début, mais nous nous sommes habitués. Q. : Savez-vous que les Russes vont vous pendre ? R. : (Éclatant en sanglots) Pourquoi ? Qu'est-ce que j'ai fait ?
> « C'est vrai qu'il n'a rien fait. Il n'a fait qu'exécuter les ordres. Et depuis quand est-ce un crime qu'exécuter des ordres ? Depuis quand est-ce une vertu de se révolter ? Depuis quand ne peut-on être honnête qu'en allant à une mort certaine[39] ? »

Elle continue en montrant combien c'est le père de famille moderne, parce qu'il a poussé à son point extrême la séparation du public et du privé de la profession et de la famille, qui est à la base psychologique de ce genre de conduite.

Le théologien résistant Dietrich Bonhoeffer écrivait en prison : « Je ne puis me tranquilliser en me disant que ma part n'est que minuscule ; on ne calcule pas ici, et je dois reconnaître que c'est mon péché justement qui est coupable de tout. » Et il développe une conception politique, communautaire de la responsabilité (c'est ce que l'on a appelé dans l'Allemagne nazie l'Église confessante) :

> « L'Église confesse avoir vu l'usage arbitraire de la force brutale, la souffrance morale et physique d'innombrables innocents, l'oppression, la haine et le meurtre sans élever la voix, sans trouver moyen de se hâter au secours des victimes[40]. »

Jean-Paul Sartre, dans des circonstances voisines, écrivait : « On est totalement responsable de sa vie. [...] On n'a jamais d'excuse, parce que l'événement ne peut vous atteindre que s'il est assumé par vos possibilités propres[41]. » Et Emmanuel Lévinas également écrit :

39. Hannah Arendt, « La culpabilité organisée » dans *Penser l'événement*, Paris, Berlin, 1989, p. 28.
40. D. Bonhoeffer, *Éthique*, Genève, Labor et Fides, 1965, p. 86 et 87.
41. Jean-Paul Sartre, *Les Carnets de la drôle de guerre*, éd. Gallimard, 1983, p. 123.

« Vous connaissez cette phrase de Dostoïevski : ''Nous sommes tous coupables de tout et de tous devant tous, et moi plus que les autres.'' Non pas à cause de telle ou telle culpabilité effectivement mienne, à cause des fautes que j'aurais commises ; mais parce que je suis responsable d'une responsabilité totale, qui répond de tous les autres et de tout chez les autres, même de leur responsabilité[42]. »

On a tiré argument de cela pour objecter au principe que « nul n'a le droit de pardonner à la place de la victime », celui que nul ne peut non plus dire « je suis la victime, je peux juger et condamner, je peux donc pardonner ». Il semble que les deux argumentations ne se développent pas sur le même plan : la première porte sur les conditions du pardon, au niveau de l'obligation morale ; la seconde porte sur une éthique de l'exigence infinie, de la responsabilité totale.

Or c'est la confusion hâtive entre ces deux plans qui fut mise à profit par les nazis, comme Hannah Arendt le remarque dans un texte qui s'intitule « La culpabilité organisée » (écrit en 1945). La technique totalitaire du nazisme final a été de tenter d'effacer toute différence entre les vrais criminels, les autres, et même les victimes. Et ce gommage de la différence criminelle s'est fait soit au nom du discours chrétien (ou est tous coupables), soit au nom du discours nationaliste (le peuple allemand est collectivement responsable de ce qui s'est passé).

« À mesure que les défaites de l'armée allemande s'aggravent sur le terrain, les nazis remportent des victoires dans la guerre qu'ils livrent sur le plan politique, une guerre qu'on prend souvent, bien à tort, pour de la simple propagande. La thèse centrale de cette guerre politique [...] est la suivante : il n'y a pas de différence entre allemand et nazi, le peuple fait bloc derrière son gouvernement. [...] Bien sûr cette thèse implique qu'il n'existe aucune distinction quant à la responsabilité, que les Allemands fascistes et antifascistes ont subi la défaite de la même manière et que c'est seulement dans un but de propagande que les Alliés ont opéré des distinctions de ce genre au début de la guerre. La conséquence indirecte est que les dispositions des Alliés concernant le châtiment des criminels de guerre s'avéreront des menaces sans contenu parce qu'ils ne trouveront personne à qui la définition du criminel de guerre ne puisse pas s'appliquer[43]. »

42. Emmanuel Lévinas, *Éthique et Infini, op. cit.*, p. 95.
43. Hannah Arendt, « La culpabilité organisée » dans *Penser l'événement, op. cit.*, p. 21-22.

Il faudrait donc montrer en même temps une sorte de « responsabilité structurale » (comment les responsabilités sont partagées), et une « responsabilité singularisée » (la différence infinie qui distingue chaque responsabilité). On établirait ainsi une sorte d'échelle des responsabilités, qui permette à chaque fois de distinguer le degré de responsabilité des uns et des autres, là même où le regard « habituel » ne discerne pas de responsabilité.

Les crimes et les pardons peuvent-ils être des affaires collectives ? - La responsabilité éthique ne saurait s'arrêter à la responsabilité pénale, contrairement à une tendance actuelle. Dans le cas d'un personnage de la vie politique française, dont on n'a pas le droit de dire qu'il a pratiqué la torture en Algérie, la prescription ou l'amnistie, ou même le fait d'avoir échappé à toute poursuite n'ôte rien au caractère éthiquement répréhensible de ce qui a été fait (voir le texte de Christian Bourguet)[44].

Autre exemple, lorsque le « goût morose des représailles » se déchaîne, il est rassurant de penser qu'un décideur ou une mafia sont responsables de tout. Mais ne faut-il pas reconnaître que le mal est partout, et prendre sur soi, partager la responsabilité pour sortir de la spirale des vengeances et des règlements de compte ? Comme l'écrit Albert Camus, dont la révolte prend sa source dans un oui originaire à la vie : « Sauver ce qui peut encore être sauvé pour rendre l'avenir seulement possible, voilà le grand mobile, la passion et le sacrifice demandés[45]. »

Montrons une fois encore cette responsabilité éthique sur un exemple difficile. Emmanuel Lévinas affirme tragiquement que la culpabilité se transmet à la génération suivante. Si j'ai versé le sang de l'étranger, ses enfants pourront réclamer le sang de mes enfants.

> « A-t-on le droit de punir les enfants pour la faute des parents ? Réponse : mieux vaut qu'une lettre de la Tora s'abîme que le nom de l'Éternel se profane. Punir les enfants pour les fautes des parents est moins effroyable que de tolérer l'impunité quand l'étranger est offensé[46]. »

---

44. Voir également, de Jean Hervé Syr, *Punir et réhabiliter*, Paris, Économica, 1990.
45. Albert Camus, *Actuelles I, Morale et Politique*, éd. Gallimard, 1950.
46. Emmanuel Lévinas, *Quatre Lectures talmudiques, op. cit.*, p. 60.

Si l'on relit ce texte avec en tête l'argument précédent de Hannah Arendt, loin d'y voir un principe de respect de l'étranger, on peut y voir un risque de nationalisme, une thèse qui biologise la culpabilité et en fait une hérédité. En outre les générations suivantes ne sont-elles pas pour nous des « étrangers », plus que n'importe lequel de nos contemporains ? Avons-nous des droits sur elles ?

Mais pourtant c'est un fait : il y a des victimes à la deuxième génération et au-delà. Dans le cas d'un crime collectif, les conséquences d'un tel désastre sur la vie des survivants, sur leur identité et donc sur leur descendance sont interminables (voir le dialogue entre une Arménienne et un Turc)[47].

Dans le cas du monde contemporain, avec la complexité de ses échanges, et les techniques qui décuplent les conséquences de nos choix, il ne s'agit plus de méfaits individuels et accessibles au reproche, mais de méfaits structurels qui retomberont sur les générations lointaines (par exemple les dégâts écologiques, l'épuisement des ressources et du sol du tiers monde, etc.).

Il faut donc d'un côté se méfier des culpabilités collectives et héréditaires (car il doit être possible de désigner les responsables), et de l'autre prendre garde à ne pas trop atomiser, individualiser la responsabilité (car il y a des victimes collectives et lointaines).

Dans tous les cas, il serait faux de traiter le pardon comme une petite affaire de morale personnelle et très privée. D'abord parce que le pardon, comme on l'a vu, est indissociable de la demande de justice : il doit faire mémoire de ce qui s'est passé, tenir compte des autres « autres » que ceux avec lesquels cette relation s'établit, éveiller la responsabilité éthique. Et celle-ci ne trouve toute son ampleur qu'avec les crimes collectifs et les problèmes politiques, économiques, sociaux.

Ensuite le pardon peut devenir une véritable stratégie : lorsque Martin Luther King, dans sa lutte non violente contre la ségrégation raciale, se retourne le visage en sang vers celui qui lui a lancé une pierre, en lui disant « *God bless you* » (Dieu vous bénisse) ce

---

47. Voir de J. Hassoun, M. Nathan-Murat et A. Radzynski, *Non-lieu de la mémoire, la cassure d'Auschwitz*, Paris, Bibliophane, 1990. Et de J. Altounian, « *Ouvrez-moi seulement les chemins de l'Arménie* », *un génocide au désert de l'inconscient*, Paris, Les Belles Lettres, 1990.

n'est pas qu'il lui pardonne personnellement. C'est qu'avec le regard de Dieu, il fait intervenir le regard d'un tiers, le regard de n'importe qui. Et par cette intervention il « oblige » son agresseur, il le fait obliger par les autres. Le pardon est souvent plus véhément que le droit.

Et si enfin le pardon était autre chose que le petit badigeon moral par lequel on replâtre l'injustice ? On l'a vu, avec les réformes de Clisthène à Athènes, ou avec l'année du Jubilé chez les Hébreux (voir l'article de Françoise Smyth-Florentin), on peut penser le pardon comme la promesse, proprement ré-volutionnaire, du retour régulier dans le calendrier des sociétés d'une « année zéro », où l'on abolit les dettes, où l'on libère les esclaves, où l'on redistribue les terres de manière égale, etc.

Pourrait-on penser une abolition des dettes qui ne soit pas une « soupape » du système de la dette, une manière encore d'« épargner », de stocker la dette ailleurs ? Pourrait-on imaginer un pardon qui, en brisant la loi de la dette qui gouverne notre monde, serait une forme plus totale de justice ?

Le pardon et le temps

Un temps pour réparer. - D'abord quelques remarques d'anthropologie éthique du pardon. Le premier objectif est ici de montrer que le pardon que l'on dit extraordinaire, rare et sublime n'est souvent qu'une obligation de survie ordinaire et universelle, pour toute société.

L'opposition de la justice et du pardon renvoie, on y a fait allusion, à leur commun rapport à la logique de la rétribution. Celle-ci en effet n'est pas seulement une stratégie pour fonder l'ordre social sur la réciprocité et l'échange, mais aussi une stratégie pour intégrer à cette « cohérence » du monde ce qui excède toujours l'échange : la douleur et plus généralement la mort, la perte sans appel de tout ce qui ne sera jamais rappelé, « rétribué »[48].

Les humains en effet préfèrent encore que leur douleur ou leur

48. Parlant des « justes » qui font le bien de telle sorte qu'on sache qu'ils le font, Jésus dit : « Ils ont déjà leur salaire » (Matthieu 6-2). Mais les autres ? C'est là peut-être sa plus pure interrogation.

mort soit la rétribution d'une faute, plutôt que d'accepter qu'elles soient dénuées de toute signification. Ils font ainsi passer pour « moral » un fait « physique ». En ce sens, la stratégie de la « punition » est l'inverse de la stratégie de l'interdiction de l'inceste, qui fait passer pour « physique » une obligation simplement morale, stratégie où Claude Lévi-Strauss a montré l'obligation de rentrer dans l'échange. La « punition » (et le pardon n'en est ici qu'une forme de substitution) désigne ce qui excède l'échange ou ce qui en sort, pour l'y réintégrer ou pour l'annuler.

La logique de la rétribution embrasse et règle l'ensemble des échanges : dons et contre-dons matrimoniaux, commerciaux, militaires[49]. Mais elle doit alors, entre autres, résoudre le problème suivant : comment fonder l'échange de « biens », tout en arrêtant l'échange de « maux », de violence ?

La solution de ce problème est extrêmement difficile. En effet, s'il y a discontinuité dans la logique du pardon qui rend le bien pour le mal, on glisse sans solution de continuité de l'échange de biens à l'échange de « maux » : l'échange de biens n'est pas forcément lui-même un bien. Et puis il y a une cohérence dans les formes de l'échange : les procédures d'échange des services et des violences, aussi différentes soient-elles, obéissent dans chaque société aux mêmes règles, à la même forme technique. Il est incohérent et probablement immoral de prétendre faire régresser les échanges de violences, tout en flattant sans cesse la croissance des échanges commerciaux !

Il s'agit donc de trouver une « dernière violence », qui répare la violence précédente. Se présentent alors deux possibilités : soit la punition, qui fait payer par une douleur physique une faute morale, et rétablit ainsi l'équivalence entre le mal subi et le mal agi ; soit « prendre sur soi », décider que la violence précédente était la dernière violence, sacrifier sa vengeance en quelque sorte et rendre le bien pour le mal. Dans les deux cas, la peine comme le pardon ont ce caractère « magique »[50] : une sorte de répétition éthique (agie) du mal physique (subi), qui l'« efface ».

---

49. Voir les quatre volumes sur *La Vengeance*, dans les sociétés extra-occidentales, dans l'Antiquité, dans la pensée occidentale, Paris, Cujas, 1980-1984.
50. Voir Paul Ricœur, *Le Conflit des interprétations*, Paris, éd. du Seuil, 1969, sur l'« interprétation du mythe de la peine », p. 349 sq.

Exprimant autrement cette identité de lieu, Hannah Arendt écrit :

> « Le châtiment est une autre possibilité, nullement contradictoire : il a ceci de commun avec le pardon qu'il tente de mettre un terme à une chose qui, sans intervention, pourrait continuer indéfiniment. Il est donc très significatif, c'est un élément structurel du domaine des affaires humaines, que les hommes soient incapables de pardonner ce qu'ils ne peuvent punir, et qu'ils soient incapables de punir ce qui s'avère impardonnable[51]. »

Sous cette première figure, le pardon rappelle que tout échange est un contrat, et que si les termes en sont dévoyés le contrat est résiliable, recommençable. Sa fonction est donc d'attester, dans l'échange même, les limites qui fondent et maintiennent celui-ci. Sa fonction est aussi de réintégrer à l'échange des dettes excessives, « hors jeu ». Tout n'est pas payable, mais tout est pardonnable. Par là le pardon permet d'augmenter les « bons » échanges, la distribution de la communication et des responsabilités, tout en réduisant au maximum les « mauvais » échanges.

En somme, l'obligation à punir-pardonner serait une obligation à réparer, à restaurer l'état d'équilibre d'un système « enrichi » par l'épreuve de ses propres défauts. Un problème de « maintenance ».

Un temps pour laisser. - En rassemblant maintenant quelques notations éparses des pages qui précèdent, ne peut-on imaginer un autre pardon ? Un pardon qui ne viserait pas tant à re-présenter le passé, réaménager le présent, et prévenir l'avenir, qu'à désigner ce qui, dans l'expérience du mal ou du temps, est simplement « intraitable » ?

Dans *De l'existence à l'existant*, Emmanuel Lévinas distingue le temps de la rédemption et le temps de la justice, et il écrit que ce qui fait l'acuité de l'espoir, c'est le fait qu'il y a de l'irréparable : « L'irréparable est son atmosphère naturelle. L'espoir n'est espoir que quand il n'est plus permis. » La réparation, la compensation, c'est dans le monde la possibilité du salaire, de la récompense, l'échange d'un instant contre un autre instant, bref cette économie où viennent se loger toutes les techniques :

51. Hannah Arendt, *La Condition de l'homme moderne, op. cit*, p. 307.

« Mais ce temps de la compensation ne suffit pas à l'espoir. Il ne lui suffit pas que la larme soit essuyée ou la mort vengée : aucune larme ne doit se perdre, aucune mort se passer de résurrection [...] la rétribution dans l'avenir n'épuise pas les peines du présent. Il n'y a pas de justice qui puisse la réparer. Il faudrait pouvoir revenir à cet instant ou pouvoir le ressusciter. Espérer c'est donc espérer la réparation de l'irréparable, c'est donc espérer pour le présent[52]. »

Loin d'être une « récapitulation », capable d'intégrer à l'échange ce qui l'excède, de maintenir et d'augmenter l'échange, cette « rédemption » serait (au plus près de l'étymologie du pardon) une « perte ». Non pas la volonté de synthèse, de réintégration, de réconciliation à tout prix. Non pas le dernier mot qui toujours est une surenchère.

Mais une manière de désigner ce qu'on ne peut pas raconter, ce qu'on ne peut pas représenter, l'intraitable. Là où nous sommes condamnés à l'irresponsabilité. La mort peut-être, ou l'enfance. N'est-ce pas pardonner, à soi, aux autres, à la vie, que de désirer un enfant ? Toucher par là une inconscience, une innocence plus vierge et plus vivace que tout oubli.

En termes d'anthropologie de la dette, le pardon dont nous tentons de parler ne serait pas ce pardon qui porte sur la dette sociale, redistribuable, mais celui qui reconnaît une dette « transcendantale », impayable. Tout échange en effet suppose un « don premier », qui précède et n'appartient pas à l'ordre de l'échange. Le pardon ne pourrait-il pas être, dans les sociétés, ce qui brise la logique des échanges et laisse place à ce simple don ?

En termes de rapport au temps, on a vu comment, avec le temps, tout s'efface. En face de cette terrible « simplification » se développe un procès de « complexification » qui n'est peut-être pas moins terrible. Jean-François Lyotard le décrit comme la croissance d'un système capable de stocker de plus en plus d'informations, c'est-à-dire d'accumuler du temps. La croissance de l'échange, et de la dette, est une des formes de cette complexification, qui exclut tout ce qui n'est pas capable d'y entrer. Et ce processus, qui s'est emparé de l'humanité, n'a probablement rien d'humain[53].

---

52. Emmanuel Lévinas, *De l'Existence à l'existant*, Paris, Fontaine, 1947, p. 153-157.
53. « Le temps aujourd'hui », in Jean-François Lyotard, *L'Inhumain, causeries sur le temps*, Paris, Galilée, 1988.

Parmi les différentes manières de se comporter devant l'entropie, mais aussi devant cette neg-entropie, il s'agirait alors d'expliquer comment les organismes vivants que nous sommes n'ont ni l'extrême vitesse de perte de l'information de certains corpuscules aléatoires, ni l'extrême maîtrise de l'information des systèmes complexes que nous commençons à peine à concevoir.

Le pardon serait alors, à l'échelle de nos formes de vie, cette conduite surprenante qui garde une mémoire vivante de faits inutiles ou encombrants, et puise dans l'immémorial des générations de quoi attester ce qui résiste à l'entropie, à l'universelle indifférence. Mais il serait cette même conduite qui, en dilapidant la dette, se refuse à anticiper l'événement, la pure instance, le surgissement présent ; par là il s'oppose, avec l'énergie du désespoir, à la neg-entropie, à la complexification infinie des échanges.

Inséparables quoique incoordinables, ces deux figures endossent bien des antagonismes du pardon : il faut des deux pour faire et défaire un monde.

Olivier Abel

Filmographie

Intolérance, David W. Griffith, 1918.

Foolish Wives (Folies de femmes), Erich von Stroheim, 1921.

Greed (Les Rapaces), Erich von Stroheim, 1924.

Queen Kelly, Erich von Stroheim, 1928.

La Passion de Jeanne d'Arc, Carl Th. Dreyer, 1927.

City Lights (Les Lumières de la ville), Charlie Chaplin, 1931.

La Chienne, Jean Renoir, 1931.

M. le Maudit, Fritz Lang, 1932.

Les Anges du péché, Robert Bresson, 1943.

The Ox-Bow Incident (L'Étrange Incident), William Wellman, 1943.

Ministry of Fear (Le Ministère de la peur), Fritz Lang, 1944.

Mildred Pierce, Michael Curtiz, 1945.

They Live by Night (Les Amants de la nuit), Nicholas Ray, 1947.

Out of the Past (Pendez-moi haut et court), Jacques Tourneur, 1947.

Red River (La Rivière rouge), Howard Hawks, 1948.

Terra di Dios (Stromboli), Roberto Rossellini, 1949.

Flamingo Road (Boulevard des passions), Michael Curtiz, 1949.

All about Eve (Ève), Joseph L. Mankiewicz, 1950.

Le Journal d'un curé de campagne, Robert Bresson, 1950.

Le Destin de Madame Yuki, Kenji Mizoguchi, 1950.

La Poison, Sacha Guitry, 1951.

Johnny Guitare, Nicholas Ray, 1954.

Ordet (La Parole), Carl Th. Dreyer, 1955.

Night of the Hunter (La Nuit du chasseur), Charles Laughton, 1955.

Touch of Evil (La Soif du mal), Orson Welles, 1957.

Rio Bravo, Howard Hawks, 1958.

Ride Lonesome, Budd Boetticher, 1959.

Pickpocket, Robert Bresson, 1960.

The Hustler (L'Arnaqueur), Robert Rossen, 1961.

Procès de Jeanne d'Arc, Robert Bresson, 1962.

Au hasard Balthazar, Robert Bresson, 1966.

Une femme douce, Robert Bresson, 1969.

L'Argent, Robert Bresson, 1983.

Le Soulier de satin, Manoel de Oliveira, 1985.

Reha Erdem

Biographie des auteurs

Armand Abecassis — Professeur de philosophie à Bordeaux III, auteur des trois tomes de *La Pensée juive* (Biblio-Essais, 1985-1989), exerce diverses responsabilités dans la communauté juive en France, en Israël et au Maroc.

Olivier Abel — Philosophe, doyen de la faculté protestante de Paris ; a écrit entre autres « Les racines protestantes de la notion de sujet de droit » in *Archives de philosophie du droit*, tome 34, 1989, Sirey.

Jean Baudrillard — Philosophe. A publié *L'Échange symbolique et la Mort*, éd. Gallimard ; *Cool Mémories* I.II, éd. Galilée ; *La Transparence du mal*, éd. Galilée.

Haldun Bayri — Turc, étudiant.

Jacques Bertin — Chanteur et poète, a publié *Dans l'ordre*, éd. du Cherche-midi, et *Chante toujours tu m'intéresses*, éd. du Seuil. Responsable de la rubrique Culture à l'hebdomadaire *Politis*.

Christian Bourguet — Avocat à la Cour.

Stanislas Breton — Professeur honoraire aux instituts catholiques de Paris et Lyon, a enseigné à l'ENS-Ulm, a publié entre autres *Le Verbe et la Croix*, éd. Desclée, et *La Poétique du sensible*, éd. du Cerf.

Jacques Ellul — Professeur honoraire de droit à Bordeaux, protestant, a publié quarante-deux livres, dont *La Technique ou l'enjeu du siècle*, éd. Économica ; *Le Bluff technologique*, Hachette ; *La Raison d'être, Méditation sur l'Ecclésiaste*, éd. du Seuil.

Reha Erdem — Cinéaste turc ; primé au Festival de Nantes pour son film *A ay*.

Miguel Angel Estrella	Argentin, pianiste.
Julia Kristeva	Écrivain, psychanalyste, professeur à l'université de Paris VII. A publié notamment *Soleil noir, Dépression et Mélancolie*, éd. Gallimard, et *Pouvoirs de l'horreur*, éd. du Seuil.
Pierre Legendre	Professeur de droit canon à l'École pratique des hautes études, a publié entre autres *Le Désir politique de Dieu*, Paris, Fayard, 1988 et *Le Crime du caporal Lortie ; Traité sur le Père, Paris,* Fayard, 1989.
René Louis	Écrivain, a publié aux éd. Autrement *L'Ère des médiums* et *De mémoire de lutin*.
Françoise Smyth	Spécialiste d'anthropologie religieuse, professeur d'Ancien Testament à la faculté protestante de Paris. A écrit, entre autres, « Des temples aux murs inscrits à l'Écriture comme Temple » dans *Tracés de fondation* sous la direction de M. Détienne (Bibl. de l'EHESS, vol. CXIII).
Anahide Ter Minassian	Arménienne d'origine, maître de conférence à Paris I, auteur de *La Question arménienne*, éd. Parenthèses, et de *La République d'Arménie*, éd. Complexe.

Table des matières

Éditions Autrement

Directeur-rédacteur en chef : Henry Dougier. *Rédaction :* Béatrice Ajchenbaum-Boffety. Nicole Czechowski. Richard Figuier. Maurice Lemoine. Lucette Savier. *Fabrication/Secrétariat de rédaction :* Bernadette Mercier, *assistée de* Hélène Dupont. *Maquette :* Patricia Chapuis. Élisabeth de Garrigues. *Concept couverture :* Philippe Apeloig. *Service financier :* Éric Moulette. *Gestion et administration :* Anne Allasseur. Agnès André. Hassina Mérabet. Christian Da Silva. *Service commercial :* Jean-François Platet. *Attachée de presse :* Magalie Cornetto.

Abonnements au 1er janvier 1991 : la collection « Morales », complémentaire des Séries « Monde », « Mutation » et « Mémoires » est vendue à l'unité (98 F par ouvrage) ou par abonnement (France : 315 F ; Étranger : 370 F) de 4 titres par an. L'abonnement peut être souscrit auprès de votre libraire, ou directement à Autrement, Service abonnements, 4, rue d'Enghien, 75010 Paris. Établir votre paiement (chèque bancaire ou postal, mandat-lettre) à l'ordre de NEXSO (CCP Paris 1-198-50-C). Le montant de l'abonnement doit être joint à la commande. Veuillez prévoir un délai d'un mois pour l'installation de votre abonnement, plus le délai d'acheminement normal. Pour tout changement d'adresse, veuillez nous prévenir avant le 15 du mois et nous joindre votre dernière étiquette d'envoi. Un nouvel abonnement débute avec le numéro du mois en cours. Vente en librairie exclusivement. Diffusion : Éditions du Seuil

Directeur de la publication : Henry Dougier, Revue publiée par Autrement
Comm. par. 55778. Corlet, Imp. S.A., 14110 Condé-sur-Noireau. N° 405.
Dépôt légal : avril 1991
ISBN : 2-86260-329-5. *Imprimé en France*